QUE EXEMPLO DEIXEI?
EU TINHA OITO ANOS QUANDO FUI ESCOLHIDO REI, E DEMONSTREI GRANDE RESPONSABILIDADE. QUEM SOU?
COM UM CARÁTER FIRME, REPREENDI O POVO INDECISO. QUEM SOU?
PÁG. 148
PÁG. 154
BÍBLIA
de Princípios e Valores
com Palabritas®
POR CAUSA DE MINHA INTEGRIDADE, PUDE DORMIR SEM MEDO ENTRE LEÕES FAMINTOS. QUEM SOU?
PÁG. 226
MEU EXEMPLO DE FIDELIDADE E AMIZADE É LEMBRADO POR MUITAS PESSOAS. QUEM SOU?
PÁG. 112

CB131542

BÍBLIA
de Princípios e Valores
com Palabritos®

CASA EDITORIAL Palabritos 25 años
Educación con la Verdad

Ágape Infantil

CASA EDITORIAL Palabritos Brasil
Educação com a Verdade

Bíblia de Princípios e Valores com Palabritas
Transversal 26 No.57-64 Bogotá, Colombia.

Título original:
Vivamos La Biblia con Palabritas

Coordenação editorial: Equipe Ágape
Textos e conceitos pedagógicos: Alvaro Hernán Ramos e Wilfrido Ramirez
Desenho de capa e do conteúdo: Carlos Ramirez
Montagem de capa: Monalisa Morato
Ilustrações centrais: Khato Studio
Ilustrações, historinhas e páginas de atividades: Rafael Ochoa Martínez
Desenho dos exercícios de aplicação: Erika Moreno Vanegas
Adaptação de ilustrações e diagramação: Elias Numeriano S. Souza
Tradução e adaptação: Francisco Nunes
Revisão: João Lira

Coordenação e supervisão editorial (versão em espanhol): Wilfrido Ramírez e Alvaro Hernán Ramos
Coordenação e supervisão editorial (versão em português): Célio José dos Santos

Textos bíblicos: João Ferreira de Almeida, Edição Corrigida e Revisada, Fiel ao Texto Original, © 1994, 1995, 2007, 2011 Sociedade Bíblica Trinitariana do Brasil. Quando necessário, os textos sofreram pequenas alterações de grafia, redação ou de pontuação, para facilitar a leitura.

Tiragem desta edição: 13 mil exemplares

Dados Internacionais de Catalogação na Publicação (CIP)
(Câmara Brasileira do Livro, SP, Brasil)

Bíblia de princípios e valores com Palabritas
Tradução e adaptação de Francisco Nunes
São Paulo: Ágape, 2014.

Título original: Vivamos la Biblia con Palabritas

1. Bíblia – Estudo e ensino 2. Bíblia Literatura infantojuvenil 3. Bíblia – Uso por crianças I. Equipe Palabritas

14-00090 CDD-028.5

Índices para catálogo sistemático:
1. Bíblia: Histórias: Literatura infantil 028.5
2. Bíblia: Histórias: Literatura infantojuvenil 028.5

2014
Impresso na China
Printed in China
Direitos cedidos para essa edição à Editora Ágape
CEA – Centro Empresarial Araguaia II
Alameda Araguaia, 2190, 11º andar
Bloco A, Conjunto 1112
CEP 06455-000 – Barueri – SP
Tel. (11) 3699-7107/ Fax (11) 3699-5099
www.editoraagape.com.br

APRESENTAÇÃO DA EDIÇÃO BRASILEIRA

Eu e minha família aos pés do Senhor...

O maior anelo de Deus é ter intimidade com Seus filhos. Ele deseja que Seus filhos O conheçam intimamente, que O amem e que neles seja formado o caráter de Jesus Cristo, Seu Filho. E buscar este conhecimento de Deus em família é maravilhoso!

Uma família unida pelo amor de Deus é um lar firmado em Sua Palavra e fortalecido para permanecer vitorioso nos dias difíceis, de profundas crises morais e materiais, como os vividos hoje no Brasil e no mundo. Por isso, pais e filhos sentarem-se juntos aos pés do Senhor Jesus será uma experiência maravilhosa e renovadora para toda a família. Que bom verem juntos sua vida sendo transformada pela prática da Palavra de Deus!

Como autores desta obra maravilhosa, estamos profundamente alegres de que Deus tenha tornado possível publicá-la agora em português, pois sabemos que Seu coração também anela que as famílias do Brasil tenham a inigualável experiência de viver em união em torno da leitura vivificante de Sua Palavra.

Estamos convencidos de que Bíblia de Princípios e Valores com Palabritas pode ser uma ferramenta útil para unir e fortalecer a família de língua portuguesa em torno da leitura e do estudo da Palavra de Deus, que é eterna e atual como modelo a ser seguido. Os pais terão oportunidade de ver com alegria o crescimento espiritual e emocional das crianças, enquanto buscam ser para elas exemplos vivos dos princípios e valores próprios do caráter de Jesus. Pais e filhos, juntos, aos pés de Jesus, o amável Senhor.

Álvaro Hernán Ramos e
Wilfrido Ramírez
Casa Editorial Palabritas Colômbia
25 anos

Célio José dos Santos (Brasil)
Casa Editorial Palabritas Brasil
5 anos

> **"Amarás, pois, o SENHOR, teu Deus, de todo o teu coração, e de toda a tua alma e de todas as tuas forças. E estas palavras, que hoje te ordeno, estarão no teu coração; e as ensinarás a teus filhos e delas falarás assentado em tua casa, e andando pelo caminho, e deitando-te e levantando-te.**
> **Também as atarás por sinal na tua mão, e te serão por frontais entre os teus olhos. E as escreverás nos umbrais de tua casa e nas tuas portas."**
> ***Deuteronômio 6.5-9***

"Os filhos são herança do SENHOR, e o fruto do ventre, o seu galardão."
Salmos 127.3

OS FILHOS SÃO UMA BÊNÇÃO DE DEUS. GUIÁ-LOS NO CAMINHO DA RETIDÃO É UM PRIVILÉGIO DE PAIS RESPONSÁVEIS E OBEDIENTES A DEUS

Conselhos de pais sábios para bons filhos

Filho meu, se aceitares as minhas palavras e esconderes contigo os meus mandamentos, para fazeres o teu ouvido atento à sabedoria; e inclinares o teu coração ao entendimento; se clamares por conhecimento e por inteligência alçares a tua voz, se como a prata a buscares e como a tesouros escondidos a procurares, então entenderás o temor do SENHOR e acharás o conhecimento de Deus.

Filho meu, não te esqueças da minha lei, e o teu coração guarde os meus mandamentos. Porque eles aumentarão os teus dias e te acrescentarão anos de vida e paz. Não te desamparem a benignidade e a fidelidade; ata-as ao teu pescoço; escreve-as na tábua do teu coração, e acharás graça e bom entendimento aos olhos de Deus e do homem.

Ouve, filho meu, e aceita as minhas palavras, e se multiplicarão os anos da tua vida. No caminho da sabedoria te ensinei e por veredas de retidão te fiz andar. Por elas andando, não se embaraçarão os teus passos; e se correres não tropeçarás. Apega-te à instrução e não a largues; guarda-a, porque ela é a tua vida

Provérbios 2.1-5; 3.1-4; 4.10-13

(Palavras de Salomão, o mais sábio homem e rei de Israel)

INTRODUÇÃO

Viver de maneira reta e honesta na sociedade de hoje é um desafio moral e espiritual para crianças, jovens e adultos. No desorientado mundo atual, avesso a referências morais e sem modelos de vida realmente dignos, no qual os valores foram perdidos ou se tornaram relativos, é preciso redescobrir que somente a Palavra de Deus tem a verdade absoluta e confiável para a formação de um caráter como o de Jesus nas novas gerações.

> *Para sempre, ó SENHOR, a tua palavra permanece no céu. Nunca me esquecerei dos teus preceitos, pois por eles me tens vivificado. Tenho visto fim a toda a perfeição, mas o teu mandamento é amplíssimo.*
>
> SALMOS 119. 89,93,96

Em seus 25 anos de formação e educação em valores, o Ministério Palabritas apresenta, com muita alegria, a Bíblia de Princípios e Valores com Palabritas. Este livro tem como propósito principal unir a família ao redor da Palavra de Deus, a fim de que conheçam e pratiquem os princípios e valores que ela ensina. Por meio de leitura que permite interação entre pais e filhos, ele promove o diálogo, a reflexão e as decisões em família, produzindo, assim, o crescimento do caráter de Jesus em todos.

A Bíblia de Princípios e Valores com Palabritas é constituída de 64 unidades para encontros devocionais semanais, passando por toda a Escritura, a partir de Gênesis, apresentando seus grandes personagens, enquanto revela os princípios de Deus para que Seus filhos vivam os valores espirituais que guiaram homens e mulheres de fé do passado. Cada unidade tem três momentos importantes: Ler, Compreender e Viver a Palavra de Deus. Eles unirão a família enquanto pais e filhos, mesmo os menores, leem juntos e tentam fazer as atividades propostas.

Cremos que ela será muito útil também em escolas cristãs ou em classes de escola dominical, dando a professores e alunos uma experiência maravilhosa.

O QUE É E COMO SE FORMA O CARÁTER?

Há três conceitos-chave e fundamentais que devem ser compreendidos ao se trabalhar na formação de pessoas: princípios, valores e caráter.

PRINCÍPIOS: Um princípio é um ponto de partida ou fundamento para a origem ou constituição de algo. No aspecto espiritual, os princípios de Deus são a base, comunicada e ordenada por Ele, para a definição e estabelecimento da verdade única e universal que deve reger a vida e o comportamento de Sua criação especial, o ser humano.

VALORES: Um valor é um comportamento ou atitude adquirida em consequência da aplicação de um princípio. Espiritualmente, é o comportamento correto, fruto da obediência aos princípios determinados por Deus em Seus mandamentos, como a única verdade espiritual que deve guiar e dirigir nossa vida.

CARÁTER: Do latim e grego character, "gravar". É o conjunto de qualidades afetivas e psicológicas, herdadas e adquiridas, que condicionam e definem a conduta de cada indivíduo, caracterizando-o entre os demais por seu comportamento. O *caráter* se refere às atitudes e aos bons hábitos que fazem alguém uma pessoa honesta, íntegra e melhor.

PRINCÍPIOS	VALORES	CARÁTER
Verdade única proveniente de Deus, nosso Criador	Hábitos e boas atitudes em nosso viver diário	Conjunto de qualidade morais que marcam e definem nossa forma de ser
"A tua palavra é a verdade desde o princípio, e cada um dos juízos da tua justiça dura para sempre." (Salmos 119.160)	"Inclina o meu coração aos teus testemunhos, e não à cobiça." (Salmos 119.36)	"Os teus estatutos têm sido os meus cânticos na casa da minha peregrinação." (Salmos 119.54)

"Educa a criança no caminho em que deve andar; e até quando envelhecer não se desviará dele." (Provérbios 22.6)

A VERDADE, O CARÁTER E AS DECISÕES

Um caráter firme tem relação com as decisões corretas que devem ser tomadas em cada situação da vida.

"O que quero fazer é certo ou errado? Devo dizer a verdade ou posso mentir, a fim de evitar um problema? Devolvo ou fico com o troco a mais que recebi? Obedeço ou faço de conta que não ouvi? Finjo que não vi ou vou ajudar aquela pessoa com problema?" Todos os personagens bíblicos tiveram de tomar decisões semelhantes, e muitos obedeceram aos princípios de Deus. Outros, infelizmente, não.

A cada dia, todos nós temos de tomar decisões que agradam ou ofendem a Deus. Um caráter cristão firme nos conduzirá a fazer sempre o que é de acordo com o caráter de Deus.

DECISÕES A SEREM TOMADAS SEGUNDO OS PRINCÍPIOS DE DEUS

SITUAÇÕES	A VERDADE DE DEUS	ESTÁ EQUIVOCADO QUEM DIZ QUE...
Educação e formação das crianças	"Se estais sem disciplina, da qual todos são feitos participantes, sois então bastardos, e não filhos." (Hebreus 12.8)	Isso é responsabilidade só da igreja e da escola.
A idade ideal para começar a desenvolver valores	"Educa a criança no caminho em que deve andar; e até quando envelhecer não se desviará dele." (Provérbios 22.6)	Isso virá com o tempo. Não se deve pressioná-los na infância.
A disciplina nos primeiros anos	"Na verdade, toda a correção, ao presente, não parece ser de gozo, senão de tristeza, mas depois produz um fruto pacífico de justiça nos exercitados por ela." (Hebreus 12.11)	A disciplina pode frustrar a criança. Ela deve ter liberdade.
O respeito e a obediência desde a infância	"Filho meu, ouve a instrução de teu pai, e não deixes o ensinamento de tua mãe." (Provérbios 1.8)	A rebeldia é normal nos primeiros anos. Com o tempo, ela passa.
O mau comportamento nos dias atuais	"Não sede conformados com este mundo, mas sede transformados pela renovação do vosso entendimento." (Romanos 12.2)	Todas as crianças são assim hoje. O que há de mal nisso?
A falta de diálogo entre pais e filhos	"Estas palavras, que hoje te ordeno, estarão no teu coração, e as ensinarás a teus filhos e delas falarás assentado em tua casa." (Deuteronômio 6.6,7)	Somos duas gerações diferentes e é lógico que não tenhamos temas em comum.

CONHEÇA PALABRITAS...

Palabritas e seus amigos, Alegria, Justin, Gusi e Motas, acompanharão você nessa fantástica viagem pela Bíblia, para conhecerem, juntos, personagens impressionantes e viverem histórias maravilhosas, ao mesmo tempo em que aprendem os princípios e valores que formarão um caráter belo e firme.

PALABRITAS

É um menino de doze anos. Está sempre sorrindo, por já saber que amar a Deus e obedecer-Lhe é o caminho para ter uma vida feliz. Ele procura sempre ouvir e praticar os conselhos da Bíblia que Justin lhe dá; por isso, tem um caráter obediente e responsável.
É muito unido a seus pais, pois eles lhe ensinam, desde bem pequeno, a conhecer os princípios de Deus em Sua Palavra e a viver de acordo com Seus valores morais.

ALEGRIA

Essa garota de dez anos é vizinha de Palabritas, e parece ser irmã dele! Seu nome expressa bem o que ela é: uma pessoa amável e feliz, sempre pronta a ajudar e a animar os outros. Apesar de seu pai tê-las abandonado, Alegria e a mãe formam uma família cheia de amor, na qual ela aprendeu como é bom amar, respeitar e ajudar as pessoas.

... E SEUS AMIGOS

JUSTIN

É o anjinho amigo de Palabritas, que o aconselha sabiamente com as palavras e orientações da Bíblia. Ele sempre diz a seus amigos que o caminho da felicidade está em viver retamente nos mandamentos e princípios dados por Deus.

GUSI

É uma lagarta verde que conheceu Palabritas e quis ser seu amigo. Ele acha interessante o jeito de ser de Palabritas, mas, mesmo desejando experimentar as bênçãos que seu amigo recebe de Deus, não quer seguir os princípios da Palavra de Deus. Por isso, seu caráter é tão inconstante. Ele age assim porque seus pais o mimaram demais, fazendo todas as suas vontades, e sem lhe ensinar valores morais. Por isso, faz muitas coisas erradas, mesmo sofrendo com elas depois. Seus amigos lhe apresentam a verdade sobre Jesus para que ele mude de vida.

MOTAS

É o cachorro de estimação de Palabritas e está sempre a seu lado, fazendo-lhe companhia nos dias bons e nos momentos difíceis também. Ele ama a natureza e gosta de mostrar a seus amigos como cuidar do meio ambiente e respeitá-lo. Mesmo não falando, ele não perde a oportunidade de latir para Gusi sempre que o vê fazendo alguma coisa que estraga a criação de Deus.

GUIA PRÁTICO

A Bíblia de Princípios e Valores com Palabritas contém 64 unidades desenvolvidas em torno do estudo dos princípios e valores bíblicos básicos para a estruturação de um caráter sólido e firme, de acordo com os ensinamentos encontrados na Palavra de Deus.

Cada unidade é dividida em três módulos de leitura, compreensão e prática de cada princípio ou valor estudado.

Leia A PALAVRA DE DEUS

A Bíblia é a fonte absoluta de toda verdade e de todo princípio moral revelados por Deus à humanidade. De cada passagem bíblica selecionada são extraídos ensinamentos relativos ao princípio ou valor considerado na unidade.

Compreenda A PALAVRA DE DEUS

Ler apenas, sem uma explicação ou compreensão do conteúdo, é de pouca utilidade. Esse módulo foi planejado para concluir o pleno entendimento de cada princípio ou valor, de maneira que seja possível compreender de modo claro o que Deus quer formar no caráter das crianças, de acordo com Seu padrão, que é Jesus, Seu Filho.

Viva A PALAVRA DE DEUS

Com atividades práticas e interativas, a família toda se compromete a viver e a aplicar os princípios e os valores bíblicos aprendidos. A participação de toda a família vai reforçar a importância do conteúdo e a aprendizagem obtida, além de fortalecer os vínculos familiares e a união entre todos.

COMO USAR A BÍBLIA DE PRINCÍPIOS E VALORES COM PALABRITAS

Cada unidade foi planejada de modo que pais ou educadores conduzam filhos ou alunos num estudo semanal da Bíblia. Da leitura inicial de uma passagem bíblica ao convite final após a História em Quadrinho, as diferentes seções guiarão a aprendizagem e a compreensão do princípio ou valor extraído da Palavra de Deus.

Título: Nome do princípio ou valor tratado na unidade.

Leia a Palavra de Deus: Relato que contém a história ou o ensinamento fundamental do estudo.

Definição: Significado ou natureza do princípio ou valor estudado.

Impressionante!: Destaques sobre a passagem bíblica lida.

O que você acha?: Perguntas que ajudam a refletir sobre a passagem bíblica lida.

Pesquise e descubra: Indicação de outras passagens bíblicas sobre o tema.

Você sabia?: Curiosidades sobre o assunto estudado.

Você é... quando: Aspectos práticos do caráter estudado.

Hora da ação! Seja valente!: Sugestões para colocar em prática o que é aprendido.

Parabéns...: Histórias reais que motivam a criança a agir retamente.

Vamos responder juntos: Perguntas para a reflexão e o compromisso com Deus em família.

Vamos orar juntos: Seção devocional, com uma sugestão de oração que aplica o conteúdo aprendido a um compromisso familiar com Deus.

Divirta-se e aprenda!: Atividades a serem feitas pela criança ou em família, para ajudar na compreensão do tema estudado.

Pratique com Palabritas: Tirinhas com Palabritas e seus amigos que ensinam, com sabedoria, a aplicação dos princípios e valores estudados.

Tenham sempre a Bíblia à mão para ler outras passagens ou ler os trechos completos. Por vezes, será preciso explicar à criança o significado de algum termo da Bíblia que ela não compreenda.

ÍNDICE DE PRINCÍPIOS E VALORES

ÍNDICE

ÍNDICE

PRINCÍPIO OU VALOR	UNIDADE	PÁG.

ÍNDICE

DEUS, O GRANDE CRIADOR

"E viu Deus tudo quanto tinha feito,
e eis que era muito bom."

GÊNESIS 1.31

Aconteceu numa data desconhecida

Leia A PALAVRA DE DEUS

DEUS, O PRINCÍPIO DE TODAS AS COISAS...

ADAPTADO DE
Gênesis 1

No princípio criou Deus os céus e a terra. E a terra era sem forma e vazia; e havia trevas sobre a face do abismo; e o Espírito de Deus se movia sobre a face das águas.

E disse Deus: Haja luz; e houve luz. E Deus chamou à luz Dia; e às trevas chamou Noite.

E foi o primeiro dia.

E disse Deus: Haja uma expansão no meio das águas, e haja separação entre águas e águas. E chamou Deus à expansão Céus, e foi a tarde e a manhã, o dia segundo.

E disse Deus: Ajuntem-se as águas debaixo dos céus num lugar; e apareça a porção seca; e assim foi.
E chamou Deus à porção seca terra; e ao ajuntamento das águas chamou Mares; e viu Deus que era bom.

E disse Deus: Produza a terra erva verde, erva que dê semente, árvore frutífera que dê fruto segundo a sua espécie, cuja semente está nela sobre a terra; e assim foi. E foi o terceiro dia.

E disse Deus: Haja luminares na expansão dos céus. E fez Deus os dois grandes luminares: o luminar maior para governar o dia, e o luminar menor para governar a noite. E foi o quarto dia.

E disse Deus: Produzam as águas abundantemente répteis de alma vivente; e voem as aves sobre a face da expansão dos céus. E foi o quinto dia.

E disse Deus: Produza a terra alma vivente conforme a sua espécie.

E disse Deus: Façamos o homem à nossa imagem, conforme a nossa semelhança.

E criou Deus o homem à sua imagem; à imagem de Deus o criou; homem e mulher os criou. E Deus os abençoou e lhes disse: Frutificai e multiplicai-vos, e enchei a terra e sujeitai-a.

E viu Deus tudo quanto tinha feito, e eis que era muito bom.

E foi a tarde e a manhã, o sexto dia.

UNIDADE 1 DEUS, O GRANDE CRIADOR

O CRIADOR é alguém que cria as coisas do nada. Deus fez os céus, os astros, a terra, a vegetação e os animais. Depois, criou o ser humano à Sua imagem e semelhança; homem e mulher os criou para governar e administrar Sua maravilhosa criação.

IMPRESSIONANTE!

No princípio, existia apenas nosso maravilhoso Deus – a terra não existia. Então, Ele decidiu fazer, usando Seu grande poder, este mundo grandioso para vivermos nele. E a Bíblia conta que foi assim que Deus trabalhou durante seis dias para fazer tudo.

Primeiramente, Ele fez a luz criando o Sol e a Lua para iluminar o dia e a noite.

A seguir, fez a Terra com plantas, árvores, frutas, e colocou os rios e os mares em seu lugar.

Depois, pôs animais pequenos e grandes na terra, no mar e no ar.

Por fim, Ele disse: "Quem cuidará desse mundo maravilhoso que eu fiz?" Então, criou o primeiro homem e a primeira mulher, chamados de Adão e Eva, e lhes disse: "Desfrutem deste imenso jardim que eu criei para vocês e cuidem dele. Vocês também devem colocar nome em todos os animais e devem dominá-los. Além disso, tenham muitos filhos para que se formem muitas famílias que me conheçam e saibam que Eu sou poderoso, bom e que os amo."

É por isto que seus avós existem ou existiram: para gerarem seus pais que geraram você. Assim, vocês formam uma bonita família que hoje conhece a Deus, e, juntos, aprendem a amá-Lo, a obedecer-Lhe e a desfrutar das grandes bênçãos que Ele dá a quem vive de acordo com os princípios que Ele estabeleceu.

O QUE VOCÊ ACHA?

Você já se perguntou:

- *Quem fez o Universo?*
- *Quantas estrelas há no céu?*
- *Que língua os golfinhos falam?*
- *Quantos tipos de flor existem?*

CRESCER EM FAMÍLIA

VAMOS RESPONDER JUNTOS:

* *Quem existia antes de todas as coisas serem criadas?*
* *Deus é o ser eterno. O que isso significa para nós?*
* *Cada um de nós deve escolher um dos atributos de Deus e explicá-lo com suas próprias palavras: criador, poderoso, grande, maravilhoso, inteligente, sábio.*
* *Por que é bom para nós crermos em Deus e amá-Lo, honrá-Lo, louvá-Lo e obedecer-Lhe?*

VAMOS ORAR JUNTOS

Amado Deus, como é bom saber que Tu existes e que nos criaste parecidos Contigo com alma e espírito para que Te busquemos e conheçamos. Obrigado por teres criado o papai, a mamãe e a mim, e a todos de minha família, e também a todos os meus amigos.

Obrigado por seres tão bom conosco e por nos abençoar todos os dias com Teu amor e com Tua proteção. Em nome de Teu Filho, Jesus. Amém.

UNIDADE 1 DEUS, O GRANDE CRIADOR

DIVIRTA-SE E APRENDA

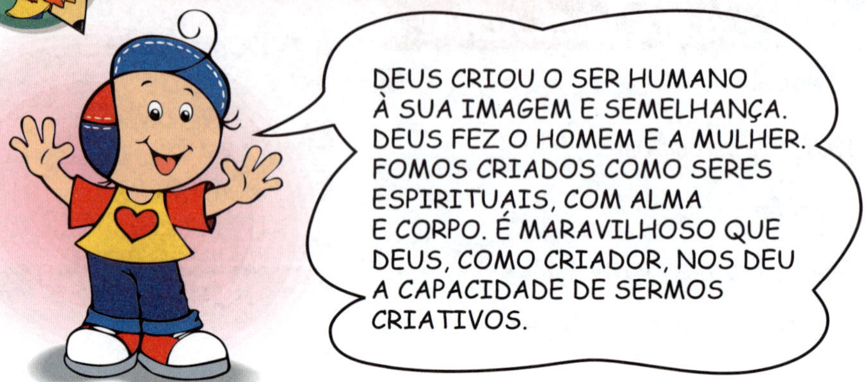

CRIAR HISTORINHAS É DIVERTIDO!

Estes são os passos básicos que você deve seguir para desenhar o Palabritas.
Praticando, você vai aprender a desenhar esse personagem.
Você vai gostar de ver que Deus lhe deu criatividade.

"Grande é o SENHOR, e muito digno de louvor, e a sua grandeza insondável. Uma geração louvará as tuas obras à outra geração, e anunciarão as tuas proezas." Salmos 145.3,4

Viva A PALAVRA DE DEUS

MARQUE A RESPOSTA CORRETA

O que a Bíblia diz sobre a origem do mundo?

- ( ) *A - Diz que o mundo sempre existiu.*
- ( ) *B - Diz que o mundo começou com uma explosão e, então, apareceu a vida.*
- ( ) *C - Diz que Deus é o criador do mundo e o fez em seis dias.*

RESPOSTA: A letra correta é a C. Se você a marcou, parabéns!

PRATIQUE COM PALABRITAS

DEUS DEU AO HOMEM A CAPACIDADE DE INVENTAR E FABRICAR COISAS MARAVILHOSAS.

MAS SOMENTE DEUS PODE CRIAR A VIDA!

DEUS CRIOU VOCÊ!

UNIDADE 2

O BEM E O MAL

"Então, a serpente disse à mulher: Certamente não morrereis. Porque Deus sabe que no dia em que dele comerdes se abrirão os vossos olhos, e sereis como Deus, sabendo o bem e o mal."

Aconteceu numa data desconhecida

GÊNESIS 3.4,5

O DIA EM QUE ADÃO E EVA DESOBEDECERAM A DEUS

ADAPTADO DE
Gênesis 3.1-15

Ora, a serpente era mais astuta que todos os animais do campo que o SENHOR Deus tinha feito. E esta disse à mulher: É assim que Deus disse: Não comereis de toda a árvore do jardim?

E disse a mulher à serpente: Do fruto das árvores do jardim comeremos, mas do fruto da árvore que está no meio do jardim, disse Deus: Não comereis dele, nem nele tocareis para que não morrais.

Então, a serpente disse à mulher: Certamente não morrereis. Porque Deus sabe que no dia em que dele comerdes se abrirão os vossos olhos, e sereis como Deus, sabendo o bem e o mal.

E viu a mulher que aquela árvore era boa para se comer, e agradável aos olhos, e árvore desejável para dar entendimento; tomou do seu fruto, e comeu, e deu também a seu marido, e ele comeu com ela. Então foram abertos os olhos de ambos, e conheceram que estavam nus; e coseram folhas de figueira, e fizeram para si aventais.

E ouviram a voz do SENHOR Deus, que passeava no jardim pela viração do dia; e esconderam-se Adão e sua mulher da presença do SENHOR Deus, entre as árvores do jardim. E chamou o SENHOR Deus a Adão, e disse-lhe: Onde estás?

E ele disse: Ouvi a tua voz soar no jardim, e temi, porque estava nu, e escondi-me.

E Deus disse: Quem te mostrou que estavas nu? Comeste tu da árvore de que te ordenei que não comesses?

Então, disse Adão: A mulher que me deste por companheira, ela me deu da árvore, e comi.

E disse o SENHOR Deus à mulher: Por que fizeste isto?

E disse a mulher: A serpente me enganou, e eu comi.

Então, o SENHOR Deus disse à serpente: Porquanto fizeste isto, maldita serás mais que toda a fera, e mais que todos os animais do campo; sobre o teu ventre andarás, e pó comerás todos os dias da tua vida.

E porei inimizade entre ti e a mulher, e entre a tua semente e a sua semente; esta te ferirá a cabeça, e tu lhe ferirás o calcanhar.

UNIDADE 2

O BEM E O MAL

Deus é bom e fez tudo perfeito. Mas um dia a maldade entrou no mundo...

IMPRESSIONANTE!

Veja, Gusi!
A serpente está dizendo a Eva que ela deve comer o fruto dessa árvore. Mas Deus disse a ela e a Adão que, se comessem, morreriam!
O que vai acontecer?

O QUE VOCÊ ACHA?

Um dos maiores anjos, que veio a se chamar Satanás, se rebelou contra Deus. Então, esse anjo quis destruir toda a humanidade. Para isso, enganou Adão e Eva, as primeiras pessoas que Deus havia criado, fazendo com que se rebelassem também.

Adão e Eva sabiam fazer apenas o bem, mas, ao desobedecer a Deus e comer da árvore que Ele lhes havia proibido, aprenderam também a fazer o mal, entristecendo a Deus.

Desde aquele dia, todos os seres humanos, muitas vezes, fazem o que é mau e desagradável para Deus.

Deus chama essas coisas más de pecado.

Compreenda a Palavra de Deus

PONTOS DE PODER

Como podemos saber o que é bom e o que é mau e desagradável aos olhos de Deus? Lendo a Bíblia! Nela, Deus nós dá Suas leis, ou mandamentos, que nos mostram como Ele é e como quer que pensemos e nos comportemos, para que tudo vá bem conosco e tenhamos uma vida feliz.

CRESCER EM FAMÍLIA

VAMOS RESPONDER JUNTOS:

* O que aconteceu com Adão e Eva no jardim do Éden?
* Eles obedeceram à ordem que Deus lhes dera?
* O que devemos fazer para agradar a Deus?

VAMOS ORAR JUNTOS

Amado Deus, todos os dias temos de escolher entre fazer o que é bom e agradável a Ti ou fazer o que é mau e Te causa tristeza. Ajuda-nos sempre a crer em Ti, obedecendo-Te naquilo que ordenas na Bíblia, Tua bendita Palavra. No nome de Jesus. Amém.

UNIDADE 2

O BEM E O MAL

ESCOLHA O BEM!

Lembre que obedecer sempre a Deus traz coisas boas para sua vida. Por isso, você deve sempre tomar a decisão correta fazendo-se a pergunta: "Isso que vou fazer agrada a Deus ou O entristece?"

DIVIRTA-SE E APRENDA

O jogo das coisas boas

Este é um jogo maravilhoso para a família toda. Cada pessoa deve ter uma folha com duas colunas: Letra e Pontos.

1- Sorteiem quem vai começar. O ganhador escolhe uma letra, que todos devem anotar na folha. Cada um começa a dizer à pessoa à direita todas as coisas que aprecia nela e que comecem com a letra escolhida. Cada coisa boa que é dita vale um ponto.

2- A próxima letra é escolhida pela pessoa à direita de quem começou. O jogo continua até cada participante escolher uma letra.

3- Ganha o jogo a pessoa que tiver mais pontos, ou seja, de quem falaram mais coisas boas.

"O que cedo busca o bem, busca favor, mas o que procura o mal, esse lhe sobrevirá."

Provérbios 11.27

Viva A PALAVRA DE DEUS

Deus criou você para fazer o que agrada a Ele!
Já vimos como Deus fez tudo bom. Do mesmo modo, Ele fez coisas boas para você praticá-las.

PALABRITAS e GUSI têm de escolher todos os dias entre o que é bom e o que é mau. Qual deles escolhe fazer somente o que a agrada a Deus e O faz feliz? Ajude os dois colorindo de amarelo o que é bom e de vermelho o que é mau.

OBEDECER
BRIGAR
MENTIR
AJUDAR
DIZER A VERDADE
PALAVRÕES

PRATIQUE COM PALABRITAS

QUEM FAZ ÀS VEZES O QUE É BOM E AGRADÁVEL A DEUS E OUTRAS VEZES O QUE É MAU É COMO QUEM ANDA COM UM PÉ NA CALÇADA E OUTRO NA RUA: ACABA TROPEÇANDO E CAINDO. DEUS PREPAROU UM CAMINHO BOM PARA VOCÊ. ANDE NELE!

A OBEDIÊNCIA

"E de tudo o que vive, de toda a carne, dois de cada espécie, farás entrar na arca, para os conservar vivos contigo; macho e fêmea serão."

GÊNESIS 6.19

NOÉ: O HOMEM QUE SE SALVOU POR OBEDECER A DEUS

ADAPTADO DE
Gênesis 6.9–9.17

Estas são as gerações de Noé. Noé era homem justo e perfeito em suas gerações; Noé andava com Deus. E gerou Noé três filhos: Sem, Cam e Jafé.

Deus viu a terra, e eis que estava corrompida; porque toda a carne havia corrompido o seu caminho sobre a terra. Então disse Deus a Noé: O fim de toda a carne é vindo perante a minha face; porque a terra está cheia de violência; e eis que os desfarei com a terra. Faze para ti uma arca de madeira.

Porque eis que eu trago um dilúvio de águas sobre a terra, para desfazer toda a carne em que há espírito de vida debaixo dos céus; tudo o que há na terra expirará. Mas contigo estabelecerei a minha aliança. Entrarás na arca, tu e os teus filhos, tua mulher e as mulheres de teus filhos contigo.

E de tudo o que vive, de toda a carne, dois de cada espécie, farás entrar na arca, para os conservar vivos contigo; macho e fêmea serão.

E fez Noé conforme a tudo o que o SENHOR lhe ordenara.

E houve chuva sobre a terra quarenta dias e quarenta noites. E expirou toda

a carne que se movia sobre a terra. Ficou somente Noé, e os que com ele estavam na arca.

Então, Noé tirou a cobertura da arca, e olhou, e eis que a face da terra estava enxuta. E abençoou Deus a Noé e a seus filhos, e disse-lhes: Frutificai, multiplicai-vos e enchei a terra. E eu convosco estabeleço a minha aliança, que não será mais destruída toda a carne pelas águas do dilúvio, e que não haverá mais dilúvio para destruir a terra.

A OBEDIÊNCIA

OBEDECER é respeitar e cumprir a vontade e as ordens de Deus ou de alguém que tem autoridade.

IMPRESSIONANTE!

Vamos, crianças!
Vamos ajudar Noé com estes animais e vamos entrar na arca, pois vai chover por quarenta dias e quarenta noites.

Sejamos obedientes!

Não é maravilhoso sermos protegidos por Deus quando lhe somos obedientes?

O QUE VOCÊ ACHA?

Já se haviam passado muitos anos desde a criação do mundo, e todas as pessoas haviam se tornado más e violentas. Por isso, Deus decidiu que ia inundar o mundo com uma chuva muito forte e acabar com a humanidade. Mas Ele encontrou Noé, um homem bom. Então, deu instruções para que Noé construísse uma grande arca, na qual ele se salvaria com sua família e com centenas de animais.

* O que você teria feito se fosse Noé?
* Ele nunca havia feito nem visto um barco.
* Fazia muitos anos que não chovia e, além disso, todas as pessoas zombavam de Noé por ele crer em Deus. Mas Noé não desanimou e obedeceu a Deus.

VOCÊ OBEDECE A DEUS QUANDO...

* Lê a Bíblia e segue as instruções que Ele dá por meio dela.
* Sabe que Ele se alegra com os que são obedientes.
* Continua confiando Nele, mesmo depois de ter muitos problemas e de passar por momentos difíceis.
* Obedece aos pais, pois Ele os deu a você para serem respeitados e honrados.

VOCÊ SABIA?

A Bíblia diz que Noé demorou muitos anos para construir a arca. E ela era muito grande: mais larga que um campo de futebol, onde caberiam uns doze carros lado a lado, e alta como um edifício de cinco andares.

CRESCER EM FAMÍLIA

VAMOS RESPONDER JUNTOS:

* Qual foi a ordem que Deus deu a Noé?
* Noé obedeceu ou desobedeceu às instruções de Deus?
* Por que é bom obedecer a Deus e aos pais?

VAMOS ORAR JUNTOS

Amado Deus, obrigado por teres nos ensinado hoje sobre obedecer a Ti. A partir de agora, nós nos comprometemos a ser obedientes para receber Tua proteção e Tua bênção em todas as coisa. No nome de Jesus. Amém.

UNIDADE 3

A OBEDIÊNCIA

DIVIRTA-SE E APRENDA

Deus disse a Noé para proteger os animais, pois o dilúvio viria! Vamos ajudá-lo a juntar os bichos.

1. *Com massa de modelar, faça alguns do animais da ilustração: leão, elefante, macaco, etc.*

2. *Agora, ligue com uma linha o animal ao nome do som que ele faz. Depois, chame-o para entrar na arca de Noé. Todos os animais obedientes virão correndo para salvar-se do grande dilúvio.*

vaca

cavalo

gato

cachorro

lobo

ovelha

balido

mugido

uivo

relincho

miado

latido

"Obedecer [a Deus] é melhor do que o sacrificar." 1 Samuel 15.22

Viva A PALAVRA DE DEUS

O DILÚVIO ESTÁ CHEGANDO...

As primeiras gotas já estão caindo... Apresse-se!
Ajude Noé a construir a arca: ligue as palavras que faltam ao lugar certo no menor tempo possível. Rápido! Seja obediente!

PRATIQUE COM PALABRITAS

DEUS É BOM. ELE SEMPRE NOS DÁ SUAS INSTRUÇÕES PARA NOS PROTEGER DO PERIGO E SALVAR-NOS. MAS SÓ OS QUE CREEM NELE OUVEM SUA VOZ E LHE OBEDECEM E, POR ISSO, SÃO SALVOS DA DESTRUIÇÃO QUE OS OUTROS SOFREM.

A FÉ

"Far-te-ei uma grande nação,
e abençoar-te-ei e engrandecerei o teu nome;
e tu serás uma bênção".

GÊNESIS 12.2

Aconteceu por volta de 1920 a.C.

ABRAÃO: O HOMEM QUE SE TORNOU AMIGO DE DEUS POR CAUSA DE SUA GRANDE FÉ

ADAPTADO DE
Gênesis 12.1-9

Ora, o SENHOR disse a Abrão: Sai-te da tua terra, da tua parentela e da casa de teu pai, para a terra que eu te mostrarei.

E far-te-ei uma grande nação, e abençoar-te-ei e engrandecerei o teu nome; e tu serás uma bênção.

E abençoarei os que te abençoarem, e amaldiçoarei os que te amaldiçoarem; e em ti serão benditas todas as famílias da terra.

ABRÃO VAI PARA CANAÃ

Assim partiu Abrão como o SENHOR lhe tinha dito, e foi Ló com ele.

Era Abrão da idade de setenta e cinco anos quando saiu de Harã. E tomou Abrão a Sarai, sua mulher, e a Ló, filho de seu irmão, e todos os bens que haviam adquirido, e as almas que lhe acresceram em Harã.

Saíram para irem à terra de Canaã; e chegaram à terra de Canaã.

E passou Abrão por aquela terra até ao lugar de Siquém, até ao carvalho de Moré; e estavam então os cananeus na terra.

E apareceu o SENHOR a Abrão, e disse: À tua descendência darei esta terra. E edificou ali um altar ao SENHOR, que lhe aparecera.

E moveu-se dali para a montanha do lado oriental de Betel e armou a sua tenda, tendo Betel ao ocidente, e Ai ao oriente; e edificou ali um altar ao SENHOR e invocou o nome do SENHOR.

Depois caminhou Abrão dali, seguindo ainda para o lado do sul.

UNIDADE 4

A FÉ

FÉ é crer em Deus e ter uma grande segurança de que Ele cumprirá Suas promessas. É como esperar com paciência um presente que prometeram a você, mesmo que ainda não o tenha visto.

IMPRESSIONANTE!

Veja que terra linda Deus está mostrando a Abraão! Mas... será que ele confiará que Deus vai acompanhá-lo e fazê-lo prosperar lá? Sim! Não é maravilhosa a fé que ele tinha em Deus a ponto de deixar sua terra e viajar para um lugar desconhecido?

O QUE VOCÊ ACHA?

Podemos confiar em alguém somente quando estamos certos de que aquela pessoa vai cumprir o que prometeu. Abraão estava completamente seguro de que Deus era capaz de dar-lhe tudo o que lhe havia oferecido.

Em sua opinião, por que Abraão creu em Deus? Leia toda a passagem bíblica e dê algumas razões. Você descobrirá porque Abraão é chamado pai da fé e de multidões.

Compreenda A PALAVRA DE DEUS

PONTOS DE PODER

Imagine que, um dia, você e seu pai vão ao campo e lá você sobe em uma árvore. Então, ele pede que você se jogue de lá e promete que lhe segurará. Você faria isso sem pensar duas vezes? Por quê? Bem, com muito mais razão você pode confiar em Deus:

Ele pode cumprir tudo o que promete!

PESQUISE E DESCUBRA

Peça a seus pais para lerem Hebreus 11.
Ali você encontrará mais de dez exemplos de pessoas que alcançaram grandes vitórias pela fé. Quem eram elas e o que elas alcançaram?

CRESCER EM FAMÍLIA

VAMOS RESPONDER JUNTOS:

* *O que Deus disse a Abraão? Abraão obedeceu a Deus ou ficou onde estava?*
* *Como podemos definir a fé? Por que podemos confiar em Deus?*
* *Vamos dizer porque é bom e nos convém escutar a Deus e fazer o que Ele nos pede.*

VAMOS ORAR JUNTOS

Amado Deus, estamos felizes por saber que podemos confiar em Ti quando Tu nos dás uma ordem, pois irás conosco para nos ajudar e nos abençoar. Ajuda-nos a ter fé em Ti, como Abraão teve. Em nome de Jesus. Amém.

A FÉ

DIVIRTA-SE E APRENDA

PLANTE SEMENTES DE FÉ EM SEU CORAÇÃO

1 Encha de água um pequeno copo transparente. Depois, coloque sobre a boca dele uma fina camada de algodão que encoste na água e que feche o copo. Sobre o algodão umedecido coloque dois ou três grãos de feijão, afastados um do outro. Em pouco tempo você verá as sementes brotando e surgir uma plantinha.

A fé em Deus é assim: ela vai crescendo conforme você O conhece por meio de Sua Palavra e crê em todas as Suas promessas.

2 Abraão creu em todas as promessas que Deus lhe havia feito e foi usado poderosamente. Prepara um pequeno quadro de avisos e escreve nele todas as promessas que Deus deu a você ou a sua família. Ore diariamente lembrando-se delas e espere seu cumprimento.

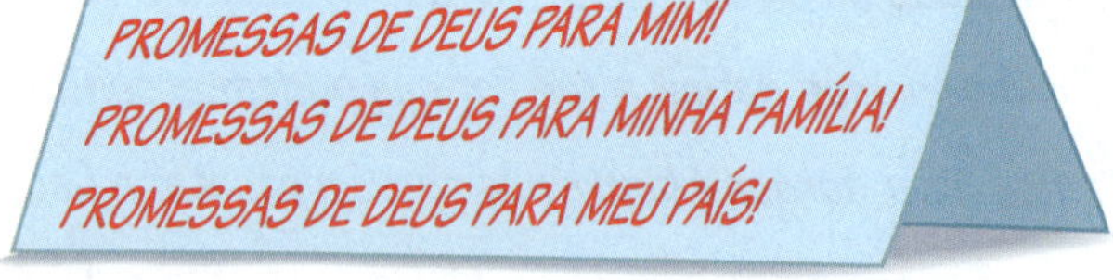

PENSAMENTO PARA HOJE

Você é uma semente de fé e de amor para o mundo. Você é uma bênção de Deus para todos. Você também pode ajudar a mudar seu país para Deus.

"Ora, sem fé é impossível agradar-lhe [a Deus]; porque é necessário que aquele que se aproxima de Deus creia que ele existe e que é galardoador dos que o buscam."

Hebreus 11.6

JUSTIN QUER DAR UM GRANDE ENSINAMENTO SOBRE A FÉ

Mas para encontrá-lo você deve desembaralhar as letras das palavras à direita e, com elas, completar a frase. O que Justin disse?

VOCÊ TEM ________ ← ÉF

QUANDO__________ ← ÊRC

EM DEUS E

__________ QUE ← NAIFOC

ELE __________ ← MUPERC

SUAS____________. ← SASMEPROS

RESPOSTA: Você tem fé quando crê em Deus e confia que Ele cumpre Suas promessas.

PRATIQUE COM PALABRITAS

QUEM TEM FÉ VERDADEIRA COLOCA SEUS SONHOS E SEU TRABALHO NAS MÃOS DE DEUS, SABENDO QUE OS VERÁ REALIZADOS NO MOMENTO OPORTUNO.

UNIDADE 5

SONHOS E PROPÓSITOS DE DEUS

"E teve José outro sonho, e o contou a seus irmãos, e disse: Eis que tive ainda outro sonho; e eis que o sol, e a lua e onze estrelas se inclinavam a mim."

GÊNESIS 37.9

JOSÉ, O JOVEM A QUEM DEUS DEU SONHOS

ADAPTADO DE
Gênesis 37.2-11

Estas são as gerações de Jacó.

Sendo José de dezessete anos, apascentava as ovelhas com seus irmãos. Sendo ainda jovem, andava com os filhos de Bila, e com os filhos de Zilpa, mulheres de seu pai; e José trazia más notícias deles a seu pai.

E Israel amava a José mais do que a todos os seus filhos, porque era filho da sua velhice; e fez-lhe uma túnica de várias cores. Vendo, pois, seus irmãos que seu pai o amava mais do que a todos eles, odiaram-no e não podiam falar com ele pacificamente.

Teve José um sonho, que contou a seus irmãos; por isso o odiaram ainda mais.

E disse-lhes: Ouvi, peço-vos, este sonho, que tenho sonhado: Eis que estávamos atando molhos no meio do campo, e eis que o meu molho se levantava e também ficava em pé, e eis que os vossos molhos o rodeavam e se inclinavam ao meu molho.

Então, lhe disseram seus irmãos:

Tu, pois, deveras reinarás sobre nós? Tu deveras terás domínio sobre nós?

Por isso, ainda mais o odiavam por seus sonhos e por suas palavras.

E teve José outro sonho, e o contou a seus irmãos e disse: Eis que tive ainda outro sonho; e eis que o sol, e a lua e onze estrelas se inclinavam a mim.

E contando-o a seu pai e a seus irmãos, repreendeu-o seu pai e lhe disse: Que sonho é este que tiveste?

Porventura viremos, eu e tua mãe, e teus irmãos, a inclinar-nos perante ti em terra?

Seus irmãos, pois, o invejavam; seu pai porém guardava este negócio no seu coração.

SONHOS E PROPÓSITOS DE DEUS

Ter SONHOS é ter ilusões sobre um futuro bonito. Ter PROPÓSITOS é trabalhar com ânimo para alcançar as metas e os sonhos que temos.

IMPRESSIONANTE!

Jacó teve doze filhos, mas José era o preferido. Por isso, seus irmãos não gostavam dele. Além disso, José lhes contou os sonhos que tinha, nos quais seus irmãos se inclinavam diante dele, e isso os enfureceu ainda mais. Por esse motivo, um dia eles o venderam a uns mercadores que iam para o Egito.

No Egito, José foi preso injustamente, mas saiu dali por causa da grande capacidade que Deus lhe dera de interpretar sonhos.

Faraó, então, lhe deu um cargo muito importante, para que armazenasse muita comida durante os anos de escassez que os povos enfrentariam.

Algum tempo depois, houve um tempo de extrema fome naquela região, e os irmãos de José foram ao Egito para conseguir alimentos. Quando se deram conta de que seu irmão José era quem lhes havia vendido comida, ficaram apavorados. Mas José lhes disse que perdoava o que haviam feito a ele.

O QUE VOCÊ ACHA?

Incrível! José foi jogado em uma cova por seus irmãos, ficou sem família por muitos anos, pois seu pai achou que ele estivesse morto, foi enviado para a prisão de forma injusta, e, mesmo assim, viu Deus cumprir os sonhos que lhe dera e foi usado por Deus para os propósitos para sua vida!

PESQUISE E DESCUBRA

Muitas vezes, a Bíblia conta histórias em que Deus usou sonhos para revelar às pessoas o que ia acontecer com elas ou com seu país.

Você pode ler sobre os sonhos de José em Gênesis 37.5-11; 40.5-23; 41.1-36.

José viu os sonhos que Deus lhe dera na juventude finalmente cumpridos.

VOCÊ SABIA?

Nos tempos de José, as famílias também eram muito importantes, os filhos respeitavam muito aos pais e estes cuidavam dos filhos e os queriam muito bem. Que tipo de túnica Jacó deu a José? Pensa-se que era muito bela e, talvez, ricamente bordada. Era algo especial para alguém que se tornaria muito importante graças aos sonhos e propósitos dados por Deus.

CRESCER EM FAMÍLIA

VAMOS RESPONDER JUNTOS:

* Já lemos que José teve sonhos dados por Deus quando era jovem, mas foi fácil para ele vê-los cumpridos? Por quê?
* Pergunte a seus pais quais sonhos deles já se cumpriram e que propósitos devem realizar para conseguir cumpri-los?
* Compartilhe com seus pais os sonhos que você tem no coração. Fale a eles dos talentos ou dons especiais que você acredita que Deus lhe deu para ajudá-lo a cumprir seus sonhos.

VAMOS ORAR JUNTOS

Amado Deus, Tu nos dizes na Bíblia, Tua Palavra fiel, que tens grandes planos e pensamentos para cada um de nós. Hoje Te pedimos que nos reveles por Teu Espírito Santo o que devemos fazer para realizar o que tens colocado em nosso coração. Dá-nos paciência para esperar pelo tempo certo e a perseverança necessária para conseguir tornar isso realidade.

No nome de Jesus. Amém.

DIVIRTA-SE E APRENDA

ALEGRE-SE, POIS DEUS TEM GRANDES PLANOS PARA VOCÊ!

Deus criou você para grandes coisas e lhe deu talentos e habilidades especiais.

Relação de talentos, habilidades e sonhos que Deus me deu

MEUS TALENTOS E HABILIDADES

1. ______________________
2. ______________________
3. ______________________
4. ______________________
5. ______________________
6. ______________________

1. Escreva as seis coisas que você mais gosta de fazer.
2. Fale com seus pais sobre o que você gostaria de ser ou de fazer e ore com eles, para que a vontade de Deus se cumpra em sua vida assim como aconteceu com José.
3. Faça uma lista das habilidades que você tem e como você pode usá-las para realizar seus sonhos.

"Deleita-te também no SENHOR, e ele te concederá os desejos do teu coração. Entrega o teu caminho ao SENHOR; confia nele, e ele o fará."

Salmos 37.4,5

Viva A PALAVRA DE DEUS

DEUS QUER USAR VOCÊ EM SEUS PLANOS, COMO FEZ COM JOSÉ

Escreva na tabela abaixo quatro dos planos mais importantes que você tem para sua vida e o que pensa fazer para alcançá-los. Mas lembre-se de incluir Deus em seus planos, pois Ele já tem grandes propósitos para você.

ESTES SÃO MEUS SONHOS	ISTO É O QUE FAREI PARA ALCANÇÁ-LOS
1.	
2.	
3.	
4.	

AGORA, ORE A DEUS, PEDINDO-LHE QUE MOSTRE SUA VONTADE PARA VOCÊ.

PRATIQUE COM PALABRITAS

A BÍBLIA DIZ QUE DEUS NOS DEU DONS E TALENTOS ESPECIAIS PARA REALIZAR A VONTADE E OS PLANOS DELE. QUANDO NOSSOS PLANOS ESTÃO DE ACORDO COM A VONTADE DE DEUS, O RESULTADO SERÁ ALEGRIA PARA NÓS E PARA DEUS!

DEUS PAI

"[Deus] disse: Não te chegues para cá; tira os sapatos de teus pés; porque o lugar em que tu estás é terra santa. Eu sou o Deus de teu pai, o Deus de Abraão, o Deus de Isaque e o Deus de Jacó."

ÊXODO 3.5,6

Aconteceu por volta de 1400 a.C.

Leia A PALAVRA DE DEUS

MOISÉS: O HOMEM QUE ESTEVE MUITO PERTO DE DEUS

ADAPTADO DE
Êxodo 3.1-14

E apascentava Moisés o rebanho de Jetro, seu sogro. E levou o rebanho atrás do deserto e chegou ao monte de Deus, a Horebe. E apareceu-lhe o Anjo do SENHOR em uma chama de fogo do meio de uma sarça; e olhou, e eis que a sarça ardia no fogo, e a sarça não se consumia. E Moisés disse: Agora me virarei para lá e verei esta grande visão, porque a sarça não se queima.

E vendo o SENHOR que se virava para ver, bradou Deus a ele do meio da sarça e disse:

— Moisés, Moisés.

Respondeu ele:

— Eis-me aqui.

E [Deus] disse: Não te chegues para cá; tira os sapatos de teus pés; porque o lugar em que tu estás é terra santa.

Eu sou o Deus de teu pai, o Deus de Abraão, o Deus de Isaque e o Deus de Jacó.

E Moisés encobriu o seu rosto, porque temeu olhar para Deus. E disse o SENHOR: Tenho visto atentamente a aflição do meu povo, que está no Egito, e tenho ouvido o seu clamor por causa dos seus exatores, porque conheci as suas dores.

Portanto desci para livrá-lo da mão dos egípcios e para fazê-lo subir daquela terra, a uma terra boa e larga, a uma terra que mana leite e mel; ao lugar do cananeu, e do heteu, e do amorreu, e do perizeu, e do heveu e do jebuseu.

E agora, eis que o clamor dos filhos de Israel é vindo a mim, e também tenho visto a opressão com que os egípcios os oprimem.

Vem agora, pois, e eu te enviarei a Faraó para que tires o meu povo (os filhos de Israel) do Egito.

Então, disse Moisés a Deus:

— Quem sou eu, que vá a Faraó e tire do Egito os filhos de Israel?

E [Deus] disse:

— Certamente eu serei contigo; e isto te será por sinal de que eu te enviei: quando houveres tirado este povo do Egito, servireis a Deus neste monte.

Então disse Moisés a Deus:

— Eis que quando eu for aos filhos de Israel e lhes disser: "O Deus de vossos pais me enviou a vós", e eles me disserem: "Qual é o seu nome?", que lhes direi?

E disse Deus a Moisés: EU SOU O QUE SOU. Disse mais: Assim dirás aos filhos de Israel:

EU SOU me enviou a vós.

UNIDADE 6 DEUS PAI

DEUS é o maior e mais poderoso Ser do Universo. É o criador do homem. Tudo o que existe foi feito por Ele de modo perfeito e inteligente. Ele sempre existiu e é o Pai celestial daqueles que creem em Jesus.

IMPRESSIONANTE!

Há milhões e milhões de estrelas no Universo. Ao redor de muitas delas há planetas girando sem sair de sua órbita. Em torno de uma delas, chamada Sol, gira um pequeno planeta chamado Terra, onde você vive.

Seu corpo é formado por milhões de células e cada uma cumpre uma função. Há células especializadas que permitem a você ver, ouvir, sentir frio... Tudo isso – as grandes estrelas, as pequenas células – foi planejado e criado por Deus. Isso não é impressionante?

O QUE VOCÊ ACHA?

Você leu a história de Moisés? Naquele dia, ele foi com suas ovelhas ao monte de Deus. Ao ouvir a voz de Deus, talvez tenha feito as mesmas perguntas que você faz: "Quem é Deus? Como Ele é? Com que se parece?"

E é possível que você se perguntasse também: "Se eu não posso vê-Lo, como faço para ouvir Sua voz? Como faço para saber o que Ele pensa? Como posso conhecer e saber o que Ele quer que eu faça?"

Bem, existe uma boa notícia: a Bíblia, que é chamada de Palavra de Deus, responde a todas essas perguntas.

Isso é muito interessante, não?

PESQUISE E DESCUBRA

Podemos conhecer muito sobre Deus de várias maneiras:

* Por meio da natureza: "As suas coisas invisíveis, desde a criação do mundo, tanto o seu eterno poder, como a sua divindade, se entendem e claramente se veem pelas coisas que estão criadas" (Romanos 1.20).

* Lendo a Bíblia: "Maravilhosos são os teus testemunhos; portanto, a minha alma os guarda. A entrada das tuas palavras dá luz, dá entendimento aos símplices. Abri a minha boca, e respirei, pois que desejei os teus mandamentos" (Salmos 119.129-131).

* Conhecendo a Seu Filho, Jesus Cristo, o qual disse: "Estou há tanto tempo convosco, e não me tendes conhecido, Filipe? Quem me vê a mim vê o Pai; e como dizes tu: 'Mostra-nos o Pai?' [...] Crede-me que estou no Pai e o Pai, em mim" (João 14.9-11).

CRESCER EM FAMÍLIA

VAMOS RESPONDER JUNTOS:

* Como Deus é para cada um de nós? Como podemos defini-Lo a partir do que conhecemos Dele?

* Deus é Espírito e não podemos vê-Lo. Como podemos ter certeza de que Ele existe e que nos ama?

* O que vamos fazer a partir de hoje para conhecer mais a Deus e Sua vontade e para saber o que quer de nós?

VAMOS ORAR JUNTOS

Amado Deus, obrigado porque aprendemos hoje que os céus falam de Tua existência e que tudo o que criaste revela quem Tu és. Ajuda-nos a Te buscar mais na Bíblia, Tua Palavra bendita e fiel. Obrigado porque Tu tens revelado Tua existência, Teu poder e a realidade de Teu amor por nós.

No nome de Jesus. Amém.

UNIDADE 6

DEUS PAI

DIVIRTA-SE E APRENDA

O QUE VOCÊ PENSA SOBRE DEUS?

Esta noite, com seus pais, observe o céu, veja a Lua e as estrelas e tente contá-las. Quando você sair de férias ou fizer um passeio de fim de semana, admire tudo o que Deus criou: o Sol, as plantas, as árvores, as flores, os frutos... Veja também os montes, os rios, os animais grandes e pequenos... Tudo foi feito com grande perfeição e de modo maravilhoso.

Atividade opcional

Escolha cinco palavras que digam o que Deus é para você. Depois, consiga cinco balões com gás hélio, escreva em cada um deles uma das palavras. Depois, dê de presente para um amigo na igreja.

Pergunta:
O que você mais admira em Deus? Diga a Deus, com suas próprias palavras, como Ele é especial para você.

"Ó SENHOR, Senhor nosso, quão admirável é o teu nome em toda a terra, pois puseste a tua glória sobre os céus!"
Salmos 8.1

Viva A PALAVRA DE DEUS

DEUS CRIOU VOCÊ PARA O CONHECER E PARA SER TÃO BOM QUANTO ELE

Mas como você pode conhecê-Lo? Palabritas e Alegria estão pensando no que poderia ajudá-los a conhecer mais a Deus. Ajude-os marcando três coisas com um X.

PRATIQUE COM PALABRITAS

É VERDADE! NÃO PODEMOS VER A DEUS, POIS ELE É ESPÍRITO. MAS ELE NOS PROMETE NA BÍBLIA QUE PREMIARÁ A TODAS AS PESSOAS QUE SÃO SÁBIAS POR CREREM NELE.

UNIDADE 7 DEUS É TODO-PODEROSO

"Moisés estendeu a sua mão sobre o mar, e o SENHOR fez retirar o mar por um forte vento oriental toda aquela noite; e o mar tornou-se em seco, e as águas foram partidas."

ÊXODO 14.21

Aconteceu por volta de 1400 a.C.

O GIGANTESCO PODER DE DEUS

ADAPTADO DE
Êxodo 14.5-31

Sendo, pois, anunciado ao rei do Egito que o povo fugia, mudou-se o coração de faraó e dos seus servos contra o povo, e disseram: Por que fizemos isso, havendo deixado ir a Israel, para que não nos sirva?

E os egípcios perseguiram-nos e alcançaram-nos acampados junto ao mar. E aproximando-se faraó, os filhos de Israel levantaram seus olhos e temeram muito. Então, os filhos de Israel clamaram ao SENHOR.

Moisés, porém, disse ao povo: Não temais; estai quietos, e vede o livramento do SENHOR, que hoje vos fará; porque aos egípcios, que hoje vistes, nunca mais os tornareis a ver. O SENHOR pelejará por vós, e vós vos calareis.

Então, Moisés estendeu a sua mão sobre o mar, e o SENHOR fez retirar o mar por um forte vento oriental toda aquela noite; e o mar tornou-se em seco, e as águas foram partidas.

E os filhos de Israel entraram pelo meio do mar em seco; e as águas foram-lhes como muro à sua direita e à sua esquerda.

E os egípcios os seguiram, e entraram

atrás deles todos os cavalos de Faraó, os seus carros e os seus cavaleiros, até ao meio do mar.

E disse o SENHOR a Moisés: Estende a tua mão sobre o mar, para que as águas tornem sobre os egípcios, sobre os seus carros e sobre os seus cavaleiros. Então Moisés estendeu a sua mão sobre o mar, e o mar retornou a sua força ao amanhecer, e os egípcios, ao fugirem, foram de encontro a ele, e o SENHOR derrubou os egípcios no meio do mar.

Assim o SENHOR salvou Israel naquele dia da mão dos egípcios; e Israel viu os egípcios mortos na praia do mar.
E viu Israel a grande mão que o SENHOR mostrara aos egípcios; e temeu o povo ao SENHOR e creu no SENHOR e em Moisés, seu servo.

UNIDADE 7

DEUS É TODO-PODEROSO

DEUS é o ser mais poderoso que existe. Ele não só criou o Universo como pode também, com Seu grande poder, mover e controlar as forças da natureza, para que todas as coisas contribuam para a realização de Seus propósitos.

IMPRESSIONANTE!

O QUE VOCÊ ACHA?

Depois de Moisés e os israelitas saírem do Egito, o Faraó se arrependeu de sua decisão e enviou soldados para os prenderem de novo e fazê-los voltar.

* O que você faria se estivesse entre um mar profundo que poderia afogá-lo e um exército furioso que o persegue?

* E se o mar se abrisse diante de você, como um caminho para escapar... Você caminharia por ele confiando que Deus iria segurar a água até que você chegasse a outra margem?

HORA DA AÇÃO!

* Peça a seus pais para que lhe contem outras histórias da Bíblia que falem de Deus fazendo coisas maravilhosas com Seu grande poder.

* Pergunte a eles quando viram o poder de Deus agindo na vida deles.

* Peça a Deus que ajude você em seus problemas diários e o proteja com Seu grande superpoder.

* Não esqueça que o seu Deus é o mesmo Deus de Moisés!

VOCÊ SABIA?

Os carros que o exército dos egípcios usava eram puxados por cavalos e tinham rodas radiadas. Elas haviam sido inventadas no Oriente por volta do ano 1900 a.C. A Bíblia diz que Deus tirou as rodas dos carros até que o mar os sepultou.

CRESCER EM FAMÍLIA

VAMOS RESPONDER JUNTOS:

* Por que as águas do Mar Vermelho se abriram para salvar o povo de Israel quando ele saiu do Egito?

* Muitas vezes acontecem situações perigosas e complicadas conosco. Elas são como um grande exército inimigo que ameaça nos alcançar e vencer. Vamos mencionar algumas circunstâncias assim que tenham ocorrido conosco.

* Será que nessas situações lembramos que precisamos da ajuda de Deus e que, se Lhe pedirmos, Ele pode vir em nosso socorro para salvar-nos com Seu grande poder? Por quê?

VAMOS ORAR JUNTOS

Amado Deus, obrigado por hoje nos lembrares que Tu és o mesmo Deus que ajudou Moisés e o povo de Israel a escapar do grande exército dos egípcios. Pedimos que Tu nos protejas e nos ajudes a sair vitoriosos nos problemas e necessidades que enfrentamos hoje em dia. Cobre-nos com Tua sombra protetora e nós dá a vitória, pois Tu és o Deus dos Exércitos.

No nome de Jesus. Amém.

DEUS É TODO-PODEROSO

DIVIRTA-SE E APRENDA

DESCUBRA O PODER DE DEUS

PEQUENOS REPÓRTERES EM AÇÃO

1 *Procure em sua família histórias que falem do poder de Deus. (Por exemplo, como seus pais ou irmãos foram salvos, curados ou libertados milagrosamente por Deus no meio de dificuldades.)*

2 *Escreva ou desenhe a história que você escolheu. Se houver fotografias, melhor. Comece, assim, seu caderno de testemunhos.*

3 *Investigue entre seus amigos da igreja testemunhos de como eles também foram ajudados poderosamente por Deus em alguma circunstância. Encoraje seus amigos a confiarem em Deus.*

PENSAMENTO PARA HOJE

Termine o dia orando e dando graças a Deus por tudo o que Ele tem feito em sua vida e em sua família. Ore também pelos missionários que pregam a Palavra no mundo.

> *"O SENHOR é a minha força e o meu cântico; ele me foi por salvação."*
> Êxodo 15.2a

Viva A PALAVRA DE DEUS

Deus quer fazer com você o mesmo que fez com Moisés: ajudar você, com Seu grande poder, a vencer as dificuldades que se levantam como um grande exército.

Escreva algum problema ou situação de sua vida ou de sua família e peça a Deus para ajudar você a solucioná-lo com o grande poder que Ele tem.

Estes são meus maiores problemas

Ore a Deus, pedindo que Ele lhe ajude nessas situações:

Amado Deus, hoje eu apresento a Ti esses problemas que me preocupam. Sei que Tu sempre me escutas e que responderás a minha oração. No nome de Jesus. Amém.

PRATIQUE COM PALABRITAS

DEUS CRIOU TODAS AS COISAS; POR ISSO, ELE TEM O PODER PARA DOMINÁ-LAS, PARA FAZÊ-LAS AGIR OU PARÁ-LAS. SABEMOS QUE DEUS É BOM. POR ESSA RAZÃO, ELE USA SEU PODER MARAVILHOSO PARA NOS LIVRAR E PROTEGER DE TODO PERIGO.

O RESPEITO E A OBEDIÊNCIA

"Honra a teu pai e a tua mãe, para que se prolonguem os teus dias na terra que o SENHOR, teu Deus, te dá."

ÊXODO 20.12

CONSELHOS DOS PAIS PARA OS FILHOS

ADAPTADO DE
Êxodo e Provérbios

"Honra a teu pai e a tua mãe, para que se prolonguem os teus dias na terra que o SENHOR, teu Deus, te dá".

Êxodo 20.12

Provérbios de Salomão, filho de Davi, rei de Israel: para se conhecer a sabedoria e a instrução, para se entenderem as palavras da prudência, para se receber a instrução do entendimento, a justiça, o juízo e a equidade; para dar aos simples, prudência, e aos moços, conhecimento e discernimento. O sábio ouvirá e crescerá em conhecimento, e o entendido adquirirá sábios conselhos.

Provérbios 1.1-5

Filho meu, se aceitares as minhas palavras e esconderes contigo os meus mandamentos, para fazeres o teu ouvido atento à sabedoria, e inclinares o teu coração ao entendimento; se clamares por conhecimento, e por inteligência alçares a tua voz; se como a prata a buscares e como a tesouros escondidos a procurares, então entenderás o temor do SENHOR e acharás o conhecimento de Deus.

Provérbios 2.1-4

Filho meu, não te esqueças da minha lei, e o teu coração guarde os meus mandamentos. Porque eles aumentarão os teus dias e te acrescentarão anos de vida e paz. Não te desamparem a benignidade e a fidelidade; ata-as ao teu pescoço, escreve-as na tábua do teu coração. E acharás graça e bom entendimento aos olhos de Deus e do homem.

Provérbios 3.1-4

Ouve, filho meu, e aceita as minhas palavras, e se multiplicarão os anos da tua vida. No caminho da sabedoria te ensinei, e por veredas de retidão te fiz andar. Por elas andando, não se embaraçarão os teus passos; e se correres não tropeçarás. Apega-te à instrução e não a largues; guarda-a, porque ela é a tua vida.

Provérbios 4.10-13

Filho meu, atenta para as minhas palavras; às minhas razões inclina o teu ouvido. Não as deixes apartarem-se dos teus olhos; guarda-as no íntimo do teu coração. Porque são vida para os que as acham e saúde para todo o seu corpo.

Provérbios 4.20-22

O filho sábio atende à instrução do pai, mas o escarnecedor não ouve a repreensão.

Provérbios 13.1

O RESPEITO E A OBEDIÊNCIA

RESPEITAR é obedecer às pessoas de nossa família ou às autoridades estabelecidas por Deus, ter consideração por elas e honrá-las. Deus nos prometeu que, se respeitarmos nossos pais e lhes obedecermos, tudo irá bem em nossa vida.

IMPRESSIONANTE!

Veja que descoberta fantástica! As pessoas andam procurando o segredo para viver muito tempo, mas não sabem que, por meio do respeito aos pais, elas poderão conseguir isso!

O QUE VOCÊ ACHA?

Deus nos criou, e somente Ele sabe o que é bom para nós. Ele colocou pessoas mais velhas e autoridades para nos ensinarem e guiarem pelos bons caminhos. Por isso, Ele deu a você pais que sabem o que é bom e o que pode ferir você ou lhe trazer algum dano.

Os pais são a primeira fonte de autoridade sobre os filhos. Deus nos dá Sua bênção por meio deles.

PESQUISE E DESCUBRA

Na Bíblia, no livro de Provérbios, encontramos os seguintes conselhos que o rei Salomão, um dos homens mais sábios do mundo, escreveu. Você será muito sábio se obedecer a eles e receberá bênçãos por isso.

"Filho meu, ouve a instrução de teu pai e não deixes o ensinamento de tua mãe, porque serão como diadema gracioso em tua cabeça e colares ao teu pescoço. Ouvi, filhos, a instrução do pai, e estai atentos para conhecerdes a prudência. Pois dou-vos boa doutrina; não deixeis a minha lei. Porque eu era filho tenro na companhia de meu pai e único diante de minha mãe. E ele me ensinava e me dizia: 'Retenha o teu coração as minhas palavras; guarda os meus mandamentos, e vive'."

(Provérbios 1.8,9; 4.1-4)

Compreenda A PALAVRA DE DEUS

VOCÊ HONRA SEUS PAIS

* Sempre que lhes obedece, mesmo quando não gosta muito daquilo que pedem a você.

* Quando ajuda nas atividades da casa e procura manter seu quarto arrumado e suas coisas no lugar.

* Quando os elogia e lhes agradece por tudo o que fazem por você.

Amigos da obediência
* Humildade
* Amabilidade
* Compreensão

Inimigos a vencer
* Rebeldia
* Ingratidão
* Grosseria

CRESCER EM FAMÍLIA

VAMOS RESPONDER JUNTOS:

* Por que o respeito é necessário para que haja uma convivência boa e agradável na família e na sociedade?

* O que Deus prometeu aos filhos que são obedientes aos pais e os respeitam?

* Vamos dizer por que é necessário tratar as outras pessoas como gostaríamos que nos tratassem.

* Cada um de nós vai se comprometer a tratar os outros mais respeitosamente e a ser mais obediente a partir de hoje. De que modo podemos demonstrar isso?

VAMOS ORAR JUNTOS

Amado Deus, hoje queremos nos comprometer primeiramente Contigo, a respeitar-Te e a obedecer-Te, pois Tu és nossa autoridade máxima e nosso Pai celestial. Além disso, como Teus filhos amados, Te pedimos que nos ajudes a agradar-Te tratando-nos uns aos outros com o respeito que Tu nos pedes, e nos ajudes a não nos ofendermos nem nos tratarmos sem a dignidade que Tu nos deste.

Ajuda-nos também a ser obedientes a nossos pais, para receber todas as bênçãos que Tu prometes àqueles que fazem isso. No nome de Jesus. Amém.

MINHA FAMÍLIA É IMPORTANTE

Existem famílias grandes e pequenas.
Todos nós precisamos
dar e receber amor,
e todos gostamos de nos sentir
apreciados, valorizados e protegidos.
Por esse motivo, Deus criou a família,
que é a célula fundamental
da sociedade. Se a família está unida,
ela tem o poder de transformar,
mas, se ela se desintegrar,
é como um mal que causa
muita dor.

DIVIRTA-SE E APRENDA

(Atividade em grupo)

O objetivo desta atividade é conhecer mais a família de cada um. Para realizá-la, todos formarão um círculo e cada pessoa vai falar das qualidades que admira em algum membro de sua família. Após todos terminarem, orarão uns pelos outros, agradecendo a Deus pela família um do outro.

(Se houver filhos de pais separados, orem pelo coração dos filhos e pela compreensão entre seus pais.).

"Filhos, sede obedientes a vossos pais no Senhor, porque isto é justo."

Efésios 6.1

Viva A PALAVRA DE DEUS

Há muitas maneiras de demonstrar respeito por seus pais todos os dias.

Observe a seguinte situação de Palabritas com os pais e responda:

Se Palabritas respeita de verdade os pais, o que você acha que ele fará? Marque a resposta:

A) *Fingirá que não escutou o que os pais disseram e continuará vendo TV.*

B) *Desligará a TV com má vontade, de cara amarrada, e não fará a lição.*

C) *Obedecerá com respeito e irá imediatamente fazer a lição.*

PRATIQUE COM PALABRITAS

DEUS LHE DEU PAIS PARA QUE CUIDEM DE VOCÊ E LHE GUIEM COM A EXPERIÊNCIA QUE ELES TÊM.

ESCUTE OS CONSELHOS DELES COM ATENÇÃO E RESPEITE-OS, POIS SÃO PARA SEU BEM.

COMO CONSEQUÊNCIA, VOCÊ TERÁ UMA VIDA LONGA E GANHARÁ TAMBÉM O RESPEITO DAS OUTRAS PESSOAS.

UNIDADE 9 UM TEMPO ESPECIAL COM DEUS

"Tomou Moisés a tenda, e a estendeu para si fora do arraial [...] e chamou-lhe a tenda da congregação."

ÊXODO 33.7

UM ENCONTRO COM O MELHOR AMIGO

ADAPTADO DE
Êxodo 33.7-17

E tomou Moisés a tenda, e a estendeu para si fora do arraial, desviada longe do arraial, e chamou-lhe a tenda da congregação.

E aconteceu que todo aquele que buscava o SENHOR saía à tenda da congregação, que estava fora do arraial.

E acontecia que, saindo Moisés à tenda, todo o povo se levantava, e cada um ficava em pé à porta da sua tenda e olhava para Moisés pelas costas, até ele entrar na tenda.

E sucedia que, entrando Moisés na tenda, descia a coluna de nuvem e punha-se à porta da tenda; e o SENHOR falava com Moisés.

E, vendo todo o povo a coluna de nuvem que estava à porta da tenda, todo o povo se levantava e cada um, à porta da sua tenda, adorava.

E falava o SENHOR a Moisés face a face, como qualquer fala com o seu amigo; depois tornava-se ao arraial; mas o seu servidor, o jovem Josué, filho de Num, nunca se apartava do meio da tenda.

E Moisés disse ao SENHOR: Eis que tu me dizes: "Faze subir a este povo", porém não me fazes saber a quem hás de enviar comigo; e tu disseste:

"Conheço-te por teu nome, também achaste graça aos meus olhos". Agora, pois, se tenho achado graça aos teus olhos, rogo-te que me faças saber o teu caminho, e conhecer-te-ei, para que ache graça aos teus olhos; e considera que esta nação é o teu povo.

Disse [Deus] pois: Irá a minha presença contigo para te fazer descansar.

Então [Moisés], lhe disse: Se tua presença não fores conosco, não nos faças subir daqui. Como, pois, se saberá agora que tenho achado graça aos teus olhos, eu e o teu povo? Acaso não é por andares tu conosco, de modo a sermos separados, eu e o teu povo, de todos os povos que há sobre a face da terra?

Então, disse o SENHOR a Moisés: Farei também isto, que tens dito; porquanto achaste graça aos meus olhos, e te conheço por nome.

UNIDADE 9 UM TEMPO ESPECIAL COM DEUS

Pense em Deus como alguém que sempre quer ser seu melhor amigo. Busque-O e fale com Ele todos os dias. Ele sempre se alegra quando você O busca.

IMPRESSIONANTE!

Alegria, como pode ser que o Criador do Universo, que tem de cuidar de tantas coisas, pode estar interessado em se encontrar comigo todos os dias, para me atender e me escutar?

O QUE VOCÊ ACHA?

Todos temos amigos, mas há sempre um mais especial do que os outros, com quem gostamos de passar mais tempo.

Já pensou que isso pode acontecer com você em relação a Deus, quando comprovar que Ele é seu melhor amigo?

Moisés descobriu isso e construiu um lugar especial para se reunir com Deus.

HORA DA AÇÃO!

Os bons amigos sempre têm um lugar onde se encontrar.

* *Você pode passar um momento maravilhoso com Deus lendo a Bíblia.*
* *Escolha o lugar mais confortável e tranquilo de sua casa para esse encontro com Deus todos os dias, por pelo menos alguns minutos.*
* *Peça a seus pais que lhe ajudem a encontrar esse lugar e que lhe ensinem a ler a Bíblia.*
* *Aproveite esse tempo especial para falar com Deus, pedir por suas necessidades e pelas de sua família, falar a Ele como você se sente e dar graças a Ele. Ele atenderá você.*

Compreenda A PALAVRA DE DEUS

PESQUISE E DESCUBRA

Na Bíblia, Deus conta que busca pessoas que se aproximem Dele, e promete que dará a elas muitas coisas fantásticas que as demais não poderão ter.

O rei Davi descobriu esse fato e, por causa disso, escreveu para Deus:

"Uma coisa pedi ao SENHOR, e a buscarei: que possa morar na casa do SENHOR todos os dias da minha vida, para contemplar a formosura do SENHOR, e inquirir no seu templo" (Salmos 27.4)

"Quão amáveis são os teus tabernáculos, SENHOR dos Exércitos! A minha alma está desejosa, e desfalece pelos átrios do SENHOR; o meu coração e a minha carne clamam pelo Deus vivo. [...] Porque vale mais um dia nos teus átrios do que mil. Preferiria estar à porta da casa do meu Deus a habitar nas tendas dos ímpios" (Salmos 84.1,2,10).

CRESCER EM FAMÍLIA

VAMOS RESPONDER JUNTOS:

* O que Moisés fez para poder conversar face a face com Deus?
* Moisés entrava na tenda de Deus e falava com Ele sobre suas necessidades. Deus respondeu àquelas orações?
* Com certeza, todos concordamos em separar um tempo cada semana para, como família, num lugar especial, lermos a Bíblia e buscarmos a Deus, como Moisés e Davi fizeram. Qual será esse lugar para nossa reunião familiar com Deus?

VAMOS ORAR JUNTOS

Amado Deus, assim como Moisés descobriu que podia falar face a face Contigo e que Tu querias ser o melhor amigo dele, nós também queremos aprender a buscar-Te, para Te conhecer mais e falar Contigo, que és nosso Pai celestial, de modo confiante. Ajuda-nos a separar esse tempo e esse lugar onde teremos momentos de deleite e comunhão Contigo. No nome de Jesus. Amém.

UNIDADE 9

UM TEMPO ESPECIAL COM DEUS

DIVIRTA-SE E APRENDA

PASSE TEMPO COM DEUS, SEU MELHOR AMIGO

Deus, a pessoa mais maravilhosa do Universo, está esperando por você todos os dias. Busque-o hoje!

Alegria e Palabritas estão seguindo o exemplo de Moisés. Eles se preparam para o tempo especial com Deus e estão convidando você a participar.

Você vai precisar de:

1. Um lugar especial em sua casa (pode ser seu quarto) onde fazer seu devocional,
2. Um tempo certo para seu encontro diário com Deus,
3. Uma Bíblia,
4. Um coração disposto,
5. Um caderninho, lápis de cor ou canetinhas e caneta..

Como fazer:

Você pode começar seu tempo lendo a Bíblia e pedindo a Deus que fale com você. Depois, no caderninho, que vai ser seu *Diário com Deus* você pode escrever e pintar tudo o que Ele lhe disser nesse tempo especial. Ali você poderá copiar seus versículos favoritos e escrever seus pedidos de oração.

(Escreva a data da oração e das respostas).

"Pela manhã ouvirás a minha voz, ó SENHOR; pela manhã apresentarei a ti a minha oração e vigiarei."

Salmos 5.3

Viva A PALAVRA DE DEUS

Reunir-se com Deus é o melhor momento que você poderá ter todo dia. Busque-O e fale com Ele com toda a confiança.

Na frase de Justin há nove palavras importantes que você deve encontrar no quadro abaixo.

A	S	R	A	M	F	E
A	I	A	R	I	A	S
T	I	E	O	A	C	X
U	D	S	H	S	E	A
C	E	U	L	B	O	M
S	U	B	E	U	B	A
E	S	A	M	I	G	O

PRATIQUE COM PALABRITAS

UM AMIGO VERDADEIRO E FIEL TEM CARACTERÍSTICAS ÚNICAS E MARAVILHOSAS: ESTÁ SEMPRE A SEU LADO QUANDO VOCÊ NECESSITA DELE, ESCUTA VOCÊ E ESTÁ DISPOSTO A AJUDÁ-LO, SEMPRE ENTENDE VOCÊ. DEUS É UM AMIGO ASSIM, QUE NUNCA FALHA COM VOCÊ. BUSQUE-O!

A GENEROSIDADE

"Tomai do que tendes uma oferta para o SENHOR; cada um, cujo coração é voluntariamente disposto, a trará por oferta alçada ao SENHOR."

ÊXODO 35.5

Acontceu por volta de 1400 a.C.

DÊ COM GENEROSIDADE E OFERTE COM ALEGRIA

ADAPTADO DE
Êxodo 35.4-9; 36.1-7

Falou mais Moisés a toda a congregação dos filhos de Israel, dizendo:

Esta é a palavra que o SENHOR ordenou, dizendo: Tomai do que tendes, uma oferta para o SENHOR; cada um, cujo coração é voluntariamente disposto, a trará por oferta alçada ao SENHOR: ouro, prata e cobre, como também azul, púrpura, carmesim, linho fino, pelos de cabras, e peles de carneiros, tintas de vermelho, e peles de texugos, madeira de acácia, e azeite para a luminária, e especiarias para o azeite da unção e para o incenso aromático. E pedras de ônix, e pedras de engaste, para o éfode e para o peitoral.

Assim trabalharam Bezalel e Aoliabe, e todo o homem sábio de coração, a quem o SENHOR dera sabedoria e inteligência, para saber como haviam de fazer toda a obra para o serviço do santuário, conforme a tudo o que o SENHOR tinha ordenado.

Então, Moisés chamou a Bezalel e a Aoliabe, e a todo o homem sábio de coração, em cujo coração o SENHOR tinha dado sabedoria; a todo aquele a quem o seu coração moveu a se chegar à obra para fazê-la. Estes receberam de Moisés toda a oferta alçada, que trouxeram os filhos de Israel para a

obra do serviço do santuário, para fazê-la, e ainda eles lhe traziam cada manhã ofertas voluntárias.

E vieram todos os sábios, que faziam toda a obra do santuário, cada um da obra que fazia, e falaram a Moisés, dizendo: O povo traz muito mais do que basta para o serviço da obra que o SENHOR ordenou se fizesse.

Então, mandou Moisés que proclamassem por todo o arraial, dizendo:

Nenhum homem, nem mulher, faça mais obra alguma para a oferta alçada do santuário. Assim o povo foi proibido de trazer mais, porque tinham material bastante para toda a obra que havia de fazer-se, e ainda sobejava.

UNIDADE 10

A GENEROSIDADE

A GENEROSIDADE é um sentimento nobre que nasce de um coração bom e nos move a dar ou a compartilhar com os outros o que temos de mais valioso, seja material ou espiritual

IMPRESSIONANTE!

Você leu a história sobre a generosidade dos israelitas?
Com quanta alegria e felicidade o povo deu daquilo que tinha para a casa de Deus! Não é maravilhoso?

O QUE VOCÊ ACHA?

Quando dá um presente, você faz isso com amor?

Se Deus lhe pedisse algo, você obedeceria com alegria?

Você sabia que ofertar a Deus na igreja é uma forma de agradecer a Ele por tudo o que lhe tem dado?

*VOCÊ É GENEROSO QUANDO...

Gosta de colaborar para o bem-estar das pessoas.

Gosta de compartilhar o que tem com quem necessita.

Dói ouvir que muitas crianças não têm o que comer nem onde morar.

Amigos da generosidade

* Solidariedade
* Compaixão
* Sacrifício

Compreenda A PALAVRA DE DEUS

MUITO BEM, FRANCISCO!

Fernando tinha de receber um transplante de rim para poder viver. Francisco, seu primo, ao saber disso, perguntou se poderia sobreviver com um rim só. Ao saber que sim, decidiu doar um rim para o primo. Francisco sabia que a maior demonstração de generosidade é dar a si mesmo pelos outros, como Jesus fez.

PESQUISE E DESCUBRA

A Bíblia conta que, um dia, Jesus estava sentando no templo, observando as pessoas. Muitas delas vinham e depositavam dinheiro no recipiente das ofertas. Mas eram pessoas muito ricas e só davam o que lhes sobrava. Em seguida, veio uma mulher muito pobre e parou diante do recipiente, em silêncio. Ela pôs a mão na bolsa e só encontrou duas pequenas moedas. Era tudo o que tinha; apesar disso, decidiu dá-las como oferta a Deus. Jesus disse a Seus discípulos que para Deus a oferta daquela mulher havia sido maior que todas as outras e que Deus a recompensaria por sua grande generosidade.

CRESCER EM FAMÍLIA

VAMOS RESPONDER JUNTOS:

* O que a passagem bíblica sobre a generosidade do povo de Israel nos ensina?
* Deus se alegra quando ofertamos com alegria para Sua obra ou para ajudar as pessoas. Para Deus, o mais importante é que ofertemos muito ou ofertemos com amor?
* Nós estamos ofertando para a obra do Senhor? Há alguma pessoa que esteja precisando de ajuda a quem possamos ofertar ou ajudar?

VAMOS ORAR JUNTOS

Amado Deus, ajuda-nos a entender que Tu nos tens dado muito e que tudo o que temos veio de Tua bondosa mão. Do mesmo modo, ensina-nos a ter um coração para ofertar a Ti e para os outros. Queremos, assim, abençoar irmãos, amigos ou familiares que necessitam de nossa ajuda. No nome de Jesus. Amém.

A GENEROSIDADE

DIVIRTA-SE E APRENDA

SEJA UMA PESSOA GENEROSA, POIS DEUS É GENEROSO

1 Gusi, que é muito egoísta, está tentando organizar os cubos para entender o segredo da generosidade. Coloque as letras em ordem e descubra a palavra escondida.

2 Atividade opcional para grupos
Imagine que você é o diretor de um grupo de ajuda e precisa animar seus colegas a colaborar generosamente. O que você faria em cada um destes casos?

A- A igreja precisa ampliar suas instalação e precisa de ajuda. O que você faria?
B- Dez famílias estão passando necessidades por causa do inverno. Como você pode animar sua família para ajudá-las?

"Cada um contribua segundo propôs no seu coração, não com tristeza ou por necessidade, porque Deus ama ao que dá com alegria."
2 Coríntios 9.7

Viva A PALAVRA DE DEUS

Nós temos oportunidade todos os dias para mostrar a grandeza de nosso coração, mas precisamos fazer isso da forma correta.

Ajude Palabritas a encontrar o caminho correto para ser verdadeiramente generoso.

PRATIQUE COM PALABRITAS

QUANDO DÁ ALGO QUE ESTÁ SOBRANDO, VOCÊ AINDA NÃO É BONDOSO. VOCÊ É GENEROSO QUANDO SE DESPRENDE DE ALGO QUE AMA MUITO OU QUE LHE DÓI DAR A OUTRA PESSOA. QUANDO VOCÊ OFERTAR A DEUS, FAÇA ISSO COM SACRIFÍCIO E ALEGRIA.

SEMPRE OFERTE COM GENEROSIDADE E ALEGRIA!

UNIDADE 11 A LEI DE DEUS

*"Chamou Moisés a todo o Israel e disse-lhes:
Ouve, ó Israel, os estatutos e juízos que hoje
vos falo aos ouvidos; e aprendê-los-eis
e guardá-los-eis, para os cumprir."*

DEUTERONÔMIO 5.1

Aconteceu por volta de 1400 a.C.

OS DEZ MANDAMENTOS

ADAPTADO DE
Deuteronômio 5.1-21

Chamou Moisés a todo o Israel e disse-lhes: Ouve, ó Israel, os estatutos e juízos que hoje vos falo aos ouvidos; e aprendê-los-eis e guardá-los-eis, para os cumprir.

O SENHOR, nosso Deus, fez conosco aliança em Horebe.

Eu sou o SENHOR, teu Deus, que te tirei da terra do Egito, da casa da servidão.

Não terás outros deuses diante de mim; não farás para ti imagem de escultura, nem semelhança alguma do que há em cima no céu, nem embaixo na terra nem nas águas debaixo da terra

Não tomarás o nome do SENHOR, teu Deus, em vão, porque o SENHOR não terá por inocente ao que tomar o seu nome em vão.

Guarda o dia de sábado, para o santificar, como te ordenou o SENHOR, teu Deus. Seis dias trabalharás, e farás todo o teu trabalho. Mas o sétimo dia é o sábado do SENHOR, teu Deus.

Honra a teu pai e a tua mãe, como o SENHOR, teu Deus, te ordenou, para que se prolonguem os teus dias, e para que te vá bem na terra que te dá o SENHOR, teu Deus.

Não matarás.

Não adulterarás.

Não furtarás.

Não dirás falso testemunho contra o teu próximo.

Não cobiçarás a mulher do teu próximo; e não desejarás a casa do teu próximo, nem o seu campo, nem o seu servo, nem a sua serva, nem o seu boi, nem o seu jumento nem coisa alguma do teu próximo.

UNIDADE 11

A LEI DE DEUS

Deus sempre quer o melhor para nós. Ele é um Pai amoroso que nos guia e cuida de nós. Por isso, Ele nos deu Seus mandamentos: para que vivamos bem!

IMPRESSIONANTE!

Olhe! Moisés desceu do monte Sinai com as leis que Deus escreveu para ensinar ao povo como viver bem. Somente Deus conhece o que é bom e o que é mau.

O QUE VOCÊ ACHA?

Leia toda a passagem bíblica e responda: Porque os Dez Mandamentos

* Nos ensinam como Deus pensa? ____________________
* Nos educam sobre o que é bom e o que é mau? ____________________
____
* Nos protegem e nos dão uma vida melhor? ____________________
____

VOCÊ SABIA?

A Bíblia diz que Deus escreveu as leis com o próprio dedo nas tábuas de pedra que deu a Moisés.

Muito tempo antes disso, os homens já usavam varinhas em forma de cunha para gravar, em tábuas de argila, desenhos de ideias ou de sons.

Muitas crianças estudavam vários anos para serem escribas da escritura cuneiforme (em forma de cunha). Não esqueça que, graças aos escribas, as leis de Deus e as Sagradas Escrituras puderam formar fielmente a Bíblia que você tem hoje em mãos para guiar sua vida.

PESQUISE E DESCUBRA

Leia estas sábias palavras sobre como a lei de Deus deve ser preciosa para você:
"Bem-aventurados os retos em seus caminhos, que andam na lei do SENHOR. Bem-aventurados os que guardam os seus testemunhos e que o buscam com todo o coração. E não praticam iniquidade, mas andam nos seus caminhos. Tu ordenaste os teus mandamentos, para que diligentemente os observássemos. Quem dera que os meus caminhos fossem dirigidos a observar os teus mandamentos. Então não ficaria confundido, atentando eu para todos os teus mandamentos. Louvar-te-ei com retidão de coração quando tiver aprendido os teus justos juízos. Observarei os teus estatutos; não me desampares totalmente". (Salmo 119. 1-8)

HORA DA AÇÃO!

Consiga as regras de seu esporte favorito e leia-as.

* Que coisas feias poderiam acontecer num jogo se as regras não fossem respeitadas?
* Em que elas se parecem com os Dez Mandamentos?

CRESCER EM FAMÍLIA

VAMOS RESPONDER JUNTOS:

* Por que é importante obedecer à lei que Deus enviou por Moisés, escrita nos Dez Mandamentos?
* Vamos tentar lembrar todos os Dez Mandamentos do Senhor? Quem de nós lembra de mais mandamentos? Quem pode explicá-los?
* De que maneira todos nós, em família, podemos agir de modo a cumprir a lei de Deus?

VAMOS ORAR JUNTOS

Amado Deus, hoje Te damos muitas graças por nos teres deixado por escrito Tuas boas leis. Por elas podemos saber como viver todo dia de modo correto e que Te agrade em tudo o que fazemos ou pensamos. Nós Te agradecemos porque, seguindo Teus mandamentos, viveremos felizes Contigo e com todas as demais pessoas. Ajuda-nos sempre a obedecer a eles. No nome de Jesus. Amém.

A LEI DE DEUS

DIVIRTA-SE E APRENDA

OBEDECER A DEUS TRAZ BÊNÇÃOS

Hoje, Motas vai ensinar você a fazer o Arquivo dos Dez Mandamentos.

1 Leia de novo a passagem bíblica dos Dez Mandamentos.

2 Com a ajuda de seus pais ou professores, prepare dez fichas (do tamanho de um cartão postal). Depois, escreva um mandamento em cada uma delas. Você pode escrevê-los com suas próprias palavras, para entendê-los melhor.

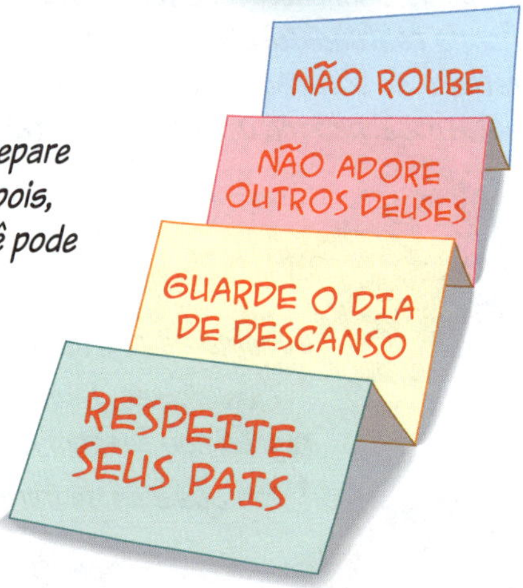

3 Agora, escreva na parte de trás de cada ficha os benefícios da obediência e as consequências de quebrar aquele mandamento.

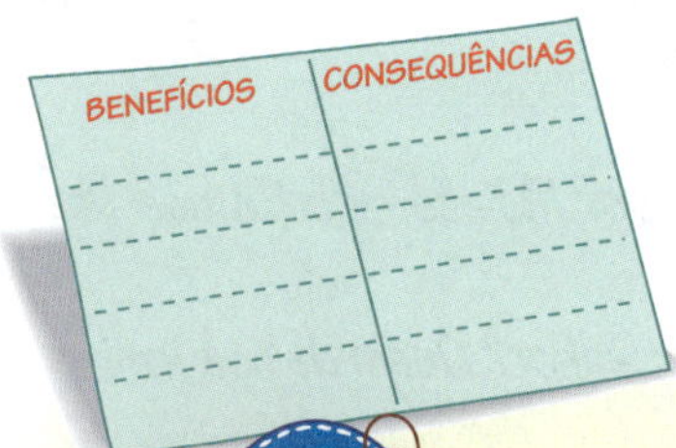

Classifique-os em três grupos:

A. Mandamentos relacionados com Deus.

B. Mandamentos relacionados com o modo como devo tratar as pessoas.

C. Mandamentos relacionados comigo mesmo.

4 Monte seu Arquivo dos Dez Mandamentos (como na figura acima; use fita adesiva para uni-los) e coloque-o em um lugar visível de sua casa. Faça um compromisso com Deus de cumpri-los e obedecer-lhes.

"Se me amais, guardai os meus mandamentos."
João 14.15

Viva A PALAVRA DE DEUS

Nos Dez Mandamentos, Deus ensinou como viver de modo agradável a Ele.
Muitos anos depois, Jesus veio e resumiu todas a lei de Deus em uma maneira mais fácil de entender. O que Jesus disse?

Descubra completando a frase, substituindo os símbolos pelas letras correspondentes.

A	❂
M	✶
E	☑
C	⊠
O	✳
R	✤
Ç	❄
Ã	♥
L	◌
P	✱
N	♫
S	◉
T	¶
Ó	#
X	Ø
I	♪

❂✶❂ AO SENHOR, SEU DEUS,
DE TODO O SEU ⊠✳✤❂❄♥✳
DE TODA A SUA ❂◌✶❂
E DE TODO O SEU ✱☑♫◉❂✶☑♫¶
E AME A SEU ✱✤#Ø♪✶✳
COMO A SI ✶◉♥✶⊠

PRATIQUE COM PALABRITAS

OS MANDAMENTOS QUE DEUS NOS DEU SÃO PARA NOSSO BEM, ASSIM COMO AS LEIS DA CIDADE, DA ESCOLA OU AS QUE SEUS PAIS LHE DÃO.

OBEDEÇA AOS MANDAMENTOS DE DEUS!

PROTEJA SEU CORAÇÃO

Quando entrares na terra que o SENHOR, teu Deus, te der, não aprenderás a fazer conforme as abominações daquelas nações. Entre ti não se achará [...] adivinhador, [...] nem feiticeiro, nem encantador, nem quem consulte a um espírito adivinhador, nem mágico, nem quem consulte os mortos."

DEUTERONÔMIO 18.9-11

HÁBITOS QUE CONTAMINAM O CORAÇÃO

ADAPTADO DE
Deuteronômio 18.9-13; 6.10-17

Quando entrares na terra que o SENHOR, teu Deus, te der, não aprenderás a fazer conforme as abominações daquelas nações.

Entre ti não se achará [...] adivinhador, [...] nem feiticeiro, nem encantador, nem quem consulte um espírito adivinhador, nem mágico, nem quem consulte os mortos, pois todo aquele que faz tal coisa é abominação ao SENHOR; e por estas abominações o SENHOR, teu Deus, os lança fora de diante de ti.

Perfeito serás com o SENHOR, teu Deus.

Quando, pois, o SENHOR, teu Deus, te introduzir na terra que jurou a teus pais, Abraão, Isaque e Jacó, que te daria, com grandes e boas cidades, que tu não edificaste, e casas cheias de todo o bem, que tu não encheste, e poços cavados, que tu não cavaste, vinhas e olivais, que tu não plantaste, e, quando comeres e te fartares, guarda-te, que não te esqueças do SENHOR, que te tirou da terra do Egito, da casa da servidão.

O SENHOR, teu Deus, temerás e a ele servirás, e pelo seu nome jurarás.

Não seguireis outros deuses, os deuses dos povos que houver ao redor de vós, porque o SENHOR, teu Deus, é um Deus zeloso no meio de ti; para que a ira do SENHOR, teu Deus, se não acenda contra ti e te destrua de sobre a face da terra.

Diligentemente guardareis os mandamentos do SENHOR, vosso Deus, como também os seus testemunhos e seus estatutos, que te tem mandado.

UNIDADE 12 PROTEJA SEU CORAÇÃO

Cuide de sua mente e de sua alma e as proteja de toda contaminação! CONTAMINAR-SE é deixar-se contagiar por alguma coisa suja ou perigosa que pode adoecer seu corpo e sua alma ou produzir manchas neles.

DECIDA-SE

Alto lá! Resista com valentia a todas essas coisas que contaminam seu coração e desagradam a Deus!

Assim como existe a contaminação física, que produz enfermidades no corpo, também existe a contaminação espiritual, que faz a alma ficar doente. Participar de conversas com palavrões, ouvir e contar piadas obscenas, ver imagens pornográficas, participar de bruxaria ou de práticas espíritas são exemplos disso.

Lembre-se: é muito importante cuidar do que você vê, do que lê, do que ouve e do que fala. Tudo isso pode marcar seu coração por toda a vida.

O QUE VOCÊ ACHA?

A Bíblia diz que o inimigo que quer nos destruir é o diabo. Diz também que ele está, todo o tempo, tentando destruir nossa mente e nosso coração. Ela também nos adverte que não devemos abrir nenhuma porta para que ele entre. Mas quando as abrimos?

* Quando participamos de brincadeiras que envolvam coisas do além.
* Quando lemos livros que falam de superpoderes que não foram dados por Deus.
* Quando vemos filmes ou desenhos com histórias de mistérios que são desagradáveis e deixam nosso coração intranquilo e com medo ou que tenham imagens e linguagem vulgar. Tudo isso desagrada a Deus e suja e contamina o coração.

PESQUISE E DESCUBRA

Muitas vezes, os espíritos malignos entram nas pessoas que desobedecem a Deus e participam de coisas que Ele rejeita e condena. A Bíblia relata como Jesus libertou várias pessoas desses espíritos.

Em certa ocasião, um pai chegou a Jesus implorando: "Mestre, peço-te que olhes *para meu filho, porque é o único que eu tenho. Eis que um espírito o toma e de repente clama, e o despedaça até espumar e só o larga depois de o ter quebrantado. E Jesus, respondendo, disse: [...] Traze-me aqui o teu filho. E, quando ainda vinha chegando, o demônio o derrubou e convulsionou; porém Jesus repreendeu o espírito imundo, e curou o menino e o entregou a seu pai" (Lucas 9.37-42).*

SEJA CORAJOSO!

* A partir de hoje, recuse qualquer convite para participar de jogos de magia ou estranhos. Também não deixe que sua alma seja contaminada por ver revistas, filmes ou imagens na internet que você sabe que sujam seu coração e não agradam a Deus e a seus pais.
* Não importa se seus amigos fazem essas coisas. Você deve se negar a fazê-las, armando-se com bons valores para poder resistir e não aceitar seus convites.
* Lembre-se de que, muitas vezes, a maneira como as pessoas do mundo pensam e agem é contrária às leis de Deus, e isso O desagrada.

CRESCER EM FAMÍLIA

VAMOS RESPONDER JUNTOS:

O que Deus diz sobre não nos contaminarmos com as práticas das pessoas que não O conhecem nem creem Nele?

* Como essas coisas podem entrar em nosso coração e afetar nossa vida?
* Por que é importante cuidar de nossa mente e guardar nosso coração?
* Como podemos, em família, nos comprometer e nos ajudar a vigiar para que nosso coração não se contamine com essas coisas más, a fim de sermos uma família feliz?

VAMOS ORAR JUNTOS

Amado Deus, obrigado por nos ensinares que é muito importante guardar o coração das coisas más do mundo, que Te desagradam, pois podem nos contaminar e destruir nossa vida e nossa família. Nós Te pedimos que nos ajudes a proteger os olhos e a mente destas práticas malignas do mundo, pois não queremos fazer nada que nos separe de Ti. No nome de Jesus. Amém.

UNIDADE 12

PROTEJA SEU CORAÇÃO

DIVIRTA-SE E APRENDA

AFASTE DE SUA VIDA O QUE CONTAMINA VOCÊ!

Gusi começou a pensar que existem coisas que podem contaminar o coração, mas não sabe quais são. Diga o que ele deve escrever.

COISAS QUE CONTAMINAM O CORAÇÃO

1. ______________________________
2. ______________________________
3. ______________________________
4. ______________________________

Coloque em ordem as sílabas destas oito palavras. São coisas que você pode permitir que entrem em seu coração.

1. BOROU ______________
2. TIMENRA ______________
3. TOSULIN ______________
4. GAXINTOMEN ______________
5. SOCIAÊNDEBEDI ______________
6. ORLHOGU ______________
7. DIABELRE ______________
8. FIAPORGRANO ______________

"Sobre tudo o que se deve guardar, guarda o teu coração, porque dele procedem as fontes da vida."

Provérbios 4.23

Palabritas e Alegria querem manter o coração limpo.

Para isso, devem passar por este caminho sem manchar o coração com aquilo que desagrada a Deus. Ajude-os colorindo o caminho correto.

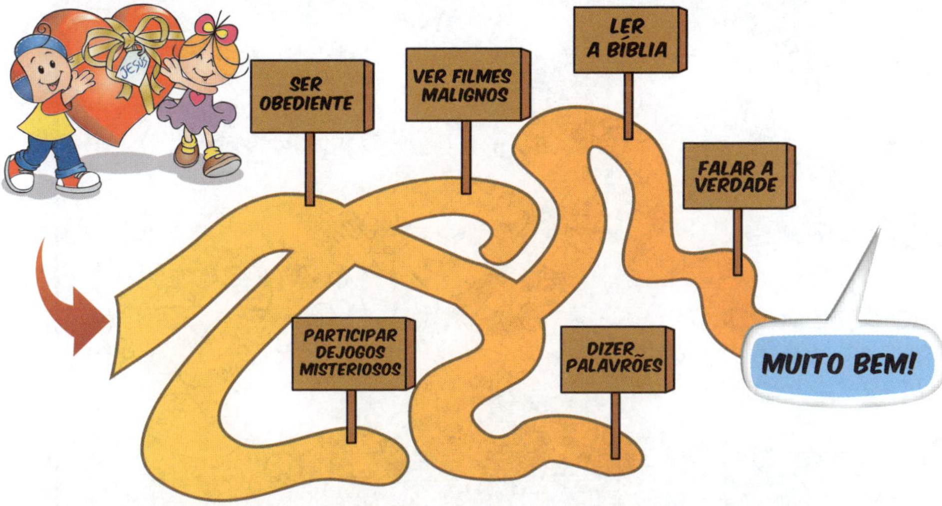

PRATIQUE COM PALABRITAS

MUITAS NOTÍCIAS MOSTRAM QUE MARES E RIOS ESTÃO CONTAMINADOS. PEIXES, BALEIAS E OUTROS ANIMAIS MARINHOS ESTÃO MORRENDO TODOS OS DIAS POR CAUSA DA SUJEIRA. O QUE ACONTECE COM A ALMA E O CORAÇÃO É PARECIDO. POR ISSO, CUIDE PARA QUE NENHUMA COISA SUJA VENHA A CONTAMINAR VOCÊ!

VITÓRIA COM DEUS

"Gritou, pois, o povo, tocando os sacerdotes as trombetas; e sucedeu que, ouvindo o povo o sonido da trombeta, gritou o povo com grande brado, e o muro caiu abaixo."

JOSUÉ 6.20

Aconteceu por volta de 1250 a.C.

O MURO QUE CAIU POR CAUSA DAS TROMBETAS

ADAPTADO DE
Josué 6

Jericó estava rigorosamente fechada por causa dos filhos de Israel; ninguém saía nem entrava.

Então, disse o SENHOR a Josué: Olha, tenho dado na tua mão a Jericó, ao seu rei e aos seus homens valorosos.

Vós, pois, todos os homens de guerra, rodeareis a cidade, cercando-a uma vez; assim fareis por seis dias.

E sete sacerdotes levarão sete trombetas de chifres de carneiros adiante da arca, e no sétimo dia rodeareis a cidade sete vezes, e os sacerdotes tocarão as trombetas. E será que, tocando-se prolongadamente a trombeta de chifre de carneiro, ouvindo vós o sonido da trombeta, todo o povo gritará com grande brado; e o muro da cidade cairá abaixo, e o povo subirá por ele, cada um em frente.

E disse ao povo: Passai e rodeai a cidade; e quem estiver armado, passe adiante da arca do SENHOR. E os homens armados iam adiante dos sacerdotes, que tocavam as trombetas; e a retaguarda seguia após a arca; andando e tocando as trombetas iam os sacerdotes. E fez a arca do SENHOR rodear a cidade, contornando-a uma vez; e entraram no arraial, e passaram a noite no arraial.

Assim rodearam outra vez a cidade no segundo dia e voltaram para o arraial; e assim fizeram seis dias. E sucedeu que, ao sétimo dia, madrugaram ao subir da alva, e da mesma maneira rodearam a cidade sete vezes; naquele dia somente rodearam a cidade sete vezes. E sucedeu que, tocando os sacerdotes pela sétima vez as trombetas, disse Josué ao povo: Gritai, porque o SENHOR vos tem dado a cidade.

Gritou, pois, o povo, tocando os sacerdotes as trombetas; e sucedeu que, ouvindo o povo o sonido da trombeta, gritou o povo com grande brado; e o muro caiu abaixo, e o povo subiu à cidade, cada um em frente de si, e tomaram a cidade.

Assim era o SENHOR com Josué; e corria a sua fama por toda a terra.

UNIDADE 13
VITÓRIA COM DEUS

Uma MURALHA é algo forte que impede um exército de avançar para alcançar grandes vitórias. Por isso, elas precisam ser derrubadas. Deus diz que as muralhas espirituais que nos impedem de alcançar Suas bênçãos só podem ser derrubadas com as armas espirituais que Ele nos dá para destruí-las.

IMPRESSIONANTE!

Incrível! Como é possível que muralhas tão grandes como as de Jericó tenham desmoronado diante de uma simples ordem para trombetas serem tocadas e gritos de guerra serem dados?

Isso demonstra que, quando cremos em Deus, começamos a caminhar de modo vitorioso e os muros espirituais que nos atrapalham começam a cair.

O QUE VOCÊ ACHA?

Jericó era uma cidade fortemente murada, mas Deus deu umas instruções impressionantes para que Josué a tomasse e obtivesse a vitória.

Leia a passagem bíblica e considere o seguinte:

* *O que Josué fez para conseguir derrubar os muros de Jericó?*
* *Você acha que ele teria conseguido o mesmo resultado sem obedecer às instruções de Deus?*
* *Como as pessoas que não têm fé "derrubam" seus problemas?*

PONTOS DE PODER

* *Um mau hábito ou um pecado é algo que nos separa de Deus e nos impede de alcançar as coisas maravilhosas que Ele tem preparado para nós. Esse hábito ou pecado pode estar relacionado com ter más companhias, participar de conversas obscenas ou de mentiras, ou fazer alguma coisa má às escondidas dos pais.*
* *Decida mudar, a partir de hoje, esses maus hábitos que você sabe serem errados. Peça ajuda a Deus, que lhe dará poder para derrubar esses muros que lhe impedem de viver de modo correto.*
* *Um muro espiritual também pode ser um problema ou uma grande necessidade que você ou sua família tenha. Se você quer obter uma grande vitória nesse assunto, convide seus pais a se unirem a você em oração para alcançar a bênção de que necessitam.*

SEJA CORAJOSO!

* Com a ajuda de seus pais, escreva uma lista dos hábitos que todos sabem que devem abandonar para que sejam uma família mais unida e que se comunique melhor.

* Coloquem nessa lista também as maiores necessidades que vocês têm nesse momento e que desejam que Deus os ajude a solucionar.

* Apresentem essa lista em oração a Deus e esperem grandes respostas Dele.

CRESCER EM FAMÍLIA

VAMOS RESPONDER JUNTOS:

* Que poderosas armas espirituais Josué usou para derrubar as muralhas de Jericó?
* O que é um muro espiritual?
* Josué não usou um exército com armas normais para derrubar as muralhas. Ele recebeu instruções de Deus para fazê-las cair. Em quais necessidades ou problemas atuais de nossa família precisamos que Deus nos dê instruções a fim de obtermos uma vitória?

VAMOS ORAR JUNTOS

Amado Deus, que boa notícia é saber que temos um Deus poderoso que luta junto conosco e quer nos dar a vitória em todos os problemas e necessidade que nossa família tem! Hoje queremos Te pedir que nos dês as instruções exatas para derrubar as muralhas que nos impedem de alcançar as vitórias que Tu sabes que precisamos ter nesse momento. Confiamos em Ti, Senhor, e esperamos ver a manifestação de Tua glória em nossa família. Em nome de Jesus. Amém.

VITÓRIA COM DEUS

DERRUBE OS MAUS HÁBITOS DE SUA VIDA

1 Para identificá-lo, pense em coisas que você faz e sabe que Deus não as aprova.

2 Peça perdão a Deus por tê-las praticado.

3 Tome a decisão de mudar esses hábitos por atitudes boas, que agradem a Deus.

DIVIRTA-SE E APRENDA

Não seria bom se Gusi tomasse essa decisão? Mas você pode, agora mesmo! Escreva numa folha todas as coisas erradas que você não quer mais fazer. Ore a Deus dizendo isso. Peça ao Senhor Jesus que encha você de Seu Espírito para você ser alguém diferente. Rasgue a folha em pequenos pedaços e jogue-os no lixo. Por fim, tome hoje a decisão de viver cultivando hábitos que agradem a Deus.

"Não sede conformados com este mundo, mas sede transformados pela renovação do vosso entendimento, para que experimenteis qual seja a boa, agradável e perfeita vontade de Deus."
Romanos 12.2

Viva A PALAVRA DE DEUS

Existem muros maus que nos impedem de alcançar vitórias em nossa vida. Nós podemos derrubá-los com a ajuda de Deus.

Encontre na muralha abaixo estes cinco recursos que Deus lhe deu para derrubar os muros. Pinte cada um de uma cor diferente. As palavras podem estar escritas de trás para a frente.

DIÁLOGO **ORACÃO** **FÉ** **ESPÍRITO** **JUSTIÇA**

M	A	L	D	A	D	E	A				
E	A	S	N	E	F	O	R				
N		E	S	P	Í	R	I	T	O		
T		É	F			A					
I					A	Ç	I	T	S	U	J
R						Ã					
A		D	I	Á	L	O	G	O			
			V	I	O	L	Ê	N	C	I	A

Nas letras que sobraram há cinco muros feios que não agradam a Deus e que você deve tirar de seu coração com a ajuda do Espírito Santo. Quais são? Escreva abaixo.

____

____

____

____

____

PRATIQUE COM PALABRITAS

DEUS NÃO COSTUMA GANHAR BATALHAS COM EXÉRCITOS OU ARMAS SUPERMODERNAS. COMO ELE É ESPÍRITO, SEMPRE LUTA E VENCE COM SEU ESPÍRITO SANTO. ELE DÁ GRANDES VITÓRIAS A CADA DIA PARA QUEM LHE PEDE CONSELHOS E LHE OBEDECE.

UNIDADE 14

A HONESTIDADE

"Acã disse: Quando vi entre os despojos uma boa capa babilônica, e duzentos siclos de prata e uma cunha de ouro, do peso de cinquenta siclos, cobicei-os e tomei-os; e eis que estão escondidos na terra, no meio da minha tenda, e a prata por baixo dela."

JOSUÉ 7.20,21

Aconteceu por volta de 1250 a.C.

ACÃ, O HOMEM QUE MORREU POR CAUSA DA FALTA DE HONRADEZ

ADAPTADO DE
Josué 7.1,19-25

E transgrediram os filhos de Israel no anátema [aquilo que estava condenado por Deus à destruição]; porque Acã, da tribo de Judá, tomou do anátema, e a ira do SENHOR se acendeu contra os filhos de Israel.

Então, disse Josué a Acã:

– Filho meu, dá, peço-te, glória ao SENHOR, Deus de Israel, e faze confissão perante ele; e declara-me agora o que fizeste, não mo ocultes.

E respondeu Acã a Josué, e disse:

– Verdadeiramente pequei contra o SENHOR, Deus de Israel, e fiz assim e assim.

– Quando vi entre os despojos uma boa capa babilônica, e duzentos siclos de prata e uma cunha de ouro, do peso de cinquenta siclos, cobicei-os e tomei-os; e eis que estão escondidos na terra, no meio da minha tenda, e a prata por baixo dela.

Então, Josué enviou mensageiros, que foram correndo à tenda; e eis que tudo estava escondido na sua tenda, e a prata por baixo.

Tomaram, pois, aquelas coisas do meio da tenda, e as trouxeram a Josué e a todos os filhos de Israel e as puseram perante o SENHOR.

Então, Josué e todo o Israel com ele tomaram a Acã, filho de Zerá, e a prata, e a capa, e a cunha de ouro, e seus filhos, e suas filhas, e seus bois, e seus jumentos, e suas ovelhas, e sua tenda e tudo quanto ele tinha e levaram-nos ao vale de Acor. E disse Josué:

– Por que nos perturbaste? O SENHOR te perturbará neste dia.

UNIDADE 14

A HONESTIDADE

HONESTIDADE é um valor ou qualidade das pessoas honradas, que dizem sempre a verdade. O honesto não mente, não rouba nem defrauda os outros. As pessoas honestas são muito apreciadas e dignas de confiança.

IMPRESSIONANTE!

Que vergonha! Acã não sabia que, ao desobedecer, não só prejudicaria a si mesmo, mas também estava fazendo um grande mal a todo o povo? Do mesmo modo, será que, quando não somos honestos, afetamos também nossa família e nossos amigos?

O QUE VOCÊ ACHA?

Ao final de tudo, Acã teve de reconhecer sua desobediência.

* *Você acredita que Acã estava realmente arrependido por ter pego o que não devia ou confessou seu pecado somente porque foi descoberto?*
* *O que teria acontecido com todo o povo se ele não tivesse sido descoberto?*
* *Explique porque um roubo prejudica muitas pessoas ou uma comunidade toda.*

PARABÉNS, DUBER!

Numa cidade da América do Sul, um garoto de 13 anos chamado Duber encontrou uma maleta com dois mil dólares. Ele procurou o dono e a devolveu. Quando o governador de seu Estado soube disso, visitou Duber e lhe deu uma casa e muitas outras coisas de que precisava, pois era um garoto muito pobre. Além disso, Duber foi tratado como um herói e apareceu na TV de seu país.

VOCÊ É HONESTO QUANDO...

* *Tem oportunidade de pegar algo de que necessita, mas não o faz, por não ser seu.*
* *Se comporta corretamente, mesmo que ninguém esteja vendo.*
* *Pensa que também não gostaria que alguém pegasse suas coisas.*

Inimigos da honestidade

* *A injustiça.* Ocorre quando as leis ou os direitos das pessoas são violados para favorecer interesses particulares, e não os da comunidade. Ocorre também quando o trabalho das pessoas não é reconhecido.

* *A avareza.* Ela acontece quando alguém procura o enriquecimento rápido mediante o roubo ou atividades ilegais. Quem age assim não ama o trabalho honesto e, muitas vezes, se envolve com crimes.

* *A mentira.* Mentir não é faltar com a verdade apenas com as palavras. Alguém pode levar uma vida de mentira oculta quando rouba, compra produtos ilegais ou quando não devolve as coisas emprestadas.

CRESCER EM FAMÍLIA

VAMOS RESPONDER JUNTOS:

* Vamos pensar na leitura bíblica e lembrar da atitude de Acã. O que ele teria feito se fosse uma pessoa obediente e honesta?

* Aprendemos que desonestidade não é somente roubar. De que outras maneiras podemos ser desonestos sem nos darmos conta? Cada um pode mencionar atitudes que acredita serem contrárias à honestidade.

* Sejamos sinceros, pois Deus abençoa a quem fala a verdade. Que atitudes há em nós que estão afetando nossa família? Como podemos nos comprometer hoje para mudar essa situação?

VAMOS ORAR JUNTOS

Amado Deus, obrigado por Tua Palavra que nos instrui, corrige e repreende para nossa salvação. Neste dia, nós Te pedimos perdão por tudo o que fizemos que seja contrário à Tua verdade, coisas que podem estar afetando a felicidade em nosso lar.

Hoje nos comprometemos diante de Ti a sermos honestos uns com os outros, falando e agindo sempre com verdade. Obrigado por abençoar nossa família com Tua direção. No nome de Jesus. Amém.

UNIDADE 14

A HONESTIDADE

DIVIRTA-SE E APRENDA

Gusi está lendo o jornal e até ele está surpreso com a quantidade de notícias relacionadas com a desonestidade das pessoas. Mas também encontrou algumas que falam de pessoas honradas.

Ajude-o a identificar esses dois tipos de notícia marcando com 10 as atitudes das pessoas honestas e com 0 o que foi feito por gente desonesta.

O JORNAL

◯ UM IMPORTANTE POLÍTICO SE APOSSOU DE DINHEIRO QUE SERIA USADO EM OBRAS SOCIAIS.

◯ UM POLICIAL RECEBEU UMA OFERTA DE DINHEIRO PARA NÃO DENUNCIAR UM ROUBO. MAS ELE NÃO ACEITOU E PRENDEU O LADRÃO.

◯ UM ALUNO QUE NÃO ESTUDOU PARA A PROVA TIROU UM BOA NOTA, POIS COPIOU AS RESPOSTAS DE UM COLEGA QUE ESTUDOU.

◯ UM PAI DE FAMÍLIA CHEGOU EM CASA COM DVDS PIRATAS E DISSE QUE ERAM ORIGINAIS.

◯ EM UMA RUA, OFERECERAM A UMA JOVEM UM CELULAR ULTRAMODERNO POR UM PREÇO MUITO BAIXO. MESMO QUERENDO UM APARELHO ASSIM, ELA DISSE: "NÃO QUERO! NUNCA VOU COMPRAR UMA COISA QUE TENHA SIDO ROUBADA DE ALGUÉM."

◯ AO SAIR DO SUPERMERCADO, UMA SENHORA PERCEBEU QUE A CAIXA LHE HAVIA DADO TROCO A MAIS. IMEDIATAMENTE VOLTOU E DEVOLVEU O DINHEIRO.

Atividade adicional

Hoje à noite, assista a um telejornal com seus pais. Anotem quais notícias falam de atitudes honestas e quais falam de desonestas. Quantas notícias houve em cada categoria? De que modo esses fatos afetam quem os praticou e as demais pessoas?

> *"Quem anda em sinceridade, anda seguro; mas o que perverte os seus caminhos ficará conhecido."*
>
> Provérbios 10.9

Viva A PALAVRA DE DEUS

O TERMÔMETRO DA HONESTIDADE

QUANTO MAIOR O NÚMERO, MAIS GRAVE A AÇÃO.

Este ladrão assaltou um banco e roubou todo o dinheiro. Marque quão grave foi essa ação horrível.	Gusi roubou uma barra de chocolate na padaria. Marque quão grave foi essa ação feia.	Sabia que no termômetro de Deus, Gusi e o ladrão merecem todos os números marcados? Pinte todos os quadros, de 1 a 5.

LADRÃO

GUSI

PARA DEUS, NÃO EXISTEM ROUBOS PEQUENOS NEM ROUBOS GRANDES. ROUBAR, MESMO QUE SEJA UMA COISA PEQUENA, É FALTA DE HONRADEZ.

PRATIQUE COM PALABRITAS

A BÍBLIA DIZ QUE O AMOR AO DINHEIRO É A RAIZ DE TODOS OS MALES. HOJE EM DIA, MUITAS PESSOAS GANHAM DINHEIRO DE FORMA DESONESTA, QUE NÃO É AGRADÁVEL A DEUS, POIS QUEREM ENRIQUECER RAPIDAMENTE E NÃO AMAM O TRABALHO. MAS SOMENTE AQUILO QUE É OBTIDO COM HONRADEZ É DURADOURO E MUITO ABENÇOADO POR DEUS.

A DECISÃO

"Disse [Débora]: Certamente irei contigo, [Baraque], porém não será tua a honra da jornada que empreenderes; pois à mão de uma mulher o SENHOR venderá a Sísera."

JUÍZES 4.9

Aconteceu por volta de 1200 a.C.

DÉBORA: UMA MULHER DECIDIDA

ADAPTADO DE
Juízes 4. 2-15

Sísera era o capitão do seu exército [de Jabim, rei de Canaã], o qual então habitava em Harosete dos gentios. Então, os filhos de Israel clamaram ao SENHOR, porquanto ele tinha novecentos carros de ferro e por vinte anos oprimia violentamente os filhos de Israel.

E Débora, mulher profetisa, mulher de Lapidote, julgava a Israel naquele tempo. Ela se assentava debaixo das palmeiras de Débora, entre Ramá e Betel, nas montanhas de Efraim; e os filhos de Israel subiam a ela a juízo. E mandou chamar a Baraque, filho de Abinoão de Quedes de Naftali, e disse-lhe:

Porventura, o SENHOR, Deus de Israel, não deu ordem, dizendo: "Vai, e atrai gente ao monte Tabor, e toma contigo dez mil homens dos filhos de Naftali e dos filhos de Zebulom"? "E atrairei a ti para o ribeiro de Quisom, a Sísera, capitão do exército de Jabim, com os seus carros e com a sua multidão, e o darei na tua mão.

Então, lhe disse Baraque: Se fores comigo, irei; porém, se não fores comigo, não irei.

E disse ela: Certamente irei contigo, porém não será tua a honra da jornada que empreenderes; pois à mão de uma mulher o SENHOR venderá a Sísera.

Então, disse Débora a Baraque: Levanta-te, porque este é o dia em que o SENHOR tem dado a Sísera na tua mão; porventura o SENHOR não saiu adiante de ti? Baraque, pois, desceu do monte Tabor, e dez mil homens após ele.

E o SENHOR derrotou a Sísera, e a todos os seus carros, e a todo o seu exército ao fio da espada, diante de Baraque; e Sísera desceu do carro e fugiu a pé.

UNIDADE 15

A DECISÃO

Ser uma pessoa de DECISÃO é possuir firmeza de caráter. É ter coragem para enfrentar uma situação e resolvê-la. É a força de vontade para fazer o que é preciso no momento certo.

IMPRESSIONANTE!

Como Débora foi valente! Quando os homens se acovardaram, Deus encheu uma mulher de coragem. E ela teve fé para mover um grande exército. É impressionante o que se pode fazer ao decidir cumprir a vontade de Deus!

O QUE VOCÊ ACHA?

Débora significa "abelha, mãe, profetisa".

Quantas vezes você já ouviu sobre uma mulher que tenha tomado a decisão de encorajar um exército e conduzi-lo à vitória?

Pois bem, Débora fez isso. Mas, antes de tudo, ela reconheceu que era Deus quem iria lhes dar a vitória.

PARABÉNS, MARIA ISABEL!

Faltavam apenas vinte dias para a semana cultural que acontecia todos os anos na escola. A diretora, então, comunicou a todos os alunos que não poderiam realizá-la naquele ano, por falta de recursos financeiros. Maria Isabel, uma garota de doze anos, colocou-se de pé diante dos colegas e disse que iria lutar por aquilo e que, se todos se unissem e trabalhassem juntos, poderiam resolver o problema.

Compreenda A PALAVRA DE DEUS

Todos os alunos de sua sala se mobilizaram e começaram a vender lanches e flores de papel na hora do recreio. Com isso, em quinze dias conseguiram completar o dinheiro necessário para realizar a semana cultural. E tudo graças a Maria Isabel ter tomado uma decisão. Ela sabia bem que não podia esperar que os outros fizessem o que ela devia fazer. O exemplo de Maria Isabel é muito parecido com o de Débora e nos ensina a sermos decididos e a dependermos de Deus.

CRESCER EM FAMÍLIA

VAMOS RESPONDER JUNTOS:

* Relembrando a passagem bíblica lida, ela conta que o povo de Israel havia sido oprimido durante vinte anos por um exército inimigo. O que Débora fez?
* Por que Débora foi usada por Deus? O que teria acontecido se ela fosse uma pessoa indecisa?
* Em que situações devemos ser mais decididos em casa, no trabalho ou na escola? Vamos mencionar alguns aspectos e o que faremos com respeito a eles.

VAMOS ORAR JUNTOS

Amado Deus, ajuda-nos a não permanecermos indiferentes em situações que exigem que tomemos uma decisão sábia e adequada de acordo com Tua vontade. Reconhecemos hoje que somente Tua sabedoria pode nos ajudar a sermos pessoas com decisões corretas e justas. Queremos Te dar a glória e a honra em cada vitória que nos ajudes a obter. No nome de Jesus. Amém.

A DECISÃO

TOME BOAS DECISÕES

Pequenos repórteres em ação

1. Pergunte a seu pai ou a sua mãe qual foi a decisão mais difícil que ele(a) teve de tomar.

2. Peça-lhe um conselho sobre como você deve agir quando enfrentar situações muito difíceis.

3. Dê-lhe um abraço e diga quanto o(a) admira por essas decisões que teve de tomar.

"Confia no SENHOR de todo o teu coração, e não te estribes no teu próprio entendimento."
Provérbios 3.5

Viva A PALAVRA DE DEUS

Quer saber quais valores você deve ter para ser uma pessoa decidida para Deus?

De acordo com a forma, junte as cinco placas partidas. Depois, escreva abaixo as palavras encontradas.

1. ____________ 2. ____________ 3. ____________ 4. ____________ 5. ____________

ESFORCE-SE PARA TER ESSES VALORES. DEUS AJUDARÁ VOCÊ!

PRATIQUE COM PALABRITAS

VOCÊ DEVE APRENDER QUE, NA VIDA, A VITÓRIA NEM SEMPRE É DE QUEM CORRE MAIS, MAS É DAQUELE A QUEM DEUS AJUDA. CONFIE SEMPRE SUAS DECISÕES A DEUS, E ELE FARÁ DE VOCÊ UM VENCEDOR.

A AUTOESTIMA

"[Gideão] lhe disse: Ai, Senhor meu, com que livrarei a Israel? Eis que a minha família é a mais pobre em Manassés, e eu, o menor na casa de meu pai."

JUÍZES 6.15

Leia A PALAVRA DE DEUS

GIDEÃO DESCOBRE SEU GRANDE VALOR PARA DEUS

ADAPTADO DE
Juízes 6.1-6; 11-16

Os filhos de Israel fizeram o que era mau aos olhos do SENHOR; e o SENHOR os deu nas mãos dos midianitas por sete anos.

E, prevalecendo a mão dos midianitas sobre Israel, fizeram os filhos de Israel para si, por causa dos midianitas, as covas que estão nos montes, as cavernas e as fortificações. Porque sucedia que, semeando Israel, os midianitas e os amalequitas, e também os do oriente, contra ele subiam. E punham-se contra ele em campo, e destruíam os frutos da terra, até chegarem a Gaza; e não deixavam mantimento em Israel, nem ovelhas, nem bois nem jumentos.

Porque subiam com os seus gados e tendas; vinham como gafanhotos, em grande multidão que não se podia contar, nem a eles nem aos seus camelos; e entravam na terra, para a destruir.

Assim, Israel empobreceu muito pela presença dos midianitas; então, os filhos de Israel clamaram ao SENHOR.

Então, o anjo do SENHOR veio e assentou-se debaixo do carvalho que está em Ofra, que pertencia a Joás, abiezrita; e Gideão, seu filho, estava malhando o trigo no lagar, para o salvar dos midianitas.

Então, o anjo do SENHOR lhe apareceu e lhe disse: O SENHOR é contigo, homem valoroso.

Mas Gideão lhe respondeu: Ai, Senhor meu, se o SENHOR é conosco, por que tudo isto nos sobreveio? E que é feito de todas as suas maravilhas que nossos pais nos contaram, dizendo: "Não nos fez o SENHOR subir do Egito?" Porém agora o SENHOR nos desamparou e nos deu nas mãos dos midianitas.

Então, o SENHOR olhou para ele e disse:

Vai nesta tua força, e livrarás a Israel das mãos dos midianitas. Porventura não te enviei eu?

E ele [Gideão] lhe disse: Ai, Senhor meu, com que livrarei a Israel? Eis que a minha família é a mais pobre em Manassés, e eu, o menor na casa de meu pai.

E o SENHOR lhe disse: Porquanto eu hei de ser contigo, tu ferirás aos midianitas como se fossem um só homem.

UNIDADE 16
A AUTOESTIMA

A AUTOESTIMA é um alto conceito que alguém tem de seu próprio valor e de sua importância. Não depende do tamanho, da força ou da beleza física nem das riquezas materiais que a pessoa tenha. É uma confiança especial que reside na alma de quem sabe que é muito importante para Deus.

IMPRESSIONANTE!

Gideão se considerava muito pequeno por ser jovem e muito insignificante por não vir de uma família importante. Mas Deus não pensava assim. Por isso chamou Gideão e lhe deu uma missão que parecia impossível: vencer, com apenas 300 homens, um exército inimigo de milhares de soldados! E ele conseguiu, com a ajuda de Deus! Que grande lição de confiança Gideão recebeu.

O QUE VOCÊ ACHA?

* Se Gideão pertencesse a uma família mais importante teria se considerado mais digno de ser escolhido por Deus para cumprir uma missão tão decisiva?

* Em sua opinião, por que muitas vezes as pessoas não dão importância a crianças e jovens? Isso está correto?

* Você já se sentiu como Gideão, inferior aos outros por ser mais baixo, por ser muito jovem ou por achar que sua família não é famosa ou importante?

PESQUISE E DESCUBRA

A Bíblia conta que algo semelhante aconteceu a outro jovem, chamado Jeremias. Deus o escolheu para ser um de Seus grandes profetas. Quando foi chamado, Jeremias respondeu que era muito jovem e não sabia falar em público. Mas Deus lhe disse para não dizer isso e para não ter medo das pessoas, pois Ele o acompanharia e confirmaria tudo o que dissesse em nome de Deus. Por fim, o trabalho do profeta Jeremias transformou muitos reinos e nações.

VOCÊ TEM UMA AUTOESTIMA SAUDÁVEL QUANDO...

* Acredita que pode realizar seus sonhos sem importar sua posição social, seu tamanho, sua raça ou qualquer limitação física que possa ter.
* Sabe que é importante para Deus e que Ele criou você com um propósito muito especial para sua vida.
* Sabe que o que Deus considera e aprecia é a grandeza de seu coração.

CRESCER EM FAMÍLIA

VAMOS RESPONDER JUNTOS:

* Depois de ler a história de Gideão, que lição cada um de nós aprendeu sobre o grande valor que tem para Deus?
* Alguma vez dissemos, uns para os outros, palavras que tenham ofendido por fazer o outro se sentir inferior ou incapaz de triunfar na vida? Se isso aconteceu, vamos pedir perdão agora.
* A partir de agora, como falaremos uns com os outros de modo a nos abençoar mutuamente, a dizer que somos importantes e a viver felizes?

VAMOS ORAR JUNTOS

Amado Deus, Tu dizes em Tua Palavra que nos criaste a Tua imagem e que, por seres nosso Pai celestial, somos Teus filhos amados. Ajuda-nos a entender essa grande verdade e a nos tratarmos com palavras amáveis e bondosas, que nos lembrem sempre quanto valor temos para Ti. Revela-nos o propósito com o qual Tu nos criaste e ajuda-nos a realizar todos os sonhos que colocaste em nosso coração. No nome de Jesus. Amém.

UNIDADE 16

A AUTOESTIMA

VEJA-SE COMO DEUS VÊ VOCÊ

Você vale pelo que é para Deus, não pelo que tem. Exatamente como é, você é filho de Deus, feito a Sua imagem e semelhança.

Alegria se sentia muito mal, porque seu pai nunca estava em casa. Então, ela conheceu Jesus e entendeu o imenso amor que Deus tem por ela e o grande valor que ela tem para Ele.

DIVIRTA-SE E APRENDA

Lembre-se de que o importante não é a imagem que você aparenta, mas o caráter que você reflete em suas ações.

"Eu sou o SENHOR, teu Deus, o Santo de Israel, o teu Salvador [...] Visto que foste precioso aos meus olhos, também foste honrado, e eu te amei."

Isaías 43. 3-4

Viva A PALAVRA DE DEUS

Um amigo de Palabritas está muito triste porque é baixo, mas Palabritas o está animando. O que ele está dizendo?

Escreva cada palavra no lugar correto e leia!

DEUS CORAÇÃO GRANDEZA ESTATURA OLHA IMPORTA

PARA ____
NÃO ________
SUA __________.
ELE _____ MAIS
A ___________
DE SEU ________.

PRATIQUE COM PALABRITAS

VOCÊ É MUITO IMPORTANTE! SEM IMPORTAR SUA IDADE, ESTATURA, CONDIÇÃO FÍSICA OU COR, VOCÊ É MUITO VALIOSO PARA DEUS. APRENDA TAMBÉM A VALORIZAR E A OUVIR QUEM É MENOR QUE VOCÊ E, ASSIM, VOCÊ TERÁ UMA LINDA VIDA CHEIA DE ALEGRIA.

A AMIZADE

"Disse, porém, Rute: Não me instes para que te abandone e deixe de seguir-te; porque aonde quer que tu fores irei eu, e onde quer que pousares, ali pousarei eu; o teu povo é o meu povo, o teu Deus é o meu Deus."

RUTE 1.16

Aconteceu por volta de 1150 a.C.

RUTE, A AMIGA FIEL

ADAPTADO DE
Rute 1.1-19

E sucedeu que, nos dias em que os juízes julgavam, houve uma fome na terra; por isso um homem de Belém de Judá saiu a peregrinar nos campos de Moabe, ele e sua mulher, e seus dois filhos. E era o nome deste homem Elimeleque, e o de sua mulher Noemi, e os de seus dois filhos Malom e Quiliom, efrateus, de Belém de Judá. E chegaram aos campos de Moabe e ficaram ali.

E morreu Elimeleque, marido de Noemi; e ficou ela com os seus dois filhos, os quais tomaram para si mulheres moabitas; e era o nome de uma Orfa e o da outra, Rute.

E ficaram ali quase dez anos. E morreram também ambos, Malom e Quiliom, ficando assim a mulher desamparada dos seus dois filhos e de seu marido.

Então, se levantou ela com as suas noras, e voltou dos campos de Moabe, porquanto na terra de Moabe ouviu que o SENHOR tinha visitado o seu povo, dando-lhe pão. Por isso saiu do lugar onde estivera, e as suas noras com ela.

E, indo elas caminhando, para voltarem para a terra de Judá, disse Noemi às suas noras: Ide, voltai cada uma à casa de sua mãe. E, beijando-as ela,

levantaram a sua voz e choraram.

Orfa beijou a sua sogra, porém Rute se apegou a ela.

Por isso disse Noemi: Eis que voltou tua cunhada ao seu povo e aos seus deuses; volta tu também após tua cunhada.

Disse, porém, Rute: Não me instes para que te abandone e deixe de seguir-te; porque aonde quer que tu fores irei eu, e onde quer que pousares, ali pousarei eu; o teu povo é o meu povo, o teu Deus é o meu Deus; onde quer que morreres morrerei eu, e ali serei sepultada.

Faça-me assim o SENHOR, e outro tanto, se outra coisa que não seja a morte me separar de ti.

Vendo Noemi, que de todo estava resolvida a ir com ela, deixou de lhe falar. Assim, pois, foram-se ambas, até que chegaram a Belém.

UNIDADE 17

A AMIZADE

A AMIZADE é uma das maiores e mais perfeitas manifestações do amor. É um afeto pessoal puro e sincero, que nasce entre duas pessoas e depois cresce e se fortalece com o relacionamento delas.

IMPRESSIONANTE!

A história de Rute é uma das mais maravilhosas expressões de amizade e fidelidade que você pode conhecer. Rute preferiu renunciar a uma vida mais cômoda e fácil a fim de acompanhar Noemi. Que bela amizade!

O QUE VOCÊ ACHA?

* Você acha que Rute teve alguma dúvida quando decidiu acompanhar Noemi para sempre?

* Se você fosse Rute, faria o mesmo que ela fez?

* Você já fez um sacrifício parecido por alguém?

* Seus bons amigos se preocupam com você, e você se preocupa com eles. Uma amizade verdadeira é um grande apoio para você crescer com princípios e valores morais. Por isso, escolha bem seus amigos!

PARABÉNS, CAMILO!

Camilo, que tem treze anos, conheceu Ernesto, um garoto surdo de seu bairro. Camilo aprendeu a linguagem de sinais para se comunicar com Ernesto e disse a ele: "Eu quero ajudar você e ser seu amigo!"

Compreenda A PALAVRA DE DEUS

VOCÊ É UM BOM AMIGO QUANDO...

* Gosta de alguém de modo sincero e sem interesse de conseguir algum benefício material.
* É um companheiro fiel, tanto nos momentos felizes quanto nos dias difíceis.
* Ouve com paciência, compreende e ajuda seus amigos, mas também é sincero para aconselhar e dizer com franqueza o que você observa de errado neles.

Amigos da amizade	Inimigos a vencer
* Fidelidade	* Traição
* Solidariedade	* Mentira
* Amor	* Egoísmo

CRESCER EM FAMÍLIA

VAMOS RESPONDER JUNTOS:

* Quais são as virtudes de Rute que mais nos impressionaram em sua história de amizade com Noemi, sua sogra?
* Cada um mencione um bom amigo que tenha e diga porque motivo considera que seja bom ter um relacionamento de amizade com essa pessoa.
* O que podemos fazer para fortalecer nossas relações com os amigos da vizinhança, da igreja ou da escola?
* Como podemos usar essa amizade para que eles também conheçam o Senhor Jesus como seu Salvador?

VAMOS ORAR JUNTOS

Amado Deus, nós Te agradecemos por Tu seres a fonte do verdadeiro amor. Obrigado pelo exemplo de amizade extraordinária que Tu sempre nos dás, para que tenhamos uma amizade sincera assim com nossos amigos. Dá a nós bons amigos e ajuda-nos a sermos fiéis, amáveis e bondosos com eles, para que vejam em nós Tua presença e venham a Te conhecer. No nome de Jesus. Amém.

A AMIZADE

SEJAMOS BONS AMIGOS

Amigos são aquelas pessoas que estão presentes nos momentos bons e nos ruins. A história de Rute é um precioso exemplo de amizade verdadeira.

DIVIRTA-SE E APRENDA

(Atividade em grupo)

1. O JOGO DA HONRA. Essa atividade consiste em honrar com palavras os participantes. Cada pessoa escolherá um colega e lhe dirá o que admira nele. Depois, o escolhido falará de quem o escolheu. O propósito é mostrar apreço e abençoar a vida do outro.

2. Cada participante responderá às perguntas: O que você procura em um bom amigo? Você se considera amigo de Deus?

"Em todo o tempo ama o amigo e para a hora da angústia nasce o irmão."

Provérbios 17.17

Viva A PALAVRA DE DEUS

Alegria anotou três boas ações que gosta de praticar para seus amigos. Mas Gusi escreveu três maus comportamentos que danificam a amizade.

Ligue Alegria e Gusi às frases que cada um escreveu.

- LIGAR PARA DIZER QUE ELE É UMA PESSOA ESPECIAL.
- BRIGAR QUANDO NÃO ESTÃO DE ACORDO SOBRE UM ASSUNTO.
- DAR UM BOM CONSELHO QUANDO ALGUMA COISA NÃO ESTIVER BEM.
- FALAR MAL DOS AMIGOS.
- PERDOAR DEPOIS DE TEREM UMA DISCUSSÃO.
- ESCOLHER MÁS COMPANHIAS COMO AMIGOS.

PRATIQUE COM PALABRITAS

É VOCÊ QUE DECIDE QUEM SERÃO SEUS AMIGOS E AMIGAS. ENTÃO, ESCOLHA SOMENTE AQUELES QUE FAÇAM VOCÊ SENTIR PAZ E TRANQUILIDADE E POSSAM LHE ENSINAR COISAS QUE O TORNEM UMA PESSOA MELHOR.

A CONSAGRAÇÃO

"Veio o SENHOR, e pôs-se ali, e chamou como das outras vezes: Samuel, Samuel. E disse Samuel: Fala, porque o teu servo ouve."

1SAMUEL 3.10

SAMUEL, CONSAGRADO A DEUS DESDE PEQUENO

ADAPTADO DE
1 Samuel 3.1-21

E o jovem Samuel servia ao SENHOR perante Eli. E a palavra do SENHOR era de muita valia naqueles dias; não havia visão manifesta.

E sucedeu, naquele dia, que, estando Eli deitado no seu lugar (e os seus olhos começavam a escurecer, pois não podia ver), e estando também Samuel já deitado, antes que a lâmpada de Deus se apagasse no templo do SENHOR, onde estava a arca de Deus, o SENHOR chamou a Samuel, e disse ele: Eis-me aqui.

E correu a Eli, e disse: Eis-me aqui, porque tu me chamaste.

Mas ele disse: Não te chamei eu, torna a deitar-te. E foi e se deitou.

E o SENHOR tornou a chamar outra vez a Samuel, e Samuel se levantou, e foi a Eli e disse: Eis-me aqui, porque tu me chamaste.

Mas ele disse: Não te chamei eu, filho meu. Torna a deitar-te.

Porém Samuel ainda não conhecia ao SENHOR e ainda não lhe tinha sido manifestada a palavra do SENHOR. O SENHOR, pois, tornou a chamar a Samuel terceira vez, e ele se levantou, e foi a Eli e disse: Eis-me aqui, porque tu me chamaste.

Então, entendeu Eli que o SENHOR chamava o jovem.

Por isso, Eli disse a Samuel: Vai deitar-te, e há de ser que, se te chamar, dirás: "Fala, SENHOR, porque o teu servo ouve". Então Samuel foi e se deitou no seu lugar.

Então, veio o SENHOR, e pôs-se ali, e chamou como das outras vezes: Samuel, Samuel. E disse Samuel: Fala, porque o teu servo ouve.

E crescia Samuel, e o SENHOR era com ele, e nenhuma de todas as suas palavras deixou cair em terra.

E todo o Israel, desde Dã até Berseba, conheceu que Samuel estava confirmado por profeta do SENHOR.

E continuou o SENHOR a aparecer em Siló; porquanto o SENHOR se manifestava a Samuel em Siló pela palavra do SENHOR.

UNIDADE 18

A CONSAGRAÇÃO

CONSAGRAR é separar uma pessoa ou coisa exclusivamente para o serviço a Deus. A Bíblia conta como os israelitas consagravam pessoas da família para Deus, especialmente o primogênito, o primeiro filho.

IMPRESSIONANTE!

Silêncio! Não é Eli que está chamando Samuel. É o próprio Deus! E Samuel está muito disposto a escutá-Lo. Isto é impressionante: nós podemos ouvir a voz de Deus!

O QUE VOCÊ ACHA?

Leia a passagem bíblica e reflita sobre ela.

* *O que o jovem Samuel fazia no templo?*
* *Era comum Deus falar às pessoas e alguém ouvir sua voz?*
* *Você acha que hoje é muito difícil ouvir a voz de Deus?*
* *Se Deus falasse com você de alguma maneira, você estaria disposto a consagrar sua vida a Ele, como Samuel o fez? Ou Lhe dirias que tem medo ou que ainda é muito jovem para tomar essa decisão?*

PESQUISE E DESCUBRA

Você sabe como a história de consagração de Samuel a Deus começou? A Bíblia conta que Ana, mãe do menino, era casada, mas não conseguia ter filhos. Um dia, ela foi ao santuário de Deus e Lhe disse: "Senhor, vê como estou triste! Se Tu me deres um filho, eu o consagrarei a Ti, para que Te sirva toda a vida aqui no tabernáculo." Menos de um ano depois, Deus deu a Ana o filho que ela Lhe pediu e pôs no menino o nome de Samuel.

Quando o menino já havia crescido o suficiente, foi levado ao tabernáculo para ajudar o sacerdote Eli. Foi, então, consagrado a Deus, como Ana Lhe havia prometido.

Compreenda A PALAVRA DE DEUS

PONTOS DE PODER

Na Bíblia, você vai encontrar muitas pessoas que ouviram a voz de Deus de diferentes maneiras e consagraram a vida a Ele. Hoje, você pode ouvir o que Deus quer lhe dizer:

* Por meio da Bíblia, algo que Samuel não tinha.
* Por meio dos ensinamentos que você recebe na igreja.
* Seguindo os conselhos de seus pais e obedecendo a eles.
* E você pode falar com Deus e ouvir a voz do Espírito Santo que fala ao seu coração.

CRESCER EM FAMÍLIA

VAMOS RESPONDER JUNTOS:

* Quais aspectos da história de Samuel mais nos chamam a atenção? Cada um de nós pode dar sua explicação.
* Samuel significa "pedido a Deus". Seus pais vão lhe explicar de que maneira pediram a Deus que lhes desse alguém tão especial como você.
* Para consagrar a vida a Deus não é necessário estarmos no templo prestando um serviço especial a Ele. Deus quer que todos os que creem Nele afastem-se das coisas más do mundo e se consagrem a Ele. Cada um de nós vai dizer o que pode fazer para dedicar a vida a Deus.

VAMOS ORAR JUNTOS

Amado Deus, obrigado por teres nos ensinado hoje que Tu nos criaste para que entregássemos a vida a Ti, e não para vivermos afastados de Ti e dedicados às coisas deste mundo. Hoje queremos Te dizer de todo o coração que queremos Te agradar em tudo o que fizermos, consagrando o que fazemos a cada dia e nossa vida a Ti. No nome de Jesus. Amém.

UNIDADE 18

A CONSAGRAÇÃO

APRENDA A OUVIR A VOZ DE DEUS

Você já se perguntou: "Será que eu também posso escutar a voz de Deus e dedicar minha vida a Ele?"

ALGUMAS DICAS PARA OUVIR DEUS

1. *Para ouvi-Lo é preciso que tenhamos fé e uma amizade muito próxima com Ele, como Samuel tinha. Qualquer pessoa pode fazer orações ou pedidos, mas aprender a ouvir a voz de Deus no coração é diferente.*

2. *Você precisa aprender a aquietar a alma e a ter um desejo profundo de ouvi-Lo. Depois, abra a Bíblia, leia um trecho enquanto pede que o Espírito Santo fale a você por meio daquele texto. Espere a resposta Dele. Quando Deus lhe falar ao coração, com Sua voz suave, você deve obedecer-Lhe..*

DIVIRTA-SE E APRENDA

Descubra como Deus escolheu vários homens e mulheres desde a infância e se manifestou a eles: José, Moisés, Samuel, Ester, Sansão, Maria e João Batista. Faça uma ficha para cada um, escrevendo o nome deles e como Deus lhes falou.

DEUS ESCOLHEU VOCÊ PARA SERVI-LO. ESCUTE-O!

"Isto lhes ordenei, dizendo: [...] Andai em todo o caminho que eu vos mandar, para que vos vá bem."
Jeremias 7.23

Viva A PALAVRA DE DEUS

Palabritas quer começar a ouvir mais a voz de Deus.
Mas ele precisa saber que coisas em sua casa podem ajudá-lo nisso.

Ajude-o assinalando três coisas que você acha que podem auxiliá-lo a consagrar mais tempo a Deus.

PRATIQUE COM PALABRITAS

DEUS VIVE NO CORAÇÃO DE QUEM CRÊ EM SEU FILHO, JESUS CRISTO, POR MEIO DO ESPÍRITO SANTO, E NOS FALA POR ELE.
NÃO É DIFÍCIL OUVIR A VOZ DE DEUS QUANDO O BUSCAMOS DE CORAÇÃO E NOS CONSAGRAMOS A ELE!

UNIDADE 19 A CONFIANÇA EM DEUS

"Davi, porém, disse ao filisteu: Tu vens a mim com espada, e com lança e com escudo; porém eu venho a ti em nome do SENHOR dos Exércitos, o Deus dos exércitos de Israel, a quem tens afrontado."

1SAMUEL 17.45

Aconteceu por volta del 1015 a.C.

DAVI, O VENCEDOR DE GIGANTES

ADAPTADO DE
1 Samuel 17.1-51

Os filisteus ajuntaram as suas forças para a guerra. Então, saiu do arraial dos filisteus um homem, cujo nome era Golias, que tinha de altura seis côvados e um palmo. Trazia na cabeça um capacete de bronze, e vestia uma couraça de escamas; e era o peso da couraça de cinco mil siclos de bronze. E a haste da sua lança era como o eixo do tecelão, e a ponta da sua lança de seiscentos siclos de ferro, e diante dele ia o escudeiro. E parou, e clamou às companhias de Israel, e disse-lhes: Escolhei dentre vós um homem que desça a mim.

Ouvindo, então, Saul e todo o Israel estas palavras do filisteu, espantaram-se e temeram muito.

E Davi era filho de um homem efrateu, de Belém de Judá, cujo nome era Jessé. E disse Jessé a Davi, seu filho: Toma um efa deste grão tostado e estes dez pães e corre a levá-los ao arraial, a teus irmãos.

Davi então se levantou de madrugada, pela manhã, e deixou as ovelhas com um guarda, e carregou-se e partiu. E Davi deixou a carga que trouxera na mão do guarda da bagagem, e correu à batalha; e, chegando, perguntou a seus irmãos se estavam bem. E, estando ele ainda falando com eles, eis que vinha subindo do exército dos filisteus Golias.

E Davi disse a Saul: Não desfaleça o coração de ninguém por causa dele; teu servo irá e pelejará contra este filisteu. Porém, Saul disse a Davi: Contra este filisteu não poderás ir para pelejar com ele; pois tu ainda és moço, e ele, homem de guerra desde a sua mocidade.

Então, disse Davi a Saul: Teu servo apascentava as ovelhas de seu pai; e quando vinha um leão e um urso, e tomava uma ovelha do rebanho, eu saía após ele e o feria e livrava-a da sua boca; e, quando ele se levantava contra mim, lançava-lhe mão da barba, e o feria e o matava. Assim, feria o teu servo o leão, como o urso; assim será este incircunciso filisteu como um deles, porquanto afrontou os exércitos do Deus vivo. O SENHOR me livrou das garras do leão e das garras do urso; ele me livrará da mão deste filisteu. Então, disse Saul a Davi: Vai, e o SENHOR seja contigo.

Davi [...] disse ao filisteu: Tu vens a mim com espada, e com lança, e com escudo; porém eu venho a ti em nome do SENHOR dos Exércitos, o Deus dos exércitos de Israel, a quem tens afrontado. Hoje mesmo o SENHOR te entregará na minha mão, e ferir-te-ei, e tirar-te-ei a cabeça.

E Davi pôs a mão no alforje, e tomou dali uma pedra e com a funda lha atirou, e feriu o filisteu na testa, [que] caiu sobre o seu rosto em terra. Assim, Davi prevaleceu contra o filisteu, com uma funda e com uma pedra. Vendo, então, os filisteus que o seu herói era morto, fugiram.

UNIDADE 19 A CONFIANÇA EM DEUS

*CONFIANÇA é a esperança firme em uma pessoa ou em um fato que sabemos com certeza que ocorrerá.
Ter confiança em Deus é crer que Ele existe, é ter fé em que Ele cumprirá as promessas que nos dá em Sua Palavra e crer que nos protegerá e guardará em todas as situações que enfrentarmos.*

IMPRESSIONANTE!

Imagine o gigante Golias... Tinha quase 3 metros de altura. Tinha na cabeça um grande capacete de bronze. Só sua armadura pesava cerca de 70 quilos! Isso é o peso de três garotos de uns 8 anos! A ponta de sua lança pesava por volta de 8 quilos. Era um adversário que deixava qualquer um com medo! Mas não alguém que confiava tanto em Deus como Davi! Ele sabia que podia vencer Golias, pois confiava no poder e na proteção de Deus.

O QUE VOCÊ ACHA?

Leia sem pressa a história da luta entre Davi e o grandão Golias. Pense nos motivos que levaram Davi a fazer o que parecia uma loucura:

* *Ele tinha uma confiança muito grande em Deus.*
* *Ele já havia vencido muitos animais ferozes enquanto cuidava dos rebanhos de seu pai.*
* *Ele confiava que Deus era mais poderoso que qualquer inimigo gigantesco ou coberto por uma superarmadura.*
* *Ele não podia permitir que alguém ofendesse a Deus, seu grande amigo, e Golias havia feito isso.*

VOCÊ TEM CONFIANÇA EM DEUS QUANDO...

* *Sabe que Ele existe e prometeu estar sempre a seu lado para ajudá-lo em todas as circunstâncias que você tem de enfrentar todos os dias.*
* *Crê que Ele é seu melhor amigo e o ser mais poderoso que existe, e que nenhum inimigo pode vencer você quando pede a ajuda de Deus.*
* *Coloca nas mãos Dele os problemas, lembrando que Ele é fiel e cumpre todas as promessas registradas na Bíblia, Sua Palavra verdadeira e poderosa.*

Compreenda A PALAVRA DE DEUS

PESQUISE E DESCUBRA

Davi foi pastor, músico, soldado e rei de Israel. Por causa de sua grande amizade com Deus, ele conseguiu muitas honras que poucas pessoas alcançaram:

* Ele se tornou antepassado de Jesus (Mateus 1.1).
* Ele foi considerado um herói da fé (Hebreus 11.32).

SEJA CORAJOSO!

* Pense nestas situações, que parecem inimigos gigantes e são difíceis de enfrentar: uma necessidade de sua família, uma doença, um problema na escola ou com seus amigos.
* Não desanime! Lembre-se do que Davi fez diante do gigantesco Golias. Ele sabia que Deus estava a seu lado; por isso, podia contar com o apoio e o poder de Deus para derrubar qualquer inimigo. O Deus de Davi é seu Deus e está com você também, ajudando-o a vencer as dificuldades.

CRESCER EM FAMÍLIA

VAMOS RESPONDER JUNTOS:

* Vamos mencionar quais situações complicadas estamos enfrentando: na família, nas finanças, na saúde, no trabalho ou na escola. Esses problemas parecem ser grandes, como inimigos difíceis de vencer?
* Vamos, de mãos dadas, declarar diante do Senhor nossa confiança Nele e apresentar-Lhe esses problemas, pedindo Sua ajuda.

VAMOS ORAR JUNTOS

Amado Deus, nós Te agradecemos por lembrar-nos que Tu és hoje o mesmo Deus de Davi e que estás disposto a nos ajudar a enfrentar e vencer todos os problemas que, como gigantescos inimigos, nos preocupam e atemorizam. Hoje declaramos nossa confiança em Ti, pomos diante de Ti todas as necessidades que temos e esperamos Tua ajuda para nos dar a vitória. Nós Te daremos toda a glória e todo o louvor por isso. No nome de Jesus. Amém.

UNIDADE 19 A CONFIANÇA EM DEUS

COMO CONFIAR EM DEUS NO MEIO DA PRESSÃO DE UM GRUPO?

Algumas vezes nos sentimos afetados por atitudes ou palavras agressivas que nos dão medo. Devemos enfrentar essas situações com o poder de Deus para vencer. Foi assim que o jovem Davi venceu o gigante Golias.

JOVENS REPÓRTERES EM AÇÃO

1. Identifique situações de violência ou agressividade na escola; por exemplo: ameaça por parte de algum colega. Marque com um X a(s) frase(s) ameaçadoras que você já ouviu.

A. SE VOCÊ NÃO FIZER..., NÃO SOU SEU AMIGO!

B. SE VOCÊ NÃO CONSEGUE FAZER..., É UM BOBO!

C. SE QUISER SER MEU AMIGO, VOCÊ TEM DE FAZER...

D. SE VOCÊ NÃO TEM..., NÃO VALE NADA!

E. OUTRAS

2. Se você sente que o grupo o pressiona, manipula ou ameaça para fazer coisas erradas, firme-se no que você crê. Estabeleça limites para seus colegas e diga-lhes claramente o que Deus e você pensam a respeito. Por fim, conte a seus pais e professores sobre essa situação.

3. Se você é quem abusou de outros, peça perdão a Deus e à pessoa ofendida e não faça mais. Confie em Deus. Ele o ajudará!

"Deus meu, em ti confio, não me deixes confundido nem que os meus inimigos triunfem sobre mim."

Salmos 25.2

Viva A PALAVRA DE DEUS

DIVIRTA-SE E APRENDA

Cada vez que um problema vier ameaçar e atemorizar você, responda como Palabritas. Quer saber o que ele disse? Complete a resposta dele colocando no lugar certo as palavras que faltam.

CONFIO **VENCEREI** **PODEROSO** **AJUDA**

PRATIQUE COM PALABRITAS

TODAS AS PESSOAS DO MUNDO, MESMO AS CRIANÇAS, TÊM DE ENCARAR PROBLEMAS TODOS OS DIAS. UM PROBLEMA PEQUENO, ENFRENTADO SEM A AJUDA DE DEUS, PODE PARECER UM GIGANTE. MAS UM PROBLEMA GRANDE, COMBATIDO COM A AJUDA DE DEUS, SERÁ FÁCIL DE VENCER. CONFIE NELE!

A CONVIVÊNCIA

"Vê aqui a orla do teu manto na minha mão; porque cortando-te eu a orla do manto, não te matei."

I SAMUEL 24.11

Aconteceu por volta del 1000 a.C.

DAVI POUPA A VIDA DE SAUL

ADAPTADO DE
1 Samuel 24.1-12

E sucedeu que, voltando Saul de perseguir os filisteus, anunciaram-lhe, dizendo: Eis que Davi está no deserto de En-Gedi.

Então, tomou Saul três mil homens, escolhidos dentre todo o Israel, e foi em busca de Davi e dos seus homens, até sobre os cumes das penhas das cabras montesas.

E chegou a uns currais de ovelhas no caminho, onde estava uma caverna; e entrou nela Saul, a cobrir seus pés; e Davi e os seus homens estavam nos fundos da caverna.

Então, os homens de Davi lhe disseram: Eis aqui o dia, do qual o SENHOR te diz: "Eis que te dou o teu inimigo nas tuas mãos, e far-lhe-ás como te parecer bem aos teus olhos".

E levantou-se Davi, e mansamente cortou a orla do manto de Saul. Sucedeu, porém, que depois o coração doeu a Davi, por ter cortado a orla do manto de Saul.

E disse aos seus homens: O SENHOR me guarde de que eu faça tal coisa ao meu senhor, ao ungido do SENHOR, estendendo eu a minha mão contra ele; pois é o ungido do SENHOR.

E com estas palavras Davi conteve os seus homens e não lhes permitiu que se levantassem contra Saul; e Saul se levantou da caverna e prosseguiu o seu caminho.

Depois, também, Davi se levantou, e saiu da caverna, e gritou por detrás de Saul, dizendo: Rei, meu senhor!

E, olhando Saul para trás, Davi se inclinou com o rosto em terra e se prostrou.

E disse Davi a Saul: Vê aqui a orla do teu manto na minha mão; porque cortando-te eu a orla do manto, não te matei. Sabe, pois, e vê que não há na minha mão nem mal nem rebeldia alguma, e não pequei contra ti; porém tu andas à caça da minha vida, para ma tirares. Julgue o SENHOR entre mim e ti, e vingue-me o SENHOR de ti; porém a minha mão não será contra ti.

UNIDADE 20

A CONVIVÊNCIA

CONVIVER é saber viver em boa harmonia com as pessoas que nos rodeiam, em casa, no bairro, na escola, na igreja, no trabalho ou em qualquer ambiente em que vivamos.

IMPRESSIONANTE!

Você leu a história bíblica? Saul sentiu uma grande inveja, pois Davi era mais admirado pelos israelitas do que ele e, então, começou a persegui-lo para matá-lo. No entanto, quando Davi teve oportunidade de vingar-se de Saul, não o fez. Que grande exemplo Davi deu de convivência e de respeito por outra pessoa!.

O QUE VOCÊ ACHA?

Desde jovem, Davi havia feito apenas o bem para Saul. Mas, depois da vitória sobre Golias, o povo de Israel começou a aplaudi-lo e a elogiá-lo. Isso fez com que Saul sentisse inveja dele e tentasse matá-lo várias vezes. Então, chegou um dia em que Davi teve oportunidade de vingar-se, mas não o fez, resistindo à pressão que seus soldados faziam. Saul não praticava a convivência, mas Davi, sim.

HORA DA AÇÃO!

Hoje em dia há uma preocupação muito grande, por parte das escolas e dos pais, com uma onda de comportamentos agressivos, violentos e mal-intencionados de meninos e meninas, que estão trazendo problemas aos colegas, afetando a boa convivência que Deus quer que todos os seres humanos tenham. Os jovens e as crianças que fazem isso são pessoas que pensam ser superiores às demais, ignorando que Deus odeia e castiga toda atitude de orgulho, arrogância e altivez. Elas devem se arrepender, pois estão destruindo outras pessoas, que são muito estimadas por Deus.

Compreenda A PALAVRA DE DEUS

Amigos da convivência: paz, palavras agradáveis, perdão, respeito, tratar bem, compreensão, amizade, amabilidade, aceitação.

Inimigos a vencer: egoísmo, ridicularização, zombaria, violência, humilhação, vingança, chantagem, inveja, discriminação, maus-tratos físicos, agressão verbal.

SEJA CORAJOSO!

A boa convivência é destruída por atitudes agressivas, violentas ou de maus-tratos físicos ou verbais. Nessas situações sempre há aquele que pratica a ação e uma vítima.

* Se você está fazendo essas coisas na escola ou no bairro, arrependa-se, peça perdão a Deus e afaste-se de quem tenha estimulado você a fazer isso. E peça perdão também a quem você tenha maltratado com essa atitude.
* Se você está sendo vítima dessa situação, peça a Deus para ajudá-lo a enfrentá-la com coragem: não use de violência e fale com seus professores ou pais. Eles apoiarão você e, com certeza, lhe aconselharão de modo sábio a sair vitorioso dessa circunstância.

CRESCER EM FAMÍLIA

VAMOS RESPONDER JUNTOS:

* O que aprendemos com a história de Davi e Saul sobre convivência?
* De que maneira podemos melhorar nossa convivência aqui em casa?
* E na escola e com os vizinhos? Alguém está vivendo alguma situação de maus-tratos, como executor ou como vítima? Podemos falar com sinceridade sobre isso.

VAMOS ORAR JUNTOS

Amado Deus, como é triste saber que algumas pessoas têm, no coração, sentimentos de orgulho, inveja e violência contra os semelhantes. Quem faz isso esquece a dignidade que Tu deste a todas as pessoas, criadas a Tua imagem e semelhança. Perdoa-nos se, em algum momento, tenhamos pensado ser superiores a outros. Guarda-nos de maltratar ou humilhar alguém, física ou verbalmente. No nome de Jesus. Amém.

UNIDADE 20

A CONVIVÊNCIA

APRENDAMOS A CONVIVER

Deus criou todas as pessoas como seres diferentes e especiais. Devemos aprender a nos aceitar e respeitar para vivermos em harmonia.

DIVIRTA-SE E APRENDA

Gusi está sempre implicando com Motas. Por que será? (Marque falso ou verdadeiro.)

1. Gusi é verde e Motas, amarelo.
2. Motas é uma lagarta e Gusi, um cachorro.
3. Gusi é grande e Motas, pequeno.

ATIVIDADE PARA GRUPOS

Você e seus amigos formem grupos de três pessoas e conversem sobre o que deveriam fazer para conviver em paz.

Digam três coisas que unem as pessoas na família ou na escola.

1. ____________________
2. ____________________
3. ____________________

"Se alguém disser: Amo a Deus, e odiar a seu irmão, é mentiroso, pois aquele que não ama a seu irmão, a quem vê, não pode amar a Deus a quem não vê".
1 João 4.20

Viva A PALAVRA DE DEUS

Mesmo que seja diferente de Gusi e não pense como ele, Palabritas tem aprendido a ter paciência a fim de viverem em paz.

Aprenda você também a conviver! Para isso, complete o quadro com as palavras corretas.

DISCUSSÕES — CONVIVER — VINGANÇA — OUVIR — BRIGAS — AMIZADE

QUANDO PERDOA, VOCÊ NÃO USA A____________

QUANDO VOCÊ É DA PAZ, NÃO ENTRA EM__________

QUANDO É AMÁVEL, VOCÊ NUTRE A__________

QUANDO FICA EM SILÊNCIO NUMA CONVERSA, VOCÊ SABE________

QUANDO RESPONDE DE MODO AMÁVEL, VOCÊ EVITA AS ______________

QUANDO RESPEITA OS OUTROS, VOCÊ DEMONSTRA QUE SABE ____________

PRATIQUE COM PALABRITAS

VOCÊ JÁ PENSOU COMO O MUNDO SERIA MONÓTONO SE TODAS AS PESSOAS FOSSEM IGUAIS OU PENSASSEM DO MESMO MODO?
O MUNDO É INTERESSANTE PORQUE PODEMOS ENCONTRAR PESSOAS COM IDEIAS DIFERENTES DAS NOSSAS E QUE MESMO ASSIM PODEM SER GRANDES AMIGAS!

BUSQUE SEMPRE A PAZ!

UNIDADE 21

A SABEDORIA

"Agora, pois, ó SENHOR, meu Deus, tu fizeste reinar a teu servo em lugar de Davi, meu pai; e sou apenas um menino pequeno. E teu servo está no meio do teu povo que elegeste; povo grande, que nem se pode contar nem numerar, pela sua multidão. A teu servo, pois, dá um coração entendido para julgar a teu povo, para que prudentemente discirna entre o bem e o mal."

1REIS 3.7-9

SALOMÃO, O REI SÁBIO

ADAPTADO DE
1 Reis 3.5-15

E em Gibeom apareceu o SENHOR a Salomão de noite em sonhos; e disse-lhe Deus: Pede o que queres que eu te dê.

E disse Salomão: De grande beneficência usaste tu com teu servo Davi, meu pai, como também ele andou contigo em verdade, e em justiça e em retidão de coração perante a tua face; e guardaste-lhe esta grande beneficência, e lhe deste um filho que se assentasse no seu trono, como se vê neste dia. Agora, pois, ó SENHOR, meu Deus, tu fizeste reinar a teu servo em lugar de Davi, meu pai; e sou apenas um menino pequeno. E teu servo está no meio do teu povo que elegeste; povo grande, que nem se pode contar nem numerar, pela sua multidão. A teu servo, pois, dá um coração entendido para julgar a teu povo, para que prudentemente discirna entre o bem e o mal.

E esta palavra pareceu boa aos olhos do Senhor, de que Salomão pedisse isso. E disse-lhe Deus: Porquanto pediste isso, e não pediste para ti muitos dias, nem pediste para ti riquezas nem pediste a vida de teus inimigos; mas pediste para ti entendimento, para discernires o que é justo;

eis que fiz segundo as tuas palavras; eis que te dei um coração tão sábio e entendido, que antes de ti igual não houve e depois de ti igual não se levantará. E também até o que não pediste te dei, assim riquezas como glória; de modo que não haverá igual a ti entre os reis, por todos os teus dias. E, se andares nos meus caminhos, guardando os meus estatutos e os meus mandamentos, como andou Davi, teu pai, também prolongarei os teus dias.

E acordou Salomão, e eis que era sonho. E indo a Jerusalém, pôs-se perante a arca da aliança do SENHOR, e sacrificou holocausto, e preparou sacrifícios pacíficos e fez um banquete a todos os seus servos.

A SABEDORIA

SABEDORIA é ter um grande conhecimento sobre determinado assunto. Espiritualmente, ter sabedoria é conhecer e aplicar os princípios de Deus às decisões diárias a fim de ter uma vida feliz e vitoriosa.

IMPRESSIONANTE!

Deus disse a Salomão que lhe daria o que quisesse. Em vez de pedir muitas riquezas, Salomão pediu sabedoria! Por que ele escolheu isso? A decisão de Salomão não é impressionante?

O QUE VOCÊ ACHA?

Não há muitos jovens que sejam conhecidos por sua sabedoria. Pelo contrário, ela é associada a pessoas adultas ou idosas, por causa da experiência e dos muitos anos vividos. Mas a verdadeira sabedoria vem de conhecer e obedecer a Deus.

* *Em sua opinião, por que Salomão, sendo jovem, pediu sabedoria a Deus?*
* *Você gostaria de fazer o mesmo? Por que você acha que precisa fazer isso?*

PESQUISE E DESCUBRA

Graças à sabedoria que Deus lhe deu, Salomão é considerado o homem mais sábio de sua época e um dos mais inteligentes da história da humanidade. Na Bíblia, no livro de Provérbios, estão os melhores conselhos escritos por ele para que você também tenha grande sabedoria – como estes, por exemplo:

"Bem-aventurado o homem que acha sabedoria, e o homem que adquire conhecimento; porque é melhor a sua mercadoria do que artigos de prata, e maior o seu lucro que o ouro mais fino. Mais preciosa é do que os rubis, e tudo o que mais possas desejar não se pode comparar a ela" (Provérbios 3.13-15).

Compreenda A PALAVRA DE DEUS

VOCÊ AMA A SABEDORIA QUANDO...

* Respeita a Deus e procura obedecer-Lhe naquilo que O agrada.
* Lê a Bíblia para ouvir Deus falar com você e dirigi-lo a como levar uma vida feliz e livre de pecado.

Amigos da sabedoria	Inimigos a vencer
* Responsabilidade	* Imprudência
* Prudência	* Insensatez
* Obediência a Deus	* Irresponsabilidade

CRESCER EM FAMÍLIA

VAMOS RESPONDER JUNTOS:

* A história mostra que a maioria das pessoas costuma pedir a Deus muitas riquezas materiais. Por que Salomão foi diferente e preferiu pedir sabedoria?
* Por que precisamos pedir sabedoria a Deus para tomar as decisões corretas em tantas situações que enfrentamos todos os dias?
* Vamos, cada um de nós, mencionar algumas situações em que devemos pedir a Deus que nos dê Sua sabedoria para agir corretamente essa semana aqui em casa, no trabalho ou na escola.

VAMOS ORAR JUNTOS

Amado Deus, reconhecemos hoje diante de Ti que muitas vezes temos errado por agir de acordo com nosso próprio conhecimento e não de acordo com o Teu. Perdoa-nos e nos ajuda a Te consultar em oração antes de tomarmos decisões importantes para nosso lar, para o trabalho ou para os estudos. No nome de Jesus. Amém.

UNIDADE 21 A SABEDORIA

O PRINCÍPIO DA SABEDORIA É AMAR A DEUS E OBEDECER-LHE

Salomão foi um dos homens mais sábios que já existiram. Ele foi rei de Israel e se dedicou a investigar e estudar com sabedoria como funcionam todas as coisas.

DIVIRTA-SE E APRENDA

PEQUENAS PERGUNTAS PARA GRANDES SÁBIOS

Atividade 1

Prepare seis cartões amarelos e seis azuis do mesmo tamanho. Em um lado dos amarelos escreva POR QUÊ?; em um lado dos azuis escreva COMO FUNCIONA? Com seus amigos forme dois grupos. Cada um deles receberá os cartões de uma cor. Nas costas do cartão deverão escrever perguntas (veja as sugestões abaixo) que serão respondidas pela outra equipe. Um amigo que não faça parte de nenhum grupo receberá todos os cartões. Ele, então, fará as perguntas do POR QUÊ? para a equipe do COMO FUNCIONA? e vice-versa. Vocês podem consultar um adulto para fazer as perguntas e/ou para achar as respostas.

Sugestões:

Por que os aviões voam sem cair?
Como funciona um motor?
Por que o sangue é vermelho?
Como a eletricidade se move no fio?

Atividade 2

Complete a frase:

a. O voo das aves inspirou a ________________________.

b. Os submarinos foram inspirados em ________________.

c. O animal que tem um radar próprio é o ______________.

d. Os computadores foram inspirados em ______________.

Viva A PALAVRA DE DEUS

Salomão deixou um conselho importante para que você também tenha muita sabedoria.
Encontre-o encaixando corretamente as letras destes blocos no tabuleiro.

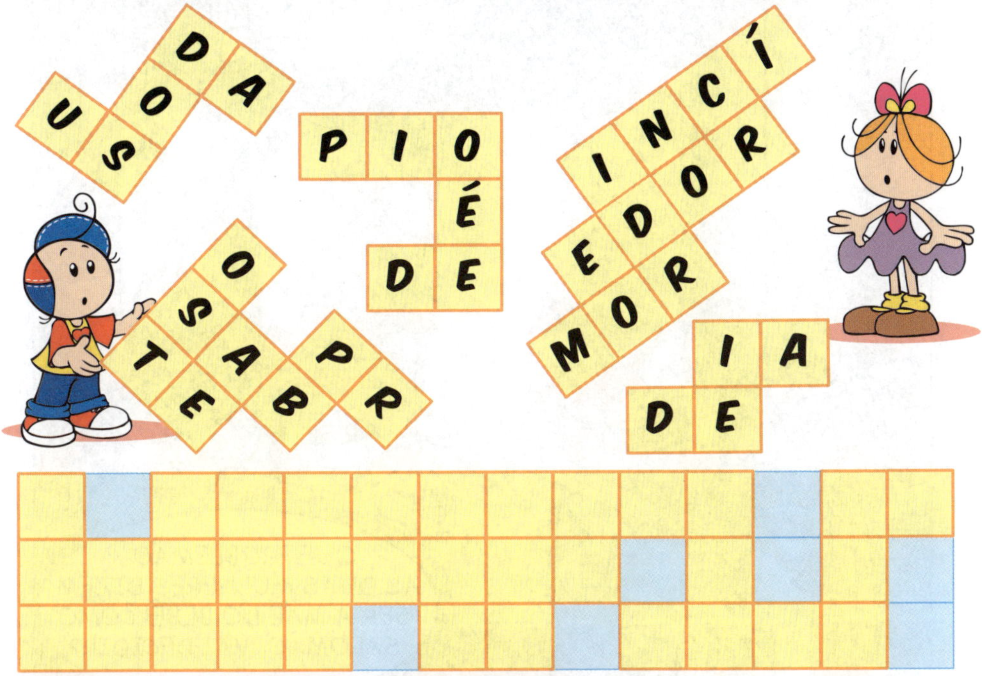

PRATIQUE COM PALABRITAS

HOJE EM DIA, AS PESSOAS DÃO MUITA IMPORTÂNCIA À BELEZA E À FORÇA FÍSICA. MAS AS PESSOAS SÁBIAS SEMPRE VENCEM ÀQUELAS QUE SE PREOCUPAM APENAS EM CUIDAR DE SEU ASPECTO FÍSICO.

A JUSTIÇA

"Respondeu o rei, e disse: Dai a esta o menino vivo, e de maneira nenhuma o mateis, porque esta é sua mãe."

1Reis 3.27

Aconteceu por volta de 950 a.C.

SALOMÃO, UM REI JUSTO

ADAPTADO DE
1Reis 3.16-28

Vieram duas mulheres prostitutas ao rei, e se puseram perante ele.

E disse-lhe uma das mulheres: Ah! senhor meu, eu e esta mulher moramos numa casa; e tive um filho, estando com ela naquela casa. E sucedeu que, ao terceiro dia, depois do meu parto, teve um filho também esta mulher. Estávamos juntas; nenhum estranho estava conosco na casa; somente nós duas naquela casa. E de noite morreu o filho desta mulher, porquanto se deitara sobre ele. E levantou-se à meia-noite, e tirou o meu filho do meu lado, enquanto dormia a tua serva, e o deitou no seu seio; e a seu filho morto deitou no meu seio. E, levantando-me eu pela manhã, para dar de mamar a meu filho, eis que estava morto; mas, atentando pela manhã para ele, eis que não era meu filho, que eu havia tido.

Então, disse a outra mulher: Não, mas o vivo é meu filho, e teu filho, o morto.

Porém esta disse: Não, por certo, o morto é teu filho, e meu, filho o vivo.

Assim falaram perante o rei.

Então, disse o rei: Esta diz: "Este que vive é meu filho, e teu filho, o morto"; e esta outra diz: "Não, por certo o morto é teu filho e meu filho, o vivo".

Disse mais o rei: Trazei-me uma espada. E trouxeram uma espada diante do rei.

E disse o rei: Dividi em duas partes o menino vivo; e dai metade a uma, e metade a outra.

Mas a mulher, cujo filho era o vivo, falou ao rei (porque as suas entranhas se lhe enterneceram por seu filho), e disse: Ah! senhor meu, dai-lhe o menino vivo, e de modo nenhum o mateis.

Porém a outra dizia: Nem teu nem meu seja; dividi-o.

Então, respondeu o rei, e disse: Dai a esta o menino vivo, e de maneira nenhuma o mateis, porque esta é sua mãe.

E todo o Israel ouviu o juízo que havia dado o rei, e temeu ao rei; porque viram que havia nele a sabedoria de Deus, para fazer justiça.

UNIDADE 22 A JUSTIÇA

JUSTIÇA é a virtude que nos dá consciência do que é correto. É um atributo que nos move a dar às pessoas o que merecem, com base nas leis de Deus e em Seu caráter justo e santo.

IMPRESSIONANTE!

Salomão tinha muita preocupação em fazer justiça, e ele não podia permitir que o bebê ficasse com uma mulher que não fosse sua verdadeira mãe.
Como ele foi inteligente ao criar uma situação que lhe permitiu descobrir qual das duas mulheres estava falando a verdade!

O QUE VOCÊ ACHA?

* *Você acredita que Salomão pensou realmente em dividir o bebê?*
* *Ou ele disse isso apenas para descobrir qual das duas mulheres era a verdadeira mãe e, assim, fazer justiça?*
* *Por que era importante que o bebê ficasse com a mãe verdadeira?*
* *O que acontece quando injustiças são cometidas?*
* *Mencione alguma justiça ou injustiça que você tenha visto.*

SEJA CORAJOSO!

Imagine que um amigo seu está sendo acusado de alguma coisa que ele não fez e que você é o único que conhece o verdadeiro culpado. Mas você também sabe que se disser a verdade o culpado se tornará seu inimigo.

* *Você deixaria que castigassem o inocente por causa do medo que você sente do culpado?*
* *Ou você diria a verdade para que a justiça fosse feita?*
* *Você sabe que tem o apoio de Deus sempre que você é justo e faz o que é certo?*

Compreenda A PALAVRA DE DEUS

VOCÊ É JUSTO QUANDO...

* Aceita o que é bom e rejeita o que é mau.
* Não permite que se faça ou se diga o que você sabe que não é verdade.
* Entende que os direitos das outras pessoas são tão importantes quanto os seus.

Amigos da justiça
* Retidão
* Responsabilidade
* Compaixão
* Honestidade
* Verdade

Inimigos a vencer
* Mentira
* Engano
* Falsidade
* Desonestidade
* Impunidade

CRESCER EM FAMÍLIA

VAMOS RESPONDER JUNTOS:

* Muitas crianças são raptadas por pessoas más. Por que Salomão estava tão preocupado em descobrir quem era a verdadeira mãe daquele bebê?
* Por que devemos nos preocupar em agir com justiça, assim como Salomão, em todas as circunstâncias da vida?
* Vamos mencionar, um por vez, alguma situação em que podemos agir com justiça ou, se não formos sábios, cometer um erro e sermos injustos.

VAMOS ORAR JUNTOS

Amado Deus, Tu és um Deus justo. Por isso, exiges que nós, Teus filhos, também sejamos justos em todas as situações. Ajuda-nos a dar a todas as pessoas o valor e o reconhecimento que elas merecem. Revela-nos, Senhor, se estamos cometendo alguma injustiça, pois Tu disseste que seremos medidos com a medida que usarmos com os outros. Não queremos fazer nada que tire Tua bênção de nossa vida. No nome de Jesus. Amém.

UNIDADE 22 A JUSTIÇA

SEJA UMA PESSOA JUSTA, POIS DEUS É JUSTO

O fundamento da justiça está na própria pessoa de Deus. Ele é o único ser completamente justo. A justiça está baseada no caráter e nas leis de Deus. A manifestação plena da justiça está na pessoa de Jesus.

DIVIRTA-SE E APRENDA

CONSTRUA A CASA DA JUSTIÇA

1. *Faça de cartolina seis colunas do mesmo tamanho, uma base retangular e um retângulo um pouco maior que a base. Dobre o retângulo maior ao meio para usá-lo como teto. Nele, escreva: CASA DA JUSTIÇA. As seis colunas representam o que sustenta a casa, e a base representa o caráter de Deus.*

Escreva em cada coluna o que ela é:

1. Leis justas
2. Corações limpos
3. Princípios de Deus
4. Amor desinteressado
5. Deveres individuais
6. A verdade

2. *DEUS DESEJA QUE SEJAMOS PESSOAS JUSTAS*

Imagine que Gusi tirou 10 na prova. Porém, ninguém sabe que ele copiou, às escondidas, as respostas do livro. O professor decidiu premiá-lo por tirar a nota mais alta da sala. Explique porque é injusto Gusi aceitar o prêmio e por que ele está prejudicando outras pessoas.

> "A justiça exalta os povos, mas o pecado é a vergonha das nações."
>
> Provérbios 14.34

Viva A PALAVRA DE DEUS

O teste a seguir vai ajudar você a perceber o quanto aprecia a justiça. Você deve respondê-lo com toda a sinceridade e franqueza. Lembre-se de que Deus ama a quem diz sempre a verdade.

	Marque a coluna com a resposta:	Sempre (1)	Às vezes (3)	Nunca (5)
1	Você critica as pessoas, esquecendo que também comete erros?			
2	Quando seus colegas recebem notas mais altas, você acha isso injusto e sente inveja?			
3	Numa partida de futebol, você reclama do juiz somente quando ele prejudica seu time?			
4	Nos trabalhos em grupo, você gosta de fazer só a parte mais fácil?			
	TOTAL:			

Pontuação

De 16 a 20 pontos: Você é uma pessoa que ama a justiça. Parabéns!
De 12 a 15 pontos: Você precisa aceitar que as outras pessoas também têm direitos.
Menos de 12 pontos: Você pensa muito em si mesmo, e isso é ser egoísta. Peça a Deus que lhe ensine a ser justo com os demais.

PRATIQUE COM PALABRITAS

A BÍBLIA DIZ QUE, SE TRATAMOS AS OUTRAS PESSOAS COM JUSTIÇA, SEREMOS TRATADOS DEPOIS DA MESMA MANEIRA. SEJAMOS JUSTOS E MISERICORDIOSOS PARA COM OS NOSSOS SEMELHANTES, E DEUS SERÁ CONOSCO TAMBÉM.

O CARÁTER

"Elias se chegou a todo o povo, e disse: Até quando coxeareis entre dois pensamentos? Se o SENHOR é Deus, segui-o, e se Baal é, segui-o."

1REIS 18.21

Leia A PALAVRA DE DEUS

ELIAS, O PROFETA COM CARÁTER

ADAPTADO DE
1Reis 18.16-38

Foi [o rei] Acabe encontrar-se com Elias. E sucedeu que, vendo Acabe a Elias, disse-lhe: És tu o perturbador de Israel?

Então, disse ele: Eu não tenho perturbado a Israel, mas tu e a casa de teu pai, porque deixastes os mandamentos do SENHOR e seguistes a Baalim. Agora, pois, manda reunir-se a mim todo o Israel no monte Carmelo; como também os quatrocentos e cinquenta profetas de Baal, e os quatrocentos profetas de Aserá, que comem da mesa de Jezabel.

Então, Acabe convocou todos os filhos de Israel; e reuniu os profetas no monte Carmelo.

Então, Elias se chegou a todo o povo, e disse: Até quando coxeareis entre dois pensamentos? Se o SENHOR é Deus, segui-o, e se Baal é, segui-o. Porém o povo nada lhe respondeu.

Então, disse Elias ao povo: Só eu fiquei por profeta do SENHOR, e os profetas de Baal são quatrocentos e cinquenta homens. Deem-se-nos, pois, dois bezerros, e eles escolham para si um dos bezerros, e o dividam em pedaços e o ponham sobre a lenha, porém não lhe coloquem fogo, e eu prepararei o outro bezerro, e o porei sobre a lenha e não lhe colocarei fogo. Então, invocai o nome do vosso deus, e eu invocarei o nome do SENHOR; e há de ser que o deus que responder por meio de fogo esse será Deus.

E todo o povo respondeu, dizendo: É boa esta palavra. E sucedeu que ao meio-dia Elias zombava deles e dizia: Clamai em altas vozes, porque ele é um deus; pode ser que esteja falando, ou que tenha alguma coisa que fazer ou que intente alguma viagem; talvez esteja dormindo, e despertará.

Então, Elias disse a todo o povo: Chegai-vos a mim.

Sucedeu que, no momento de ser oferecido o sacrifício da tarde, o profeta Elias se aproximou, e disse: Ó SENHOR, Deus de Abraão, de Isaque e de Israel, manifeste-se hoje que tu és Deus em Israel e que eu sou teu servo.

Então, caiu fogo do SENHOR, e consumiu o holocausto, e a lenha, e as pedras, e o pó e ainda lambeu a água que estava no rego. O que vendo todo o povo, caíram sobre os seus rostos e disseram: Só o SENHOR é Deus! Só o SENHOR é Deus! E Elias lhes disse: Lançai mão dos profetas de Baal, que nenhum deles escape.

O CARÁTER

O CARÁTER é a força que dá ânimo, firmeza e energia a uma pessoa. Espiritualmente, é o conjunto de qualidades morais que nos mantém firmes na obediência a Deus.

IMPRESSIONANTE!

Os israelitas conheciam o único e verdadeiro Deus que existe, mas, muitas vezes, adoravam também falsos deuses. Eles pareciam ter o coração dividido, pois não eram firmes em sua obediência a Deus. Por esse motivo, o profeta Elias, um homem de caráter firme, repreendeu o povo com autoridade e demonstrou que havia somente um Deus verdadeiro, ao qual deviam adorar e seguir.

O QUE VOCÊ ACHA?

Elias era um profeta que cria firmemente em Deus. Por isso, ficava aborrecido com as pessoas que eram indecisas e não tinham caráter.

* Podemos dizer que o caráter é a mais completa expressão daquilo que somos interiormente. É como nossa marca pessoal que colocamos em tudo o que dizemos ou fazemos.
* O caráter aprovado vem de amar a Deus e obedecer-Lhe.

VOCÊ TEM CARÁTER QUANDO...

* Conhece a verdade e a defende sem se importar que os outros critiquem ou zombem.
* Faz o que é certo e evita o que pode trazer algum dano.
* Não deixa que os outros o pressionem para fazer coisas erradas.

Amigos do caráter	Inimigos a vencer
* Responsabilidade	* Conformismo
* Justiça	* Covardia
* Firmeza	* Indecisão
* Convicção	* Inconstância
* Decisão	* Desânimo

SEJA CORAJOSO!

Decida-se a desenvolver um caráter firme desde hoje, a fim de agradar a Deus e de ser uma pessoa íntegra. Para isso, você pode começar tomando estas decisões que lhe farão uma pessoa muito especial:

* Comece por escolher bem seus amigos. Busque a companhia de pessoas que falem de coisas proveitosas e tenham uma linguagem respeitosa e amável.

* Aprenda a dizer "não" aos convites para fazer coisas erradas. Lembre-se de que ninguém pode realmente obrigar você a fazer qualquer coisa.

* Uma pessoa de caráter se comporta bem não apenas quando está sendo observada ou está com outras. Ela é sempre a responsável pelo que faz em todos os momentos e lugares.

CRESCER EM FAMÍLIA

VAMOS RESPONDER JUNTOS:

* Por que Elias ficou indignado com o povo e o que ele disse? Na sua opinião, por que as pessoas dizem que conhecem o verdadeiro Deus, mas buscam os ídolos quando precisam de ajuda?
* Prometer e não cumprir, mentir por conveniência, não dizer a verdade por medo, comportar-nos bem apenas quando ganhamos presentes – estas são algumas falhas graves de caráter. Vamos mencionar outras e explicá-las.
* Deus concedeu aos pais o caráter e a autoridade para dirigir a casa. Obedecer a eles e respeitá-los também é sinal de ter caráter.

VAMOS ORAR JUNTOS

Amado Deus, ajuda-nos a agir com o caráter que Tu nos deste por sermos Teus filhos. Pedimos-Te perdão pelos momentos em que fraquejamos e mentimos ou faltamos com a verdade por medo ou conveniência. Ajuda-nos a usar a autoridade de modo justo e a obedecer a ela quando tivermos de fazê-lo. No nome de Jesus. Amém.

O CARÁTER

CARÁTER E IMAGEM

A imagem que as pessoas têm de você é como elas pensam que você é. Seu caráter é o que você realmente é quando ninguém o está vendo. O caráter é manifestado pelo modo como você reage às diferentes situações da vida.

DIVIRTA-SE E APRENDA

O teste do caráter

Imagine que Gusi e Palabritas estejam na mesma turma na escola. Como cada um deles se comportaria em diferentes situações? Coloque o número correspondente à imagem que ilustra como cada um deles agiria. Com isso, você vai descobrir o caráter de cada um dos personagens.

1. Apresentando um trabalho.
2. Escutando a explicação de uma matéria.
3. Jogando futebol com os colegas.
4. Almoçando na cantina.
5. Fazendo a lição de casa.

Pergunta: Em que seu comportamento é diferente do de seus colegas?

"Ninguém despreze a tua mocidade; mas sê o exemplo dos fiéis, na palavra, no trato, no amor, no espírito, na fé, na pureza."

1 Timóteo 4.12

Viva A PALAVRA DE DEUS

Correnteza é a direção na qual a água do rio segue. É difícil um peixe nadar contra a correnteza. *Em nossa vida, há duas correntezas: a do mundo e a de Deus.* *Quando seus amigos convidam você para fazer alguma coisa errada, que não agrada a Deus, eles estão querendo que você siga a correnteza do mundo. Mas você deve ser firme e nadar contra ela, fazendo só o que Deus ordena.*

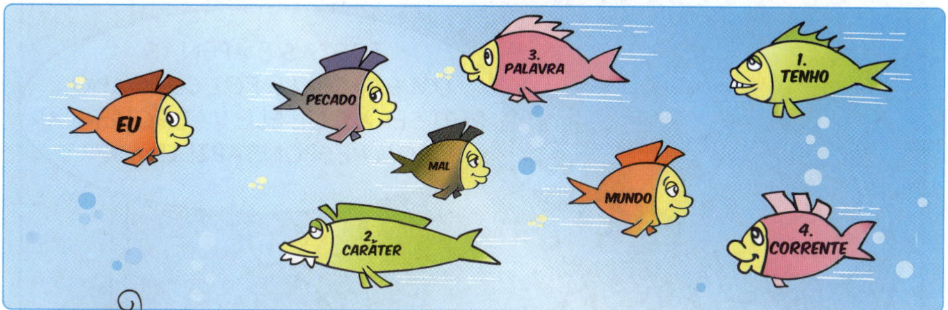

O que você deve dizer para mostrar seu caráter firme e agradável a Deus? Escreve as palavras segundo a ordem dos peixes para descobrir.

EU	1.	2.	E	SIGO	APENAS
A	4.	DA	3.	DE	DEUS

PRATIQUE COM PALABRITAS

POR MEIO DE SUA VONTADE VOCÊ PODE ESCOLHER, PENSAR E FAZER SOMENTE O QUE É CORRETO. POR ISSO, NUNCA PERMITA QUE OUTRAS PESSOAS OBRIGUEM VOCÊ A FAZER O QUE É ERRADO, MESMO QUE ELAS SEJAM MAIORES OU MAIS FORTES. TENHA UM CARÁTER FIRME E REJEITE TUDO O QUE PODE LHE FAZER MAL OU ENTRISTECER A DEUS.

A RESPONSABILIDADE

"Tinha Josias oito anos quando começou a reinar, e trinta e um anos reinou em Jerusalém. E fez o que era reto aos olhos do SENHOR; e andou nos caminhos de Davi, seu pai, sem se desviar deles nem para a direita nem para a esquerda."

2CRÔNICAS 34.1,2

Aconteceu por volta de 650 a.C.

Leia A PALAVRA DE DEUS

JOSIAS, O MENINO QUE FOI UM REI RESPONSÁVEL

ADAPTADO DE
2Crônicas 34.1-8

Tinha Josias oito anos quando começou a reinar, e trinta e um anos reinou em Jerusalém.

E fez o que era reto aos olhos do SENHOR; e andou nos caminhos de Davi, seu pai, sem se desviar deles nem para a direita nem para a esquerda.

Porque no oitavo ano do seu reinado, sendo ainda moço, começou a buscar o Deus de Davi, seu pai; e no duodécimo ano começou a purificar a Judá e a Jerusalém, dos altos, e dos bosques e das imagens de escultura e de fundição.

E derrubaram perante ele os altares de Baalins; e despedaçou as imagens que estavam acima deles; e os bosques, e as imagens de escultura e de fundição quebrou e reduziu a pó, e o aspergiu sobre as sepulturas dos que lhes tinham sacrificado.

E os ossos dos sacerdotes queimou sobre os seus altares; e purificou a Judá e a Jerusalém.

O mesmo fez nas cidades de Manassés, e de Efraim, e de Simeão e ainda até Naftali.

E, tendo derrubado os altares, e os bosques e as imagens de escultura, até reduzi-los a pó, e tendo despedaçado todas as imagens em toda a terra de Israel, então voltou para Jerusalém.

E no ano décimo oitavo do seu reinado, havendo já purificado a terra e a casa, enviou a Safã, filho de Azalias, e a Maaseias, governador da cidade, e a Joá, filho de Joacaz, cronista, para repararem a casa do SENHOR, seu Deus.

UNIDADE 24

A RESPONSABILIDADE

RESPONSABILIDADE é a virtude que nos ensina a fazer as coisas de modo correto e no tempo certo.
A responsabilidade nos obriga a assumir as consequências de nossos atos e a responder por eles.

IMPRESSIONANTE!

Josias é apenas um menino e está aceitando a responsabilidade de agradar a Deus e de governar seu país. Uau! Não é impressionante que um garoto consiga cumprir com um compromisso tão grande?

VOCÊ É RESPONSÁVEL QUANDO...

* Faz as tarefas da escola e de casa sem discutir e bem-feitas.
* Não precisa que seus pais lhe digam o que você pode ou não ver na TV ou na internet

Amigos da responsabilidade

* Caráter
* Diligência
* Obediência

Inimigos a vencer

* Irresponsabilidade
* Indisciplina
* Rebelião

MUITO BEM, DARIO!

Dario é um garoto de dez anos que foi escolhido para representar sua escola num concurso de perguntas e respostas na televisão. Dario viu que seu compromisso era muito grande; por isso, se preparou muito bem. Ele ganhou todos os prêmios, incluindo um ônibus novo para sua escola.

Hoje, ele é admirado por todos os colegas por causa de sua grande responsabilidade.

SEJA CORAJOSO!

* *Comece a exercitar a responsabilidade em casa e na escola.*
* *Antes de fazer qualquer coisa, pense seriamente nas consequências boas ou ruins que aquilo trará para você e para sua família.*
* *Reconheça imediatamente os erros que você comete e mude naquilo que for necessário para se tornar uma pessoa responsável.*

CRESCER EM FAMÍLIA

VAMOS RESPONDER JUNTOS:

* *Algumas pessoas cometem o erro de pensar que crianças e jovens não podem assumir responsabilidades e que isso é apenas para os adultos. Mas Josias demonstrou que, desde muito cedo, podemos e devemos aprender a ser responsáveis. O que vocês acham disso?*
* *Em que tarefas da nossa vida aqui em casa ou nos estudos ou no trabalho nós estamos exercitando a responsabilidade dada a cada um?*

VAMOS ORAR JUNTOS

Amado Deus, na Tua Palavra Tu nos prometes que receberemos bênção pelos bons atos que praticamos. Mas também prometes que teremos de arcar com as consequências de todos os atos que praticarmos contrários às Tuas leis. Pedimos que Tu nos dês sabedoria para cumprirmos Teus mandamentos e para sermos firmes na decisão de rejeitar qualquer coisa que Te desagrade. No nome de Jesus. Amém.

A RESPONSABILIDADE

DIVIRTA-SE E APRENDA

ASSUMA A RESPONSABILIDADE POR SUA VIDA

Há muitas coisas que Gusi não gosta de fazer. Ao mesmo tempo, ele sabe que deveria fazê-las para ser uma pessoa responsável. Mas não consegue...

1. Devo fazer todas as tarefas da escola.
2. Devo arrumar meu quarto.
3. Devo respeitar o horário de desligar a TV.
4. Devo estudar para as provas.

Se Gusi se esforçasse e conseguisse se tornar responsável, com certeza ele poderia... (Escreva abaixo o que você pensa que ele poderia ser ou fazer.)

1. ________________________________
2. ________________________________
3. ________________________________
4. ________________________________
5. ________________________________
6. ________________________________

"Não sejais vagarosos no cuidado; sede fervorosos no espírito, servindo ao Senhor." Romanos 12.11

Viva A PALAVRA DE DEUS

As pessoas responsáveis aprendem desde muito pequenas a cumprir suas tarefas pessoais com disciplina e obediência, fazendo-as sempre da melhor forma possível.

☺ *Coloque uma carinha feliz nas coisas que você fará desde hoje para que seus pais fiquem felizes*

☹ *e uma carinha triste naquelas que você não fará para evitar entristecê-los.*

ATITUDE	☺	ATITUDE	☹
Vou obedecer a meus pais no que me mandarem, mesmo naquelas de que eu não goste muito.		Não vou responder gritando ou xingando quando meus pais me mandarem fazer alguma coisa.	
Vou ajudar na arrumação do meu quarto para mostrar que entendo o esforço de meus pais.		Nunca vou usar as tarefas da escola como desculpa para não ajudar quando me pedirem.	
Vou começar a me esforçar para que meus pais não precisem fazer tudo por mim, pois quero ser uma pessoa responsável.		Vou deixar a preguiça de lado, pois quero ser útil, não uma carga, para os outros.	

PRATIQUE COM PALABRITAS

OS HÁBITOS QUE VOCÊ ADQUIRIR HOJE VÃO MARCAR SEU FUTURO. SE VOCÊ SE ACOSTUMAR A QUE OS OUTROS FAÇAM TUDO PARA VOCÊ, QUANDO FOR MAIOR VAI TER MUITA DIFICULDADE PARA SE DEFENDER OU CUIDAR DA PRÓPRIA VIDA. DEUS SE AGRADA DE PESSOAS RESPONSÁVEIS.

UNIDADE 25

A LIDERANÇA E O SERVIÇO

"Jerusalém está assolada e suas portas foram queimadas. Vinde, pois, e reedifiquemos o muro de Jerusalém, e não sejamos mais um opróbrio."

NEEMIAS 2.17

Aconteceu por volta de 445 a.C.

NEEMIAS, O GRANDE LÍDER QUE SERVIU A MUITOS

ADAPTADO DE
Neemias 1.1-4; 2.4-18

As palavras de Neemias, filho de Hacalias. E sucedeu no mês de quislev, no ano vigésimo, estando eu em Susã, a fortaleza, que veio Hanani, um de meus irmãos, ele e alguns de Judá; e perguntei-lhes pelos judeus que escaparam, e que restaram do cativeiro, e acerca de Jerusalém.

E disseram-me: Os restantes, que ficaram do cativeiro, lá na província estão em grande miséria e desprezo, e o muro de Jerusalém fendido e as suas portas queimadas a fogo.

E sucedeu que, ouvindo eu estas palavras, assentei-me e chorei, e lamentei por alguns dias; e estive jejuando e orando perante o Deus dos céus. [...]

E o rei me disse: Que me pedes agora?

Então, orei ao Deus dos céus,

E disse ao rei: Se é do agrado do rei, e se o teu servo é aceito em tua presença, peço-te que me envies a Judá, à cidade dos sepulcros de meus pais, para que eu a reedifique.

Então, o rei me disse, estando a rainha assentada junto a ele: Quanto durará a tua viagem e quando voltarás? E aprouve ao rei enviar-me, apontando-lhe eu um certo tempo. Disse mais ao rei: Se ao rei parece bem, deem-se-me

cartas para os governadores dalém do rio. E o rei mas deu, segundo a boa mão de Deus sobre mim. [...]

Então, lhes disse: Bem vedes vós a miséria em que estamos, que Jerusalém está assolada, e que as suas portas foram queimadas a fogo; vinde, pois, e reedifiquemos o muro de Jerusalém, e não sejamos mais um opróbrio.

Então, lhes declarei como a mão do meu Deus me fora favorável, como também as palavras do rei, que ele me tinha dito; então disseram: Levantemo-nos e edifiquemos. E esforçaram as suas mãos para o bem.

UNIDADE 25 A LIDERANÇA E O SERVIÇO

LIDERANÇA é o dom ou a habilidade de guiar outras pessoas para que sejam melhores e para que cumpram os objetivos estabelecidos.
SERVIÇO é a atitude própria do verdadeiro líder, que o move não só a dar ordens, mas também a participar ativamente com seu exemplo para alcançar os objetivos.

IMPRESSIONANTE!

Vamos aprender com Neemias! Ele não ficou apenas lamentando pela situação dos muros de Jerusalém, como outras pessoas. Ele falou com Deus e Lhe manifestou sua dor. Também se colocou à disposição para ser usado na reconstrução dos muros, tão importantes para a segurança da cidade. Que belo exemplo Neemias é para nós!

O QUE VOCÊ ACHA?

* Deus precisa de pessoas decididas a liderar outras e a colaborar em muitas obras úteis, bem como a ajudar pessoas ou grupos que estejam em situações difíceis e necessitam de colaboração urgente.

* Mas nem todos estão dispostos a servir. Quando Neemias se dispôs a começar a reconstrução das muralhas, encontrou muitas pessoas que só queriam criticá-lo e opor-se à tarefa que ele havia decidido realizar.

* No lugar de Neemias, o que você teria feito com relação às pessoas que quisessem impedi-lo de fazer a obra? Você teria desanimado? Ou teria continuado?

HORA DA AÇÃO!

* Que necessidades você vê a seu redor: na escola, na igreja ou na família?

* Fale sobre elas com seus pais ou professores, pedindo a ajuda de todos para resolvê-las.

* Faça um plano para conseguir realizar isso, incluindo as metas a serem alcançadas, as pessoas que vão colaborar com você e aquilo de que vai precisar.

VOCÊ É UM LÍDER E UM BOM SERVIDOR QUANDO...

* Se preocupa com a situação em sua casa, na escola, na igreja ou no país.
* Não pensa só em você e gosta de fazer coisas para o bem das demais pessoas.
* Não desanima com as críticas injustas e continua apesar delas.

CRESCER EM FAMÍLIA

VAMOS RESPONDER JUNTOS:

* Pensando na história de Neemias, percebemos como o coração dele era sensível à dor das pessoas e como se preocupava com a cidade. Será que nosso coração é igual ao dele?
* Quando vemos as situações difíceis e os problemas das pessoas, nós fechamos os olhos para as necessidades delas, pensando que não são problemas nossos, ou pensamos em como servi-las e ajudá-las?
* Vamos pensar em alguma coisa que podemos liderar a fim de ajudar as pessoas ou prestar serviço em alguma circunstância especial. Isso nos encherá de alegria e será uma grande bênção para nós mesmos.

VAMOS ORAR JUNTOS

Amado Deus, não nos deixes esquecer que tudo o que temos hoje é porque Tu nos amas e nos abençoas todos os dias. Lembra-nos de que Tu nos deste estas coisas para que aprendamos a ser sensíveis às necessidades dos demais. Perdoa-nos se, de algum modo, somos indiferentes e nos ajuda a experimentar a grande alegria de trabalhar pelo bem dos outros. No nome de Jesus. Amém.

A LIDERANÇA E O SERVIÇO

SOMOS CHAMADOS PARA LIDERAR E SERVIR!

A liderança está baseada em serviço, exemplo e amor. O exemplo máximo de líder-servo é Jesus. O verdadeiro líder dá exemplo para animar as pessoas a serem melhores e a alcançarem os objetivos propostos. Assim como Neemias, podemos fazer juntos grandes obras para o bem das outras pessoas.

DIVIRTA-SE E APRENDA

Você foi nomeado o capitão do time de futebol. Agora, você deve animar os outros jogadores para ganharem a partida. O que você deve fazer?

- [ ] 1. Começar a gritar com todos, pois você é o capitão.
- [ ] 2. Fazer os gols sozinhos, sem colaborar com os outros jogadores.
- [ ] 3. Animar os colegas, mesmo que seu time esteja perdendo.
- [ ] 4. Antes da partida, apresentar aos colegas vídeos dos melhores jogadores do mundo.
- [ ] 5. Ficar desanimado quando vê que no time adversário há jogadores maiores que os de seu time.
- [ ] 6. Orar com seus colegas antes da partida, para que não haja problemas.
- [ ] 7. Não culpar os colegas, caso seu time perca, e assumir sua responsabilidade por isso.

"O que cedo busca o bem, busca favor, mas o que procura o mal, esse lhe sobrevirá." Provérbios 11.27

Viva a Palavra de Deus

Outro dia, Palabritas ficou sabendo que a família de Luís, um amigo da igreja, estava tendo dificuldade para alimentar-se bem. Sabe o que Palabritas fez? Descubra desenhando na ordem correta as quatro partes da figura.

Sim, Palabritas fez uma lista de coisas que gostaria de levar à casa de Luís. Em seguida, falou com outras pessoas da igreja para que, no domingo, elas levassem alguns daqueles produtos. Que grande demonstração de liderança e de espírito de serviço!

PRATIQUE COM PALABRITAS

NO MUNDO HÁ DOIS TIPOS DE PESSOA: AS QUE SÃO DECIDIDAS E COLABORAM E AS QUE FICAM DE BRAÇOS CRUZADOS, ESPERANDO QUE AS OUTRAS FAÇAM AS COISAS. EM QUAL DESSES GRUPOS VOCÊ GOSTARIA DE VER SEU NOME?

SEJA SEMPRE ALGUÉM QUE SERVE!

UNIDADE 26

A ORAÇÃO E O JEJUM

"Vai, ajunta a todos os judeus que se acharem em Susã, e jejuai por mim."

ESTER 4.16

Aconteceu por volta de 475 a.C.

ESTER, A JOVEM RAINHA QUE SALVOU SEU POVO COM ORAÇÃO E JEJUM

ADAPTADO DE
Ester 3; 4

Ester era uma jovem judia que se tornou rainha no tempo do rei Assuero.

Um homem malvado, chamado Hamã, havia feito um plano para destruir o povo de Deus. Mardoqueu ficou sabendo do plano e pediu que Ester ajudasse a proteger a vida dos israelitas. Ester respondeu a Mardoque com as palavras a seguir:

Todos os servos do rei e o povo das províncias do rei bem sabem que todo o homem ou mulher que chegar ao rei no pátio interior, sem ser chamado, não há senão uma sentença, a de morte, salvo se o rei estender para ele o cetro de ouro, para que viva; e eu nestes trinta dias não tenho sido chamada para ir ao rei.

E fizeram saber a Mardoqueu as palavras de Ester.

Então, Mardoqueu mandou que respondessem a Ester: Não imagines no teu íntimo que, por estares na casa do rei, escaparás só tu entre todos os judeus.

Porque, se de todo te calares neste tempo, socorro e livramento de outra parte sairá para os judeus, mas tu e a casa de teu pai perecereis. E quem sabe se para tal tempo como este chegaste a este reino?

Então, disse Ester que tornassem a dizer a Mardoqueu: Vai, ajunta a todos os judeus que se acharem em Susã, e jejuai por mim, e não comais nem bebais por três dias, nem de dia nem de noite, e eu e as minhas servas também assim jejuaremos. E assim irei ter com o rei, ainda que não seja segundo a lei; e se perecer, pereci.

Então, Mardoqueu foi, e fez conforme a tudo quanto Ester lhe ordenou.

A Bíblia registra que Ester se apresentou diante do rei e pediu pela vida de seu povo. Ela encontrei graça diante de Assuero, que permitiu que o povo judeu se defendesse dos inimigos.

O malvado Hamã foi enforcado e a vida do povo de Deus foi protegida graças à ousadia desta jovem chamada Ester e à sabedoria que Deus deu a Mardoqueu.

UNIDADE 26

A ORAÇÃO E O JEJUM

A ORAÇÃO é um modo de ter comunhão com Deus. Ele mesmo nos ordena que O busquemos para louvá-Lo, pedir por nossas necessidades e para dar-Lhe graças.
Fazer JEJUM é separar um tempo, no qual não se come nada, para buscar a Deus. É uma poderosa arma espiritual dada por Ele.

IMPRESSIONANTE!

A rainha Ester era a única que podia impedir que seu povo fosse exterminado. Como ela conseguiu isso?
Ela foi muito inteligente, não é? Ela sabia que era necessário que muitas pessoas a ajudassem a clamar a Deus nessa situação tão difícil. E foi assim que conseguiu salvar seu povo. Como a oração e o jejum são poderosos!

O QUE VOCÊ ACHA?

A rainha Ester tinha um grande problema!

Ela estava vivendo muito tranquila e confortavelmente no palácio do rei Assuero. Mas, de um momento para outro, ela ficou sabendo de um plano terrível para exterminar seu povo.

A situação ficou ainda mais complicada quando ela soube que era a única pessoa que podia tentar convencer o rei a anular aquele decreto tão perverso.

A decisão dela foi muito sábia! Quando nos unimos nos momentos difíceis para pedir a Deus, obtemos vitórias extraordinárias.

PESQUISE E DESCUBRA

A Bíblia diz que a oração e o jejum foram as armas poderosas que muitas pessoas usaram para obter grandes vitórias, assim como Ester fez junto com seu povo. Elas sabiam que desse modo poderiam mudar situações difíceis em vitórias extraordinárias.

Leia as seguintes passagens bíblicas e veja por quantos dias e por qual motivo as seguintes pessoas jejuaram:

* Jesus jejuou por quarenta dias para fortalecer-se espiritualmente e poder vencer o diabo, resistindo às tentações e às provas a que foi submetido por ele (Mateus 4.1,2).

* Moisés jejuou por quarenta dias no monte Sinai quando estava na presença de Deus, antes de receber os Dez Mandamentos, a lei divina (Êxodo 34.28).

* Daniel jejuou por três semanas para obter sabedoria de Deus e receber revelação sobre os momentos difíceis que seu povo enfrentaria (Daniel 10.2,3).

CRESCER EM FAMÍLIA

VAMOS RESPONDER JUNTOS:

* Por que era importante que Ester pedisse ao povo para jejuar com ela? Se ela não houvesse pedido, será que alguma coisa ruim aconteceria?

* Por que a oração e o jejum são duas armas poderosas dadas por Deus para pedirmos que Ele nos ajude quando passarmos por problemas?

* Vamos lembrar de alguma situação difícil de nossa vida pela qual devemos orar e jejuar para que Deus faça algum milagre e nos ajude com Seu poder.

VAMOS ORAR JUNTOS

Amado Deus, não sabemos quando passaremos por grandes provações ou dificuldades, que podem nos encher de angústia e de preocupação. Lembra-nos de que Tu estás sempre disposto a nos salvar e que nos deste o jejum e a oração como grandes ajudas para receber Tuas respostas e sairmos vitoriosos em todos os problemas e necessidades. No nome de Jesus. Amém.

UNIDADE 26 A ORAÇÃO E O JEJUM

O JEJUM E A ORAÇÃO NOS FAZEM FORTES NO ESPÍRITO!

Assim como a rainha Ester orou e jejuou para proteger a vida de seu povo, você também pode fazer isso quando enfrentar grandes desafios na sua vida pessoal ou familiar.

DIVIRTA-SE E APRENDA

Como organizar seu tempo de oração

1. Defina as necessidades ou os problemas (pessoais, familiares, da cidade ou do país) pelos quais você vai orar especificamente.
2. Convide alguns amigos para orar com você, separando um tempo e um lugar para isso.
3. Ore com fé, crendo que Deus irá responder às orações, e espere pela resposta.
4. Envolva sua família nessa atividade.
5. Use esse tempo também para louvar a Deus.
6. Depois de receber resposta a suas orações, fale disso a outras pessoas.

"Na angústia invoquei ao SENHOR, e clamei ao meu Deus; desde o seu templo ouviu a minha voz, aos seus ouvidos chegou o meu clamor perante a sua face."

Salmos 18.6

Viva A PALAVRA DE DEUS

A oração é um modo especial de nos comunicarmos com Deus!

O que Palabritas e seus pais fazem quando têm um problema ou uma necessidade? Para descobrir, numere os quatro passos abaixo de acordo com a cor das teclas do celular.

- [ ] Palabritas e seus pais concordam em orar e jejuar juntos por essa situação.
- [ ] Deus ouviu a oração da família de Palabritas e lhes respondeu de forma maravilhosa.
- [ ] A família de Palabritas está com um grande problema, que está causando muita preocupação.
- [ ] Juntos, eles oraram por vários dias, pedindo a Deus que os ajudasse a vencer esse problema.

Você encontrou a ordem correta? Agora que já sabe como fazer, encoraje sua família a pedir ajuda a Deus sempre que precisarem, por meio da oração e do jejum.

PRATIQUE COM PALABRITAS

UM SOLDADO NÃO PODE IR À GUERRA SEM ARMAS. DEUS NOS DEU DUAS ARMAS MUITO PODEROSAS PARA OBTERMOS VITÓRIAS: A ORAÇÃO E O JEJUM.
MAS A ORAÇÃO É AINDA MAIS PODEROSA QUANDO ORAMOS COM OUTRAS PESSOAS. POR ISSO, ORE COM SEUS PAIS POR SUAS NECESSIDADES!

UNIDADE 27

A PACIÊNCIA

"Estando teus filhos e tuas filhas comendo e bebendo vinho em casa de seu irmão primogênito, eis que um grande vento sobreveio dalém do deserto e deu nos quatro cantos da casa, que caiu sobre os jovens, e morreram."

JÓ 1.18,19

JÓ, O HOMEM QUE ESPEROU EM DEUS DURANTE O SOFRIMENTO

ADAPTADO DE
Jó 1.1-22; 42.12-17

Havia um homem na terra de Uz, cujo nome era Jó; e era este homem íntegro, reto e temente a Deus e desviava-se do mal. E nasceram-lhe sete filhos e três filhas. E o seu gado era de sete mil ovelhas, três mil camelos, quinhentas juntas de bois e quinhentas jumentas; eram também muitíssimos os servos a seu serviço, de maneira que este homem era maior do que todos os do oriente.

E sucedeu um dia, em que seus filhos e suas filhas comiam e bebiam vinho na casa de seu irmão primogênito, que veio um mensageiro a Jó e lhe disse: Os bois lavravam e as jumentas pastavam junto a eles; e deram sobre eles os sabeus, e os tomaram e aos servos feriram ao fio da espada; e só eu escapei para trazer-te a nova.

Estando ainda este falando, veio outro e disse: Estando teus filhos e tuas filhas comendo e bebendo vinho em casa de seu irmão primogênito, eis que um grande vento sobreveio dalém do deserto e deu nos quatro cantos da casa, que caiu sobre os jovens, e morreram; e só eu escapei para trazer-te a nova.

Então, Jó se levantou, e rasgou o seu manto, e rapou a sua cabeça, e

se lançou em terra e adorou. E disse: Nu saí do ventre de minha mãe e nu tornarei para lá. O SENHOR o deu e o SENHOR o tomou: bendito seja o nome do SENHOR. Em tudo isto Jó não pecou nem atribuiu a Deus falta alguma.

Deus restaura a prosperidade de Jó

Abençoou o SENHOR o último estado de Jó, mais do que o primeiro; pois teve catorze mil ovelhas, e seis mil camelos, e mil juntas de bois e mil jumentas. Também teve sete filhos e três filhas. E chamou o nome da primeira, Jemima, e o nome da segunda, Quezia, e o nome da terceira, Quéren-Hapuque. E em toda a terra não se acharam mulheres tão formosas como as filhas de Jó; e seu pai lhes deu herança entre seus irmãos.

E depois disto viveu Jó cento e quarenta anos; e viu a seus filhos, e aos filhos de seus filhos até à quarta geração.

Então, morreu Jó, velho e farto de dias.

UNIDADE 27 A PACIÊNCIA

A PACIÊNCIA é a capacidade de, sem ficar perturbado, sofrer as circunstâncias ou os momentos difíceis, complexos e dolorosos que acontecem. É uma virtude cristã que permite manter a fé e a esperança em Deus quando as respostas ou soluções demoram a chegar.

IMPRESSIONANTE!

Jó era um homem bom, mas um dia perdeu tudo o que tinha. Como ele suportou isso? De uma só vez, ele perdeu os filhos, seus bens e seus rebanhos. Impressionante! De onde ele tirou paciência para suportar tudo isso?

O QUE VOCÊ ACHA?

Ninguém gosta de sofrer, e sempre tentamos evitar qualquer tipo de dor. Mas, cedo ou tarde, momentos difíceis, que nos causam sofrimento, vão chegar: uma queda, uma doença, uma nota ruim na escola, a perda de uma pessoa de quem gostamos muito... Coisas assim nos entristecem e, muitas vezes, nos fazem chorar.

Quando acontecer algo desse tipo com você, lembre-se da história de Jó. Ele sofreu, mas suportou com extraordinária paciência tudo o que lhe aconteceu e nunca culpou Deus por nada. Por fim, Deus, que o observava, o recompensou abençoando-o e lhe dando muito mais do que tinha antes de seu sofrimento.

PESQUISE E DESCUBRA

Abra a Bíblia e leia o salmo 37. Ele vai alegrar você ao lembrar que Deus é fiel e que, por causa de Sua grande ajuda, você não precisa ter medo desses momentos em que a vida é difícil e parecer ser injusta.

SEJA VALENTE!

* A paciência é uma virtude das pessoas que sabem que a vida nem sempre é fácil. Isso faz com que elas não desistam por causa dos problemas, mas tenham sempre mais fé em Deus para não desistir de suas metas.

* A impaciência, ao contrário, é uma atitude muito ruim, encontrada nas pessoas que não são firmes e se deixam levar pelo desânimo e por maus conselhos.

* Muitas pessoas, mesmo jovens e crianças, impacientes estão sendo enganadas por promessas de enriquecimento rápido, sem esforço, ou por falsos modelos de sucesso, esquecendo da orientação de Deus sobre trabalho e perseverança.

* "Não te indignes por causa dos malfeitores nem tenhas inveja dos que praticam a iniquidade. Porque cedo serão ceifados como a erva e murcharão como a verdura. Confia no SENHOR e faze o bem; habitarás na terra e verdadeiramente serás alimentado. Deleita-te também no SENHOR, e te concederá os desejos do teu coração. Entrega o teu caminho ao SENHOR; confia nele, e ele o fará" (Salmos 37.1-5).

CRESCER EM FAMÍLIA

VAMOS RESPONDER JUNTOS:

* Jó é um grande exemplo de como enfrentar o sofrimento e a dor, não é? Como ele teria agido se não tivesse aquela paciência tão grande?

* Será que aqui, em família, nós passamos por alguma situação difícil ou dolorosa na qual nossa paciência foi provada? Ela nos mostrou que tivemos uma atitude correta ou que precisamos confiar mais em Deus no meio das dificuldades?

* Por que a impaciência está relacionada à falta de fé em Deus? Será que todos entendemos que a vida nem sempre é fácil para ninguém? Será que os menores já compreenderam que os pais trabalham bastante e fazem sacrifícios para lhes dar o que precisam?

VAMOS ORAR JUNTOS

Amado Deus, graças Te damos por teres nos ensinado a ser pacientes enquanto esperamos receber de Ti aquilo de que precisamos. Tu nos darás no momento que achares ser correto. Perdoa-nos se, muitas vezes, não agimos com fé ou se invejamos os que têm mais do que nós, esquecendo que Tu és quem nos supres, pois Tu és nosso Pai celestial. Ensina-nos a sempre esperar em Ti.

No nome de Jesus. Amém.

UNIDADE 27 A PACIÊNCIA

OS FRUTOS DA PACIÊNCIA

*Uma das maiores doenças da alma é a impaciência.
Muitas pessoas têm escolhido fazer coisas más para poder enriquecer rapidamente por não terem a paciência de esperar os frutos do estudo e do trabalho honesto.*

Como nascem as borboletas?

De um ovo sai uma lagarta. Logo depois, ela se envolve num casulo por vários dias, de onde sai transformada numa bela borboleta.

Comente sobre a importância da paciência de Alegria.

____

Explique qual foi o resultado da impaciência de Gusi.

____

"Ouvistes qual foi a paciência de Jó e vistes o fim que o Senhor lhe deu."

Tiago 5.11

Viva A PALAVRA DE DEUS

DIVIRTA-SE E APRENDA

Você sabia que o sofrimento produz em nós virtudes maravilhosas quando agradecemos a Deus por ele?

Alegria sabe disso muito bem, pois o pai dela a abandonou quando ela nasceu. Ela quer contar sobre dois valores maravilhosos que Deus lhe deu com o sofrimento. Quais são? Acompanhe Alegria pelo caminho, colhendo primeiro as maçãs vermelhas e, na volta, as verdes.

PRATIQUE COM PALABRITAS

CONFIAR EM DEUS QUANDO ESTÁ INDO TUDO BEM E QUANDO NÃO TEMOS PROBLEMAS É MUITO FÁCIL. ATÉ MESMO OS MAIS FRACOS OU INCRÉDULOS FAZEM ISSO. MAS CONTINUAR CRENDO NELE QUANDO TUDO PARECE DIFÍCIL É UMA ATITUDE DE PESSOAS CORAJOSAS E QUE TÊM PACIÊNCIA E VERDADEIRA FÉ EM DEUS.

UNIDADE 28 O PERDÃO E A MISERICÓRDIA

"[Deus] é o que perdoa todas as tuas iniquidades, que sara todas as tuas enfermidades, que redime a tua vida da perdição, que te coroa de benignidade e de misericórdia, que farta a tua boca de bens, de sorte que a tua mocidade se renova como a da águia."

SALMOS 103.3-5

SALMOS SOBRE A MISERICÓRDIA E O PERDÃO DE DEUS

ADAPTADO DE Salmos 103.1-12

Misericórdia

Bendize, ó minha alma, ao SENHOR, e tudo o que há em mim bendiga o seu santo nome.

Bendize, ó minha alma, ao SENHOR, e não te esqueças de nenhum de seus benefícios.

Ele é o que perdoa todas as tuas iniquidades, que sara todas as tuas enfermidades, que redime a tua vida da perdição, que te coroa de benignidade e de misericórdia, que farta a tua boca de bens, de sorte que a tua mocidade se renova como a da águia.

O SENHOR faz justiça e juízo a todos os oprimidos.

Fez conhecidos os seus caminhos a Moisés e os seus feitos aos filhos de Israel.

Misericordioso e piedoso é o SENHOR; longânimo e grande em benignidade.

Não reprovará perpetuamente nem para sempre reterá a sua ira.

Não nos tratou segundo os nossos pecados nem nos recompensou segundo as nossas iniquidades.

Pois assim como o céu está elevado acima da terra, assim é grande a sua misericórdia para com os que o temem.

Assim como está longe o oriente do ocidente, assim afasta de nós as nossas transgressões.

ADAPTADO DE Salmos 32.1-5

Perdão

Bem-aventurado aquele cuja transgressão é perdoada e cujo pecado é coberto.

Bem-aventurado o homem a quem o SENHOR não imputa maldade e em cujo espírito não há engano.

Quando eu guardei silêncio, envelheceram os meus ossos pelo meu bramido em todo o dia.

Confessei-te o meu pecado, e a minha maldade não encobri.

Dizia eu: Confessarei ao SENHOR as minhas transgressões; e tu perdoaste a maldade do meu pecado.

UNIDADE 28

O PERDÃO E A MISERICÓRDIA

PERDOAR é libertar alguém de uma culpa ou de uma acusação. É declarar inocente alguém que tenha cometido um erro. MISERICÓRDIA é uma bondade por aqueles que precisam de ajuda. Por ser misericordioso, Deus perdoa os seres humanos que se arrependem dos pecados que cometeram. Ele espera que nós também sejamos misericordiosos e perdoemos as pessoas.

IMPRESSIONANTE!

Deus é absolutamente justo, por ser perfeito, por Nele não haver pecado e por não cometer erro algum. Por isso, é impressionante que Ele nos liberte de nossas culpas sempre que nos aproximamos Dele arrependidos e pedimos Seu perdão. A misericórdia de Deus por nós é maravilhosa, concorda?

O QUE VOCÊ ACHA?

Quando nos sentimos tristes por termos feito algo que desagrada a Deus e, arrependidos, Lhe pedimos perdão, Ele nos escuta e nos limpa de toda culpa.

Não é verdade que, sempre que cometemos algo errado ou fazemos alguma coisa ruim, a primeira ideia que temos é de nos esconder para não sermos castigados ou repreendidos? O mesmo acontece quando ofendemos a Deus. Mas estamos errados ao tentar nos esconder Dele ou quando pensamos que Ele não quer nos perdoar. O mais inteligente a fazer, nesses casos, é arrepender-nos e buscá-Lo, pois Ele nos ama com grande misericórdia.

Compreenda A PALAVRA DE DEUS

SEJA CORAJOSO!

Jesus disse, na oração conhecida como Pai-nosso, que Deus espera que perdoemos as pessoas do mesmo modo como fomos perdoados por Ele.

* Por isso, quando ofender a alguém, você deve procurar essa pessoa e pedir-lhe perdão, dizendo que se arrepende do que fez.
* Devemos sentir uma dor no coração quando ofendemos a Deus, a nossos pais ou a outras pessoas.
* Você vai se sentir muito bem ao pedir e ao conceder perdão aos outros! E Deus também ficará muito alegre, pois você estará obedecendo a Ele.

CRESCER EM FAMÍLIA

VAMOS RESPONDER JUNTOS:

* Vamos falar, um de cada vez, o que aprendemos hoje sobre a grande misericórdia de Deus e sobre o que devemos fazer para receber o perdão Dele sempre que precisarmos.
* Por que é necessário pedir ou conceder perdão aos outros? Por que as pessoas dizem que, quando não perdoamos a alguém, é como se o mantivemos preso?
* Como nos sentimos, como pais ou filhos, quando percebemos que entre nós alguém não perdoou a outro de coração? Neste momento, alguém lembra de algo pelo que deva perdoar ou pedir perdão para que estejamos todos reconciliados?

VAMOS ORAR JUNTOS

Amado Deus, que bom saber que Tu és um Deus misericordioso conosco e que nos dás Teu maravilhoso perdão todas as vezes que, diante de Ti, reconhecemos nossos pecados. Hoje, queremos Te dizer que nos dói termos Te ofendido por não cumprir Teus mandamentos. Nós Te pedimos perdão por todos os nossos pecados. Também Te pedimos que nos ajudes a perdoar nossos semelhantes do mesmo modo que Tu nos perdoas. No nome de Jesus. Amém.

O PERDÃO E A MISERICÓRDIA

O PERDÃO É A CHAVE PARA A LIBERDADE

Muitas vezes, é difícil perdoar as ofensas que nos fazem. Outras pessoas têm dificuldade em pedir perdão. Mas é muito bom quando fazemos essas duas coisas. Receber ou conceder perdão é uma das maiores alegrias que podemos sentir!

PRATIQUE AGORA MESMO!

Até o Gusi, se pedisse a ajuda do Senhor, poderia perdoar! Peça ao Senhor que lhe mostre se você não perdoou a alguém que lhe tenha ofendido. Diante de Deus, e com a ajuda de seus pais, perdoe a quem ofendeu você e entregue-o a Deus. Se foi você quem ofendeu a alguém, peça perdão a Deus e depois à pessoa. Se for possível e necessário, repare o dano que talvez você tenha causado. (Por exemplo, devolva aquilo que você pegou e não é seu ou desminta alguma coisa que você tenha inventado sobre outra pessoa.)

"Quando estiverdes orando, perdoai, se tendes alguma coisa contra alguém, para que vosso Pai, que está nos céus, vos perdoe as vossas ofensas."

Marcos 11.25

DIVIRTA-SE E APRENDA

Palabritas não quer entristecer a Deus. Mas, como ele é um garoto como todos os demais, às vezes ele faz coisas que não devia. Por isso, ele pediu que Justin o ajudasse a escrever uma oração sincera a Deus, pedindo-Lhe perdão. Em que lugar as palavras devem estar para que a oração fique correta?

TRISTE **ABENÇOES** **PERDOES** **BOM** **FELIZ** **MAU**

Pai celestial,
eu estou muito ___________
por ter ofendido a Ti. Eu Te peço
que me _______ por meu _____
comportamento. Ajuda-me a
ser um ______ filho Teu para
Te fazer ______ e para que
me _______ muito.
Obrigado por Teu amor!

PRATIQUE COM PALABRITAS

VOCÊ PERDOA A ALGUÉM QUANDO LHE DIZ QUE QUER VIVER EM PAZ COM ELE, ESQUECENDO O QUE FERIU VOCÊS E OS SEPAROU. FOI ASSIM QUE DEUS NOS PERDOOU EM JESUS.

A BÍBLIA: O SUPERLIVRO!

"Lâmpada para os meus pés é tua palavra, e luz para o meu caminho."

SALMOS 119.105

Leia A PALAVRA DE DEUS

A BÍBLIA, O ÚNICO LIVRO QUE É LUZ PARA ILUMINAR NOSSO CAMINHO

ADAPTADO DE

Salmos 119.9-16,33-36,97-105

Com que purificará o jovem o seu caminho? Observando-o conforme a tua palavra.

Com todo o meu coração te busquei; não me deixes desviar dos teus mandamentos.

Escondi a tua palavra no meu coração, para eu não pecar contra ti. Bendito és tu, ó SENHOR; ensina-me os teus estatutos.

Com os meus lábios declarei todos os juízos da tua boca. Alegrei-me tanto no caminho dos teus testemunhos, como em todas as riquezas. Meditarei nos teus preceitos e terei respeito aos teus caminhos. Recrear-me-ei nos teus estatutos; não me esquecerei da tua palavra.

Ensina-me, ó SENHOR, o caminho dos teus estatutos, e guardá-lo-ei até o fim. Dá-me entendimento, e guardarei a tua lei e observá-la-ei de todo o meu coração. Faze-me andar na vereda dos teus mandamentos, porque nela tenho prazer. Inclina o meu coração aos teus testemunhos, e não à cobiça.

Oh! Quanto amo a tua lei! É a minha meditação em todo o dia.

Tu, pelos teus mandamentos, me fazes mais sábio do que os meus inimigos, pois [teus mandamentos] estão sempre comigo.

Tenho mais entendimento do que todos os meus mestres, porque os teus testemunhos são a minha meditação. Entendo mais do que os antigos, porque guardo os teus preceitos. Desviei os meus pés de todo caminho mau para guardar a tua palavra.

Não me apartei dos teus juízos, pois tu me ensinaste. Oh! Quão doces são as tuas palavras ao meu paladar, mais doces do que o mel à minha boca. Pelos teus mandamentos alcancei entendimento; por isso odeio todo falso caminho.

Lâmpada para os meus pés é tua palavra, e luz para o meu caminho.

UNIDADE 29

A BÍBLIA: O SUPERLIVRO!

A BÍBLIA é o livro mais importante do mundo. É conhecido como a Palavra de Deus, pois foi totalmente inspirado por Ele. Seu tema central é o estabelecimento do reino de Deus e a salvação da humanidade por meio de nosso Senhor, Jesus Cristo.

IMPRESSIONANTE!

Alegria, olha só! Há muitos livros e histórias na Bíblia, mas o mais maravilhoso é saber que, quanto mais a lemos, mais luz ilumina nossa vida!

O QUE VOCÊ ACHA?

A Bíblia é a Palavra de Deus. Ela é um livro, mas é também uma coleção surpreendente de muitos livros.

Deus é o autor da Bíblia. Ele usou muitas pessoas para que a escrevessem durante 1.500 anos, desde os tempos de Moisés até o tempo do apóstolo João. Memorize estes fatos importantes sobre a Bíblia:

* *Ela está dividida em duas partes: o Antigo Testamento e o Novo Testamento.*

  – O Antigo Testamento conta a criação de todas as coisas e a história do povo de Israel.

  – O Novo Testamento conta a mais importante história: a vida de Jesus e Sua obra salvadora por nós. Também fala dos primeiros cristãos e do futuro de todas as coisas.

* *Quantos livros há na Bíblia? Veja no índice de sua Bíblia e escreva aqui: _______ livros.*

HORA DA AÇÃO!

Leia a Bíblia todos os dias. Por meio dela, você poderá:

– Conhecer a Deus, seu Criador e Pai celestial.
– Conhecer as histórias mais maravilhosas.
– Encontrar super-heróis de verdade.
– Obter a luz para ser feliz e receber a vida eterna.

Compreenda A PALAVRA DE DEUS

VOCÊ SABIA?

* *A Bíblia foi escrita muito tempo antes que papel, livros e caneta fossem inventados?*
* *Ela foi escrita em grandes tiras de papiro ou de pergaminho?*
* *O papiro é feito de uma planta e o pergaminho, de peles de animais?*
* *Estes escritos foram preservados pelo próprio Deus para formarem a Bíblia?*

CRESCER EM FAMÍLIA

VAMOS RESPONDER JUNTOS:

* *O que aprendemos hoje sobre a Bíblia? Cada um pode tentar definir, com suas próprias palavras, porque a Bíblia pode ser luz, alimento, vida e sabedoria.*
* *Por que é importante que, juntos, leiamos a Bíblia para termos um lar feliz e cheio das bênçãos prometidas por Deus?*
* *Que faremos, a partir de hoje, a fim de termos mais tempo para conhecer e viver a Palavra de Deus?*

VAMOS ORAR JUNTOS

Amado Deus, o que seria de nós se Tu não nos tivesses deixado Tua vontade escrita em Tua Palavra, a Bíblia? Nós Te agradecemos porque hoje podemos conhecer-Te por meio da leitura da Bíblia. Nela, aprendemos como Tu és, como pensas e como queres que nos vivamos. Dá a cada um de nós mais amor por Ti e por Tua bendita e maravilhosa Palavra. No nome de Jesus. Amém.

UNIDADE 29

A BÍBLIA: O SUPERLIVRO!

DIVIRTA-SE E APRENDA

DESCUBRA O PODER DA PALAVRA DE DEUS!

Alegria quer preparar uma refeição espiritual bem saudável com a Palavra de Deus. Ajude-a a encontrar dez verbos que expliquem o que devemos fazer com a Bíblia.

Encontre, na sopa de letrinhas, as palavras abaixo. Elas estão escritas na vertical ou na horizontal.

O QUE VOCÊ DEVE FAZER COM A BÍBLIA:

1. Ler
2. Entender
3. Memorizar
4. Viver
5. Crer
6. Orar
7. Divulgar
8. Declarar
9. Confessar
10. Confiar

Sopa de letrinhas

C	O	V	U	E	H	G	C	I	H	O	V	M
O	E	G	H	N	X	O	R	A	R	K	I	E
N	L	E	R	T	L	O	E	R	L	A	V	M
F	C	H	T	E	W	H	R	P	T	Q	E	O
I	T	W	G	N	G	K	R	R	I	U	R	R
A	I	Q	N	D	N	X	L	P	Q	I	L	I
R	C	U	H	E	G	D	T	A	U	N	A	Z
I	S	P	A	R	L	B	I	B	L	A	S	A
R	E	S	T	Ā	D	I	V	U	L	G	A	R
L	C	O	N	F	E	S	S	A	R	A	G	L
A	D	E	C	L	A	R	A	R	O	A	Y	A

Marque as palavras encontradas com lápis de cor e viva a Palavra de Deus.

"Com que purificará o jovem o seu caminho? Observando-o conforme a tua palavra."
Salmos 119.9

Viva a Palavra de Deus

A Bíblia é o livro mais importante e maravilhoso do mundo.
Para responder a estas perguntas, talvez você precise da ajuda de seus pais.

FAÇA UM CÍRCULO NA RESPOSTA CERTA	A	B	C
1. Em quantas partes a Bíblia é dividida?	2	3	4
2. O que significa "testamento"?	Lei	Aliança	Notas
3. Quantos anos ela levou para ser escrita?	400	800	1.500
4. Quantas pessoas escreveram a Bíblia?	10	20	40
5. Quantos livros a Bíblia tem?	22	45	66
6. Quem é o Autor principal de toda a Bíblia?	Um profeta	O Espírito Santo	Um apóstolo

RESPOSTA: 1. 2: Antigo e Novo Testamento. 2. Aliança.
3. 1.500. 4. 40. 5. 66. 6. O Espírito Santo

PRATIQUE COM PALABRITAS

SÓ EXISTEM DUAS MANEIRAS DE CAMINHARMOS PELA VIDA: OU NA VERDADE OU NA MENTIRA. QUANDO ALGUÉM LÊ A BÍBLIA, É COMO SE UMA VENDA CAÍSSE DE SEUS OLHOS, POIS DESCOBRE A LUZ E A VERDADE PARA PODER CAMINHAR SEM NUNCA TROPEÇAR.

LEIA A BÍBLIA! ELA É A LUZ QUE ILUMINA SEU CAMINHO.

SUA VIDA PERTENCE A DEUS

"[Deus,] eu te louvarei, porque de um modo assombroso e tão maravilhoso fui feito; maravilhosas são as tuas obras, e a minha alma o sabe muito bem."

SALMOS 139.14

DEUS FEZ VOCÊ ESPECIALMENTE PARA ELE

ADAPTADO DE
Salmos 139.1-15

SENHOR, tu me sondaste e me conheces.

Tu sabes o meu assentar e o meu levantar; de longe entendes o meu pensamento.

Cercas o meu andar e o meu deitar e conheces todos os meus caminhos.

Não havendo ainda palavra alguma na minha língua, eis que logo, ó SENHOR, tudo conheces.

Tu me cercaste por detrás e por diante e puseste sobre mim a tua mão.

Tal conhecimento é para mim maravilhosíssimo; tão alto que não o posso atingir.

Para onde me irei do teu espírito ou para onde fugirei da tua face?

Se subir ao céu, lá tu estás; se fizer no inferno a minha cama, eis que tu ali estás também.

Se tomar as asas da alva, se habitar nas extremidades do mar, até ali a tua mão me guiará e a tua destra me susterá.

Se disser: Decerto que as trevas me encobrirão; então a noite será luz à roda de mim. Nem ainda as trevas me encobrem de ti; mas a noite resplandece como o dia; as trevas e a luz são para ti a mesma coisa;

Pois possuíste as minhas entranhas; cobriste-me no ventre de minha mãe.

Eu te louvarei, porque de um modo assombroso, e tão maravilhoso fui feito; maravilhosas são as tuas obras, e a minha alma o sabe muito bem.

SUA VIDA PERTENCE A DEUS

Na Biblia, a Palavra de Deus, Ele diz que criou você e o escolheu desde antes da criação do mundo para que você O conhecesse e pertencesse a Ele. Ele também diz que formou você no ventre de sua mãe, que ama você com amor eterno e cuida de você com fidelidade.

IMPRESSIONANTE!

Não é maravilhoso ouvir que Deus formou a cada um de nós e nos fez diferentes e especiais para Ele? Que grande poder e que grande amor! Não é surpreendente descobrir que Ele sabe tudo sobre nós, conhece cada pensamento nosso e observa tudo o que fazemos a cada momento e em todos os dias de nossa vida? Um Deus assim é digno de nossa admiração e adoração!

O QUE VOCÊ ACHA?

Na Bíblia, Deus diz que criou cada pessoa com as próprias mãos e que nossa vida é muito importante para Ele.

* Deus é o autor da vida de todas as pessoas que existem. Por isso, devemos respeitar nossa vida e a dos demais.

* Muitos jovens irresponsáveis praticam relações sexuais fora da vontade de Deus, ou seja, sem estarem casados. Como resultado, milhares de bebês estão sendo assassinados no ventre da mãe pelo aborto, porque seus pais buscaram apenas um momento de prazer.

* O que você pensa do aborto, que é tirar a vida de um bebê indefeso?

* Você acha que é justo que uma pessoa formada por Deus não venha ao mundo porque os pais tomam uma decisão que só o Criador pode tomar?

* A vida é um presente de Deus. Cada bebê gerado tem o direito de viver. Tirar a vida dele é um pecado que Deus condena. Defenda a vida!

Compreenda A PALAVRA DE DEUS

PESQUISE E DESCUBRA

Em muitas histórias da Bíblia, Deus conta de Seus planos especiais para cada pessoa desde que as criou no ventre da mãe. Veja algumas dessas histórias:

* Jeremias: "Antes que te formasse no ventre te conheci, e antes que saísses da madre, te santifiquei; às nações te dei por profeta" (Jeremias 1.5).

* Sansão: "O anjo do SENHOR apareceu a esta mulher e disse-lhe: Eis que agora és estéril, e nunca tens concebido; porém conceberás e terás um filho. Agora, pois, guarda-te de beber vinho ou bebida forte ou de comer coisa imunda. Porque eis que tu conceberás e terás um filho sobre cuja cabeça não passará navalha; porquanto o menino será nazireu de Deus desde o ventre; e ele começará a livrar a Israel da mão dos filisteus" (Juízes 13.3-5).

* Jesus Cristo, Seu Filho: "Aconteceu que, ao ouvir Isabel a saudação de Maria, a criancinha saltou no seu ventre; e Isabel foi cheia do Espírito Santo. E exclamou com grande voz, e disse: Bendita és tu entre as mulheres, e bendito o fruto do teu ventre" (Lucas 1.41,42).

Então, alegre-se! Você é especial para Deus e Ele tem grandes planos para você também!

CRESCER EM FAMÍLIA

VAMOS RESPONDER JUNTOS:

* Vamos pensar no que lemos no Salmo 139 sobre como Deus nos criou e como nos conhece totalmente. O que nos impressiona mais no fato de sermos tão importantes para Ele?
* Deus diz que já nos conhecia mesmo antes de nos criar. Vamos falar, então, desse Seu grande poder e de porque cremos que somos mesmo especiais para Ele.
* Deus tem um plano para cada pessoa. Qual será Seu plano para cada um de nós aqui?

VAMOS ORAR JUNTOS

Amado Deus, obrigado por nos lembrares que Tu és nosso Criador e que não nascemos pela vontade de nossos pais, mas, sim, porque Tu tinhas planejado que nós formássemos essa família. Obrigado por sermos muito especiais para Ti. Também Te agradecemos por nos dizeres que nos criaste para Te conhecermos e que tens um plano maravilhoso para nossa vida. Guia-nos para conhecê-lo. No nome de Jesus. Amém.

SUA VIDA PERTENCE A DEUS

DIVIRTA-SE E APRENDA

Os filhos de Deus são muito importantes para Ele. Quando olha para você, Ele o vê como o mais valioso de Seus tesouros. Nunca esqueça disso!

COMO VOCÊ SE VÊ

Desenhe-se neste espelho e, depois, pinte como quiser.

COMO DEUS VÊ VOCÊ

Neste quadro de letras estão dez coisas maravilhosas que você é para Deus. Encontre-as. Elas estão na horizontal, na vertical e de trás para frente.

- IMPORTANTE
- APRECIADO
- VALIOSO
- ESPECIAL
- FILHO
- AMADO
- ÚNICO
- GRANDE
- PRECIOSO
- QUERIDO

F	I	L	H	O	O	N	Z	O
M	M	Q	E	L	C	X	E	S
A	P	R	E	C	I	A	D	O
H	O	A	C	T	N	M	N	I
D	R	Ú	V	G	Ú	A	A	C
H	T	D	H	Y	D	D	R	E
V	A	L	I	O	S	O	G	R
G	N	D	X	U	G	W	V	P
U	T	Q	U	E	R	I	D	O
W	E	S	P	E	C	I	A	L

"As tuas mãos me fizeram e me formaram; dá-me inteligência para entender os teus mandamentos."

Salmos 119.73

Viva A PALAVRA DE DEUS

VOCÊ É UM MILAGRE DE DEUS

Cada ser humano é uma criação de Deus, desde o primeiro segundo de sua concepção. Um bebê é um milagre assombroso, e é extraordinário o modo como vai se formando esse pequeno ser no ventre da mãe.

* *Peça para seus pais lhe contarem alguns detalhes do dia de seu nascimento e de seus primeiros anos de vida.*
* *Peça para que lhe contem como receberam a notícia de que sua mãe estava grávida de você.*
* *Vejam juntos fotos ou vídeos de seus primeiros dias de vida.*

PRATIQUE COM PALABRITAS

DEUS NOS CRIOU A SUA IMAGEM E SEMELHANÇA. POR ISSO, A VIDA QUE ELE NOS DEU É SAGRADA. COMO FOI ELE QUEM NOS CRIOU, ELE TEM TODO DIREITO DE DECIDIR SOBRE NOSSA VIDA.

UNIDADE 31 O LOUVOR A DEUS

"Moços e moças, velhos e crianças, louvem o nome do SENHOR, pois só o seu nome é exaltado; a sua glória está sobre a terra e o céu."

SALMOS 148.12,13

QUE TODA A CRIAÇÃO LOUVE A DEUS POR SUA GRANDEZA!

ADAPTADO DE
Salmos 148; 149.1-6

Que toda a criação louve a Deus

Louvai ao SENHOR. Louvai ao SENHOR desde os céus, louvai-o nas alturas. Louvai-o, todos os seus anjos; louvai-o, todos os seus exércitos. Louvai-o, sol e lua; louvai-o, todas as estrelas luzentes. Louvai-o, céus dos céus e as águas que estão sobre os céus. Louvem o nome do SENHOR, pois mandou, e logo foram criados.

E os confirmou eternamente para sempre e lhes deu um decreto que não ultrapassarão.

Louvai ao SENHOR desde a terra: vós, baleias e todos os abismos; fogo e saraiva, neve e vapores, e vento tempestuoso que executa a sua palavra; montes e todos os outeiros, árvores frutíferas e todos os cedros; as feras e todos os gados, répteis e aves voadoras; reis da terra e todos os povos, príncipes e todos os juízes da terra; moços e moças, velhos e crianças. Louvem o nome do SENHOR, pois só o seu nome é exaltado; a sua glória está sobre a terra e o céu.

Ele também exalta o poder do seu povo, o louvor de todos os seus santos, dos filhos de Israel, um povo que lhe é chegado.

Que a comunidade dos fiéis louve a Deus

Louvai ao SENHOR. Cantai ao SENHOR um cântico novo e o seu louvor, na congregação dos santos.

Alegre-se, Israel, naquele que o fez, regozijem-se os filhos de Sião no seu Rei. Louvem o seu nome com danças; cantem-lhe o seu louvor com tamborim e harpa.

Porque o SENHOR se agrada do seu povo; ornará os mansos com a salvação.

Exultem os santos na glória; alegrem-se nas suas camas. Estejam na sua garganta os altos louvores de Deus.

O LOUVOR A DEUS

LOUVAR A DEUS é glorificá-Lo, falar bem Dele e Lhe dar graças por Seu grande amor, por Sua bondade e por todas as bênçãos que Dele recebemos cada dia. O louvor a Deus normalmente é feito com música, hinos e cânticos que mostram nosso reconhecimento e gratidão a Ele.

DECIDA-SE

O rei Davi é um grande músico. Vamos, com ele, cantar a Deus por Seu amor, Seu poder e por todas as vitórias que Ele nos tem dado. Aleluias ao Senhor!

O QUE VOCÊ ACHA?

** A Bíblia diz que Davi tocava harpa muito bem e que também escrevia salmos e cânticos de louvor e de gratidão a Deus. Ele sempre agradecia a Deus por Sua fidelidade, ou por ter sido perdoado de pecados ou por alguma vitória importante sobre os inimigos.*

** Você já pensou em quantos motivos existem para louvar a Deus?*

PESQUISE E DESCUBRA

** Quando louvamos e adoramos a Deus, acontecem grandes milagres em nosso coração e vitórias em todos os aspectos de nossa vida.*

** A Bíblia fala de homens e mulheres que escreveram cânticos para louvar a Deus por Seu poder, Sua grandeza e Sua proteção. Quando Deus destruiu no mar o exército egípcio que perseguia o povo de Israel, Moisés e Miriã O louvaram e glorificaram: "Cantarei ao SENHOR, porque gloriosamente triunfou; lançou no mar o cavalo e o seu cavaleiro. [...] Ó SENHOR, quem é como tu entre os deuses? Quem é como tu glorificado em santidade, admirável em louvores, realizando maravilhas? Estendeste a tua mão direita; a terra os tragou. Tu, com a tua beneficência, guiaste a este povo, que salvaste; com a tua força o levaste à habitação da tua santidade" (Êxodo 15.1,11-13).*

COMPREENDA A PALAVRA DE DEUS

VOCÊ SABIA QUE...

Na época de Davi, o nome das notas musicais ainda não havia sido inventado. Foi no século 10 que o italiano Guido de Arezzo inventou o sistema com as sete notas musicais que é conhecido hoje.

HORA DA AÇÃO!

* Faça uma lista das bênçãos que Deus já lhe deu.
* Escreva um poema ou uma canção agradecendo-Lhe por todas essas coisas.
* Você já pensou que poderá ser um escritor ou um músico que fale das coisas de Deus?

CRESCER EM FAMÍLIA

VAMOS RESPONDER JUNTOS:

* Já conhecemos alguns dos motivos que levaram o rei Davi a glorificar a Deus: Seu poder, Sua fidelidade, Sua misericórdia e Sua ajuda nos momentos difíceis. Vamos, cada um de nós, mencionar alguma razão pela qual deveríamos louvar a Deus em família.
* Não é preciso ser um compositor famoso ou ter uma bela voz para escrever ou cantar belas canções de louvor a Deus. Tudo o que se precisa é um coração agradecido a Ele. Que tal expressar gratidão a Ele com nossas próprias palavras? Quem se anima a começar? Será uma experiência maravilhosa!

VAMOS ORAR JUNTOS

Amado Deus, perdoa-nos pelas muitas vezes que nos esquecemos de Te louvar por todas as bênçãos que Tu nos dás a cada dia. Ajuda-nos a ter sempre, como Davi, um coração agradecido a Ti pela vida que nos dás e por todas as demonstrações de amor, compaixão, proteção e ajuda que nos dás a todo momento. Queremos sempre Te louvar e glorificar com nossa voz por tudo o que és para nós. Em nome de Jesus. Amém.

UNIDADE 31 O LOUVOR A DEUS

VIVAMOS UM SALMO!

Deus deu ao ser humano a capacidade de expressar amor e gratidão a Ele.

DIVIRTA-SE E APRENDA

Cante uma canção espontânea (criada por você) para Deus. Ou, se preferir, escreva um poema ou uma carta de amor, inspirando-se no salmo 148, lido no início da atividade. Você pode usar outros salmos da Bíblia como inspiração. Escreva o seu no Diário Pessoal com Deus.

"Louvarei o nome de Deus com um cântico, e engrandecê-lo-ei com ação de graças."
Salmos 69.30

Viva A PALAVRA DE DEUS

Há muitas maneiras de louvar a Deus. Você pode escrever um poema ou uma canção, como Davi fazia. Já pensou nos muitos motivos que você tem para cantar a Deus? Alegria está com o pandeiro pronto.
Agora, espera que você a ajude a escrever a letra deste cântico de louvor a Deus.
É muito fácil: complete as frases com as palavras sugeridas por Alegria.

Pai Celestial ____________	**bom, amoroso, poderoso**
hoje eu quero ____________	**agradecer, cantar, louvar**
com muita ____________	**alegria, emoção, sinceridade**
por teu grande ____________	**amor, poder, cuidado**
pois, a cada ____________	**momento, dia, amanhecer**
com amor Tu me ____________	**sustentas, ajudas, fortaleces**
e sempre me dás ____________	**vida, felicidade, vitória**

Escreva aqui o título de seu cântico. ▶ ____________

Agora, cante-o a Deus. Ele se alegrará!

PRATIQUE COM PALABRITAS

TODOS OS DIAS NÓS TEMOS MUITOS MOTIVOS PARA CANTAR A DEUS E DAR-LHE GRAÇAS POR TUDO O QUE NOS DÁ, POR NOS GUARDAR E NOS PROTEGER. SOMENTE QUEM TEM UM CORAÇÃO AGRADECIDO A ELE PODE DESFRUTAR MAIS DE SUAS GRANDES BÊNÇÃOS.

CANTE A DEUS. ELE FICA FELIZ!

A PUREZA

"Não entres pela vereda dos ímpios nem andes no caminho dos maus. Evita-o, não passes por ele; desvia-te dele e passa de largo."

PROVÉRBIOS 4.14,15

Leia A PALAVRA DE DEUS

CONSELHOS DE PAIS SÁBIOS PARA BONS FILHOS

ADAPTADO DE
Provérbios 4.10-27

Ouve, filho meu, e aceita as minhas palavras, e se multiplicarão os anos da tua vida.

No caminho da sabedoria te ensinei, e por veredas de retidão te fiz andar.

Por elas andando, não se embaraçarão os teus passos; e se correres não tropeçarás.

Apega-te à instrução e não a largues; guarda-a, porque ela é a tua vida.

Não entres pela vereda dos ímpios nem andes no caminho dos maus.

Evita-o, não passes por ele; desvia-te dele e passa de largo.

Pois não dormem se não fizerem o mal, e foge deles o sono se não fizerem alguém tropeçar. Porque comem o pão da impiedade e bebem o vinho da violência.

Mas a vereda dos justos é como a luz da aurora, que vai brilhando mais e mais até ser dia perfeito.

O caminho dos ímpios é como a escuridão; nem sabem em que tropeçam.

Filho meu, atenta para as minhas palavras; às minhas razões inclina o teu ouvido.

Não as deixes apartar-se dos teus olhos; guarda-as no íntimo do teu coração.

Porque são vida para os que as acham e saúde para todo o seu corpo.

Sobre tudo o que se deve guardar, guarda o teu coração, porque dele procedem as fontes da vida.

Desvia de ti a falsidade da boca, e afasta de ti a perversidade dos lábios.

Os teus olhos olhem para a frente, e as tuas pálpebras olhem direto diante de ti.

Pondera a vereda de teus pés, e todos os teus caminhos sejam bem ordenados!

Não declines nem para a direita nem para a esquerda; retira o teu pé do mal.

UNIDADE 32

A PUREZA

A PUREZA é a qualidade de perfeição e de ausência de manchas ou de contaminação. Deus é absolutamente puro e nos pede que mantenhamos todos os aspectos de nossa vida também puros: pureza de coração, de pensamentos e de comportamento.

O QUE VOCÊ ACHA?

Certa pessoa muito sábia disse: "Eu tenho um costume: nunca ir a algum lugar no qual Jesus não gostaria de estar comigo." Você pensa do mesmo modo?

Jesus é seu amigo. Você acha que Ele o acompanharia a todos os lugares aos quais você vai ou que Ele se divertiria fazendo tudo o que você faz?

Deus nos vê sempre e Ele quer que O agrademos mantendo puros nosso coração, nossa mente e nosso corpo.

DECIDA!

É uma atitude inteligente fugir de quem sempre nos convida para fazer coisas erradas. Jesus disse: "Bem-aventurados os limpos de coração, porque eles verão a Deus" (Mateus 5.8). Isso significa ser limpo em pensamentos, intenções e ações.

PONTOS DE PODER

Quando esteve no mundo, Jesus sofreu as mesmas pressões e provas que você sofre. Talvez Ele tenha conhecido meninos maiores que faziam coisas erradas e o convidassem para fazê-las também. É possível que eles O xingassem porque não ia com eles.

Por isso, Jesus entende você e está sempre a seu lado para ajudá-lo a resistir e a manter-se limpo, puro e especial aos olhos de Deus.

Compreenda A PALAVRA DE DEUS

VOCÊ LUTA PELA PUREZA QUANDO...

* Escolhe somente bons amigos.
* Se diverte de maneira saudável.

Amigos da pureza

* Evitar olhar o que desagrada a Deus
* Bons pensamentos
* Firmeza de caráter
* Leitura da Bíblia

Inimigos a vencer

* Más companhias
* Falta de coragem para rejeitar os convites para o mal
* A curiosidade por ver imagens desagradáveis a Deus em revistas, vídeos ou na internet

CRESCER EM FAMÍLIA

VAMOS RESPONDER JUNTOS:

* Um por vez, vamos mencionar alguma atitude para manter o coração limpo e outra que pode sujá-lo e contaminá-lo, entristecendo a Deus.
* Qual foi a condição que Jesus deu para que possamos ver a Deus? Por que será que Ele disse que somente as pessoas de coração puro verão a Deus?
* Como podemos, em família, estabelecer alguns compromissos e normas para a campanha "Proteja seu Coração!", para nos guardar de imagens sujas em revistas, televisão e na internet, que destroem nossa pureza?

VAMOS ORAR JUNTOS

Amado Deus, nós Te agradecemos por teres nos mostrado como é importante manter o coração, a alma e os pensamentos puros. O mundo hoje ataca nosso coração para nos fazer cair e nos afastar de Ti. Mas nós queremos Te ver. Ajuda-nos a guardar nossos olhos e nossa mente de qualquer pecado que nos afaste de Ti. No nome de Jesus. Amém.

A PUREZA

SEJA SANTO, POIS DEUS É SANTO

"Bem-aventurados os limpos de coração, porque eles verão a Deus" (Mateus 5.8)

Um compromisso de pureza com Deus

- Quero ter um coração puro
- Terei cuidado com meus pensamentos
- Terei cuidado com o que digo
- Terei cuidado com o que vejo

Declare a Deus seu desejo de ter um coração limpo. Copie o texto abaixo em uma folha de papel, ilustre-o para ficar bem bonito, e assine-o junto com seus pais ou com seu professor.

COMPROMISSO DE UM CORAÇÃO LIMPO

MEU DESEJO É QUE, TUDO O QUE EU FAÇA, AGRADE SEMPRE A DEUS (SALMOS 19.4).

Assumo o compromisso de me manter em pureza a partir de hoje.

Assinatura: ______________

Assinatura: ______________

DIVIRTA-SE E APRENDA

A Bíblia diz que o diabo e o mundo são dois dos inimigos que jogam suas flechas sujas para envenenar nosso coração. Deus diz que devemos nos proteger delas com o escudo da fé.
Palabritas usou as flechas para nos ensinar uma lição. Ele colocou número em algumas delas. Escreva as letras correspondentes e siga o conselho dele!

LUTE COM FIRMEZA PARA MANTER A PUREZA DE SEU CORAÇÃO.

PRATIQUE COM PALABRITAS

A BÍBLIA DIZ QUE QUEM COMETE PECADO SE TORNA ESCRAVO. AS PESSOAS QUE SÃO REALMENTE VALENTES E INTELIGENTES REJEITAM TUDO O QUE LHES FAZ MAL. MAS QUEM É TOLO SE DEIXA ENGANAR PELA IMPUREZA DO PECADO E ACABA PRESO A ELE.

GUARDE E DEFENDA SEU CORAÇÃO!

UNIDADE 33

O TRABALHO E A DISCIPLINA

"Estas quatro coisas são das menores da terra, porém bem providas de sabedoria: as formigas não são um povo forte; todavia no verão preparam a sua comida; os coelhos são um povo débil e, contudo, põem a sua casa na rocha; os gafanhotos não têm rei e, contudo, todos saem e em bandos se repartem; a aranha se pendura com as mãos e está nos palácios dos reis".

PROVÉRBIOS 30.24-28

Leia A PALAVRA DE DEUS

O TRABALHADOR COME DO FRUTO DE SEU TRABALHO. O PREGUIÇOSO NADA CONSEGUE.

ADAPTADO DE Provérbios 24.30-34

Passei pelo campo do preguiçoso e junto à vinha do homem falto de entendimento. Eis que estava toda cheia de cardos, e a sua superfície, coberta de urtiga e o seu muro de pedras estava derrubado.

O que eu tenho visto, o guardarei no coração, e vendo-o recebi instrução.

Um pouco a dormir, um pouco a cochilar; outro pouco deitado de mãos cruzadas, para dormir, assim te sobrevirá a tua pobreza como um vagabundo, e a tua necessidade, como um homem armado.

ADAPTADO DE Provérbios 26.13-16

Diz o preguiçoso: Um leão está no caminho; um leão está nas ruas.

Como a porta gira nos seus gonzos, assim o preguiçoso na sua cama.

O preguiçoso esconde a sua mão ao seio e cansa-se até de torná-la à sua boca. Mais sábio é o preguiçoso a seus próprios olhos do que sete homens que respondem bem.

ADAPTADO DE Provérbios 30.24-28

Estas quatro coisas são das menores da terra, porém bem providas de sabedoria: as formigas não são um povo forte; todavia, no verão, preparam a sua comida; os coelhos são um povo débil e, contudo, põem a sua casa na rocha; os gafanhotos não têm rei e, contudo, todos saem e em bandos se repartem; a aranha se pendura com as mãos e está nos palácios dos reis.

UNIDADE 33 O TRABALHO E A DISCIPLINA

TRABALHO é o esforço para conseguir ou produzir algo. DISCIPLINA é a ordem e a constância com que o trabalho é feito. Uma pessoa diligente é aquela que faz seu trabalho com responsabilidade e do melhor modo possível.

IMPRESSIONANTE!

As formigas, os gafanhotos e as aranhas são bichos bem pequenos, mas fazem coisas extraordinárias, não é? Eles trabalham em equipe com ordem e esforço. São um grande exemplo de trabalho e disciplina!

O QUE VOCÊ ACHA?

Todas as pessoas devem aprender a trabalhar honestamente, a fim de poder alcançar o que planejaram e se tornarem pessoas úteis para a sociedade.

Mesmo na escola, aprendemos muitas coisas por meio das tarefas e dos trabalhos que temos de fazer na sala de aula e em casa.

Muitas vezes, trabalhar pode ser bem cansativo, mas, quando vemos o resultado do trabalho de nossas mãos, sentimos alegria e satisfação.

Qual é a sua atitude quando trabalha?

VOCÊ É TRABALHADOR E DISCIPLINADO QUANDO...

* Se esforça para fazer bem suas tarefas diárias.
* É diligente e trabalha com alegria e sem reclamações.
* Cumpre suas obrigações sem esperar que alguém o pressione sempre.

VOCÊ SABIA?

Você já deve ter ouvido falar de Leonardo da Vinci, não é? Esse italiano, em 67 anos de vida, fez muito mais do que várias pessoas juntas teriam conseguido realizar. Ele se dedicou à arte desde muito jovem, mas também fez centenas de desenhos e projetos arquitetônicos e de engenharia, de máquinas voadoras, pontes portáteis e catapultas. Ele foi uma pessoa muito trabalhadora e disciplinada!

CRESCER EM FAMÍLIA

VAMOS RESPONDER JUNTOS:

* *Por que o trabalho é tão importante? Por que é importante aprender o valor do trabalho desde bem jovem?*

* *Descansar também é importante, mas crianças e jovens estão gastando muito tempo com o entretenimento vazio e improdutivo da TV, dos videogames e da internet. Aqui em casa há disciplina em relação a isso, para que ninguém se torne uma pessoa ociosa e inimiga do trabalho?*

* *Por que é preciso trabalhar para alcançar aquilo que planejamos ou a fim de sermos úteis para a sociedade?*

VAMOS ORAR JUNTOS

Amado Deus, a Bíblia conta que Tu trabalhaste muito e com ordem para criar este mundo maravilhoso. Ajuda-nos a compreender quão importante é amarmos o trabalho, a fim de demonstrarmos que somos Teus filhos amados e obedientes. Livra-nos de sermos preguiçosos e negligentes no cumprimento de nossas obrigações e responsabilidades diárias. No nome de Jesus. Amém

UNIDADE 33

O TRABALHO E A DISCIPLINA

DIVIRTA-SE E APRENDA

APRENDER COM AS FORMIGAS!

Com a ajuda de seus pais, pesquise na internet sobre a vida das formigas: como o formigueiro é organizado, como elas dividem as tarefas, o que comem...

Agora, escreva sua resposta a cada pergunta abaixo numa tira de papel e cole na árvore das formigas.

1. *O que as formigas comem?*
2. *Como elas se reproduzem?*
3. *Como elas fazem o formigueiro?*
4. *Quem cuida dos bebês formigas?*

Última pergunta

Que bom exemplo você aprendeu com as formigas?

"Vai ter com a formiga, ó preguiçoso; olha para os seus caminhos, e sê sábio."

Provérbios 6.6

Viva A PALAVRA DE DEUS

Para que as tarefas da escola ou de casa sejam bem-feitas, você precisa da ajuda de alguns amigos. Escreva o nome deles nos quadrinhos.
Mas cuidado! Quando você terminar, vai encontrar, na coluna amarela, o nome de uma grande inimiga do trabalho. Quem é?

DISPOSIÇÃO | AMOR | ESFORÇO | BOM HUMOR | DISCIPLINA | PACIÊNCIA | OBEDIÊNCIA

PRATIQUE COM PALABRITAS

NEM SEMPRE O TRABALHO É AGRADÁVEL OU É AQUILO QUE GOSTARÍAMOS DE FAZER. MAS SE ELE FOR REALIZADO COM ALEGRIA E GRATIDÃO, SERÁ MENOS CANSATIVO E MAIS COMPENSADOR.

UNIDADE 34 PENSE SEMPRE EM DEUS

"Lembra-te também do teu Criador nos dias da tua mocidade, antes que venham os maus dias e cheguem os anos dos quais venhas a dizer: Não tenho neles contentamento."

ECLESIASTES 12.1

LEMBRE-SE DE SEU CRIADOR DESDE AGORA!

ADAPTADO DE
Eclesiastes 12.1-7

Lembra-te também do teu Criador nos dias da tua mocidade, antes que venham os maus dias e cheguem os anos dos quais venhas a dizer: Não tenho neles contentamento.

Antes que se escureçam o sol, e a luz, e a lua e as estrelas e tornem a vir as nuvens depois da chuva; no dia em que tremerem os guardas da casa, e se encurvarem os homens fortes e cessarem os moedores, por já serem poucos, e se escurecerem os que olham pelas janelas; e as portas da rua se fecharem por causa do baixo ruído da moedura, e se levantar à voz das aves, e todas as filhas da música se abaterem.

Como também quando temerem o que é alto, e houver espantos no caminho, e florescer a amendoeira, e o gafanhoto for um peso e perecer o apetite. Porque o homem se vai à sua casa eterna, e os pranteadores andarão rodeando pela praça.

Antes que se rompa o cordão de prata, e se quebre o copo de ouro, e se despedace o cântaro junto à fonte, e se quebre a roda junto ao poço e o pó

volte à terra, como o era, e o espírito volte a Deus, que o deu.

UNIDADE 34

PENSE SEMPRE EM DEUS

DEUS PENSOU EM NÓS quando nos criou, mas Ele deu a cada um uma vontade própria, para decidirmos como queremos viver: ou pensando Nele ou afastados Dele.

O QUE VOCÊ ACHA?

* *Muitas coisas hoje disputam o primeiro lugar na mente e no coração de crianças, jovens e adultos, mas a alegria de obedecer a Deus é a melhor de todas, pois dura para sempre.*

* *Você já pensou se as coisas de que mais gosta agradam a Deus?*

* *Jesus é seu amigo. Você O convidaria para participar das atividades ou dos passatempos dos quais você participa?*

DECIDA!

A Bíblia fala de crianças e de jovens que buscaram a Deus: Samuel, Davi, José e Daniel, entre outros. Todos eles entenderam que a melhor maneira de vencer na vida é pensando em Deus e seguindo Seus caminhos.

SEJA VALENTE!

Para você se divertir, não é preciso fazer coisas erradas ou proibidas. Lembre-se de que Deus diz em Sua Palavra que Ele vai julgar o modo como desfrutamos nossa juventude. Se você obedecer a Deus, será feliz. E, obedecendo a Ele, você poderá se alegrar em jogos e atividades dos quais Ele também goste. Pense sempre Nele!

PESQUISE E DESCUBRA

* A Bíblia registra a interessante história de um jovem rico que se aproximou de Jesus porque queria ir para o céu e lhe perguntou: "Bom Mestre, que bem farei para conseguir a vida eterna?" Jesus lhe respondeu que ele deveria obedecer aos mandamentos de Deus.

O jovem Lhe disse: "Tudo isso tenho guardado desde a minha mocidade; que me falta ainda?" Jesus, então, acrescentou: "Se queres ser perfeito, vai, vende tudo o que tens e dá-o aos pobres, e terás um tesouro no céu; e vem, e segue-me." Quando o jovem ouviu isso, foi embora triste, pois tinha muitas propriedades e não queria deixar a vida que levava (Mateus 19.16-22).

* Qual ensinamento essa história traz para você? Se Deus lhe pedisse hoje que abandonasse as coisas de que você mais gosta, mas que não agradam a Ele, você estaria disposto a fazer isso para segui-Lo e obedecer-Lhe?

CRESCER EM FAMÍLIA

VAMOS RESPONDER JUNTOS:

* Muitas coisas deste mundo ocupam nosso coração e nos impedem de nos aproximarmos de Deus e de pensarmos mais Nele. Um por vez, vamos mencionar as coisas ou atividades que mais ocupam nosso tempo e impedem que busquemos mais a Deus.

* Vamos pensar agora nas atividades familiares diárias. Elas nos aproximam ou nos afastam de Deus?

* Que atividade inútil podemos eliminar a partir de hoje aqui em casa para nos reunirmos e lermos a Palavra de Deus e pensarmos mais Nele?

VAMOS ORAR JUNTOS

Amado Deus, hoje Te pedimos perdão por dedicarmos muito mais tempo às coisas passageiras deste mundo do que a Ti, nosso Criador e nosso Pai amado. Ajuda-nos a Te amar com todo o coração e a encontrar alegria em Te buscar em Tua Palavra e em passar mais tempo Contigo, que és a fonte da verdadeira felicidade. No nome de Jesus. Amém.

UNIDADE 34

PENSE SEMPRE EM DEUS

DIVIRTA-SE E APRENDA

LEMBRE-SE DE DEUS!

Motas sonhou que Gusi lhe disse que queria pensar mais em Deus. (Será que um dia esse sonho vai se tornar realidade?) Para ajudá-lo, Motas tinha de escolher cinco ossos que tenham bons conselhos. Encontre-os e copie os conselhos nos ossos abaixo.

1. Andar com amigos irresponsáveis
2. Ver televisão em vez de fazer as tarefas
3. Respeitar aos pais
4. Ser desobediente
5. Mentir
6. Dizer a verdade
7. Ler a Bíblia
8. Ir aos cultos
9. Não dar atenção aos pais
10. Ser amigo de Deus

"Todos devemos comparecer ante o tribunal de Cristo, para que cada um receba segundo o que tiver feito por meio do corpo, ou bem ou mal." Romanos 5.10

Viva A PALAVRA DE DEUS

A Bíblia fala de crianças e jovens que amaram a Deus e pensaram Nele desde muito pequenos: Davi, José, Daniel, Samuel, Josias e muitos outros.

Justin tem um conselho para você ser como aqueles personagens da Bíblia. Para lê-lo, você deve completar as letras que faltam nas palavras seguindo a indicação das flechas.

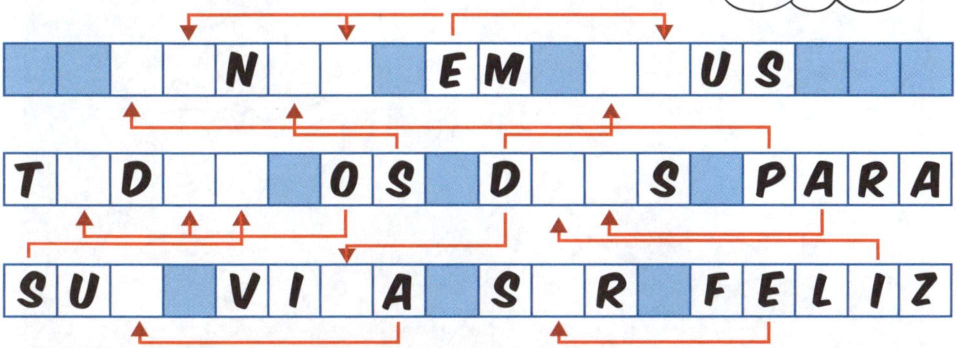

PRATIQUE COM PALABRITAS

ALGUMAS PESSOAS DIZEM QUE PRECISAM EXPERIMENTAR DE TUDO NA VIDA PARA ESCOLHEREM DE QUE GOSTAM MAIS. MAS MUITOS JOVENS QUE CAÍRAM NESSA ARMADILHA HOJE SÃO ADULTOS ESCRAVIZADOS PELOS VÍCIOS. É MELHOR PENSAR EM DEUS E NAQUILO QUE O AGRADA.

LEMBRE-SE SEMPRE DE DEUS E VOCÊ SERÁ FELIZ!

UNIDADE 35 A FIDELIDADE A DEUS

"E [o rei] ordenou aos homens mais poderosos que estavam no seu exército que atassem a Sadraque, Mesaque e Abednego, para lançá-los na fornalha de fogo ardente."

DANIEL 3.20

Leia A PALAVRA DE DEUS

SADRAQUE, MESAQUE E ABEDNEGO, OS TRÊS JOVENS FIÉIS A DEUS

ADAPTADO DE
Daniel 3

O rei Nabucodonosor fez uma estátua de ouro; levantou-a no campo de Dura, na província de Babilônia. E o arauto apregoava: Qualquer que não se prostrar e não a adorar, será na mesma hora lançado dentro da fornalha de fogo ardente.

No mesmo instante chegaram perto alguns caldeus e acusaram os judeus, dizendo ao rei Nabucodonosor: Ó rei, vive eternamente! Há uns homens judeus, os quais constituíste sobre os negócios da província de Babilônia: Sadraque, Mesaque e Abednego. Estes homens, ó rei, não fizeram caso de ti: a teus deuses não servem nem adoram a estátua de ouro que levantaste. Então, Nabucodonosor, com ira e furor, mandou trazer a Sadraque, Mesaque e Abednego.

Responderam Sadraque, Mesaque e Abednego ao rei Nabucodonosor: Eis que o nosso Deus, a quem nós servimos, é que nos pode livrar; ele nos livrará da fornalha de fogo ardente.

Então, Nabucodonosor se encheu de furor; falou e ordenou que a fornalha se aquecesse sete vezes mais do que se costumava aquecer. E ordenou aos homens mais poderosos que estavam no seu exército que atassem a Sadraque, Mesaque e Abednego, para lançá-los na fornalha de fogo ardente. E estes três homens, Sadraque, Mesaque e Abednego, caíram atados dentro da fornalha de fogo ardente.

Então, o rei Nabucodonosor se espantou e se levantou depressa; falou, dizendo aos seus conselheiros: Não lançamos nós, dentro do fogo, três homens atados? Responderam: É verdade, ó rei. Respondeu, dizendo: Eu, porém, vejo quatro homens soltos, que andam passeando dentro do fogo, sem sofrer nenhum dano; e o aspecto do quarto é semelhante ao Filho de Deus.

Então, chegando-se Nabucodonosor à porta da fornalha de fogo ardente, falou, dizendo: Sadraque, Mesaque e Abednego, servos do Deus Altíssimo, saí e vinde! Então, Sadraque, Mesaque e Abednego saíram do meio do fogo. Falou Nabucodonosor, dizendo: Bendito seja o Deus de Sadraque, Mesaque e Abednego.

A FIDELIDADE A DEUS

FIDELIDADE é a qualidade de quem é fiel e também significa constância, firmeza. Está relacionada a mantermos a fé e a obediência em qualquer circunstância ou cumprirmos promessas e compromissos. Ninguém é mais fiel que Deus!

IMPRESSIONANTE!

Que história impressionante! Sadraque, Mesaque e Abednego preferiram ser fiéis a Deus e lançados na fornalha ardente a se ajoelharem diante de um deus falso. E o que aconteceu? Os soldados que os lançaram lá morreram, mas os três amigos saíram ilesos da fornalha. **Nem cheiro de fumaça eles tinham!** Deus os protegeu por eles Lhe serem fiéis!

O QUE VOCÊ ACHA?

* A história dos três jovens que confiaram em Deus nos permite dizer: Deus é fiel e protege a quem é fiel a Ele. Você concorda?

* O rei Nabucodonosor ficou muito bravo quando Sadraque, Mesaque e Abednego lhe disseram que não iriam adorar a estátua de ouro que havia sido feita, pois eram fiéis a Deus. O rei, então, mandou que eles fossem jogados numa fornalha. Mas, quando olhou novamente, viu quatro homens entre as chamas. Quem você pensa que era a quarta pessoa?

* Você já pensou que, por ser fiel a Deus, você pode contar com a proteção Dele?

PESQUISE E DESCUBRA

O rei Davi escreveu muitos salmos. Em vários deles, agradece a Deus por Sua grande fidelidade em protegê-lo desde que era um garoto pastor. Leia o que ele escreveu certa vez:

"A tua misericórdia, SENHOR, está nos céus, e a tua fidelidade chega até às mais excelsas nuvens. [...] Quão preciosa é, ó Deus, a tua benignidade! [...] As benignidades do SENHOR cantarei perpetuamente; com a minha boca manifestarei a tua fidelidade de geração em geração. Pois disse eu: A tua benignidade será edificada para sempre; tu confirmarás a tua fidelidade até nos céus" (Salmos 36.5,7; 89.1,2).

Quantas demonstrações da fidelidade de Deus você consegue identificar em sua vida? Davi tinha muitos motivos para louvar o Senhor. E você?

CRESCER EM FAMÍLIA

VAMOS RESPONDER JUNTOS:

* *Vamos falar hoje das situações em que vimos Deus manifestar Seu grande amor e Sua fidelidade em favor de cada um de nós. Quem começa?*
* *Deus diz que permanece fiel a nós apesar de nem sempre sermos fiéis a Ele. Em que coisas não fomos fiéis a Deus? Vamos pedir perdão a Ele por isso?*
* *Por meio de Seu Santo Espírito, Deus revela, não apenas nossa infidelidade a Ele, como também os pecados de infidelidade que cometemos contra nossa família e contra o próximo. Vamos confessar esses pecados a Deus hoje.*

VAMOS ORAR JUNTOS

Amado Deus, hoje Te agradecemos por Teu amor infinito e incondicional por nós. Onde estaríamos se não Tu não fosses fiel a nós, apesar de nem sempre lembrarmos de Ti nem Te obedecermos em tudo? Ajuda-nos a recordar todos os dias de Tua fidelidade e de todas as coisas com que nos abençoas sempre. No nome de Jesus. Amém.

A FIDELIDADE A DEUS

SAIR COMO VENCEDOR DA FORNALHA DA PROVAÇÃO

Deus prometeu que, quando permanecemos fiéis a Ele no meio das provações, Ele estaria conosco e nos daria a vitória nelas.

DIVIRTA-SE E APRENDA

Depois de ler o relato bíblico, você aprendeu muitas coisas sobre a importância de ser fiel a Deus. Com uma linha, una o início ao final de cada frase.

Início	Final
Um deus falso é...	àqueles que adoram apenas a Ele.
Deus protege especialmente	dedicar tempo a algo que nos separa do verdadeiro Deus.
Ajoelhar-se diante de um deus falso é	àqueles que são fiéis a Ele em todas as áreas da vida.
Deus promete acompanhar e proteger nos dias difíceis	tudo aquilo que toma o lugar de Deus em nosso coração.

"O SENHOR guarda os fiéis e retribui com abundância ao que usa de soberba."

Salmos 31.23

Viva A PALAVRA DE DEUS

Deus está procurando por crianças e jovens que sejam fiéis a Ele, ou seja: pessoas que O amem e Lhe obedeçam. Aqueles três moços eram assim. Você lembra o que aconteceu com eles?
Para ver se você lembra de tudo, marque sim ou não para cada afirmação.

O rei ordenou a construção de uma estátua e ordenou que todas as pessoas se ajoelhassem diante dela.	SIM	NÃO
Sadraque, Mesaque e Abedenego ficaram com medo do rei e também se ajoelharam.	SIM	NÃO
O rei mandou que os três jovens fossem jogadas na fornalha ardente por não obedecerem a sua ordem.	SIM	NÃO
Quando o rei observou a fornalha, viu três homens atados lá dentro sendo queimados.	SIM	NÃO
O rei ficou tão impressionado que mandou os três jovens saírem e lhes deu cargos muito importantes no reino.	SIM	NÃO
Com essa história aprendemos que Deus protege e cuida de quem é fiel a Ele e não se inclina diante de deuses falsos.	SIM	NÃO

PRATIQUE COM PALABRITAS

SEJA FIEL A DEUS. ELE É FIEL A VOCÊ.

SE PUDÉSSEMOS VER AS PEGADAS DE DEUS, PERCEBERÍAMOS QUE ELE SEMPRE ESTÁ AO NOSSO LADO. PEÇA A DEUS QUE ABRA SEUS OLHOS ESPIRITUAIS PARA QUE VOCÊ SEMPRE VEJA QUE ELE NUNCA LHE ABANDONA E QUE ESTÁ MAIS PRÓXIMO QUANDO VOCÊ LHE É FIEL.

A INTEGRIDADE

*"O rei ordenou que trouxessem a Daniel,
e lançaram-no na cova dos leões."*

DANIEL 6.16

Aconteceu
por volta
de 540 a.C.

DANIEL, O HOMEM ÍNTEGRO SALVO POR DEUS

ADAPTADO DE
Daniel 6.10-24

O rei Dario, influenciado por um grupo de homens maus, criou uma lei que proibia a oração a Deus. Isso colocou Daniel numa situação difícil. Mas...

Daniel, pois, quando soube que o edito estava assinado, entrou em sua casa (ora havia no seu quarto janelas abertas do lado de Jerusalém), e três vezes no dia se punha de joelhos, e orava e dava graças diante do seu Deus, como também antes costumava fazer.

Então, aqueles homens foram juntos e acharam a Daniel orando e suplicando diante do seu Deus. Então, se apresentaram ao rei e, a respeito do edito real, disseram-lhe: Daniel, que é dos filhos dos cativos de Judá, não tem feito caso de ti, ó rei, nem do edito que assinaste, antes três vezes por dia faz a sua oração.

Então, o rei ordenou que trouxessem a Daniel, e lançaram-no na cova dos leões.

E, falando o rei, disse a Daniel: O teu Deus, a quem tu continuamente serves, ele te livrará.

Pela manhã, ao romper do dia, levantou-se o rei e foi com pressa à cova dos leões.

E, chegando-se à cova, chamou por Daniel com voz triste; e disse o rei a Daniel: Daniel, servo do Deus vivo, dar-se-ia o caso que o teu Deus, a quem tu continuamente serves, tenha podido livrar-te dos leões?

Então, Daniel falou ao rei: Ó rei, vive para sempre! O meu Deus enviou o seu anjo, e fechou a boca dos leões, para que não me fizessem dano, porque foi achada em mim inocência diante dele; e também contra ti, ó rei, não tenho cometido delito algum.

Então, o rei muito se alegrou em si mesmo, e mandou tirar a Daniel da cova. Assim foi tirado Daniel da cova, e nenhum dano se achou nele, porque crera no seu Deus. E ordenou o rei, e foram trazidos aqueles homens que tinham acusado a Daniel e foram lançados na cova dos leões, eles, seus filhos e suas mulheres; e ainda não tinham chegado ao fundo da cova quando os leões se apoderaram deles e lhes esmigalharam todos os ossos.

UNIDADE 36

A INTEGRIDADE

INTEGRIDADE é um valor moral que nos permite levar uma vida completamente reta, honesta e sem nenhuma corrupção. A pessoa íntegra diz apenas a verdade e faz sempre o que é correto em todas as circunstâncias.

IMPRESSIONANTE!

Você leu a história de Daniel? Não foi impressionante o que aconteceu? Ele dormiu tranquilamente a noite toda no meio dos leões famintos, que estavam loucos para devorar qualquer pessoa. Mas não fizeram nada com Daniel, pois ele agradou a Deus com sua *integridade* e Deus o protegeu por causa disso.

O QUE VOCÊ ACHA?

* O rei Dario criou uma lei ordenando que ninguém podia solicitar um favor a qualquer pessoa que não fosse ele. Quando o avisaram que Daniel orava e pedia a Deus, mandou jogá-lo na cova dos leões. Mas Daniel havia aprendido, desde menino, a ser íntegro.

* Quem protegeu Daniel aquela noite de ser destroçado?

* Por que Deus protegeu Daniel desse modo tão especial?

* Você gostaria de ser uma pessoa íntegra e experimentar a aprovação total de Deus?

SEJA VALENTE!

É normal você sentir um pouco de medo quando está sendo pressionado pelos amigos ou por alguma situação difícil, que parecem leões famintos querendo devorá-lo.

Mas não desanime! Se você se mantiver fiel a Deus, Ele lhe dará vitória sempre. Deus quer que Seus filhos andem pela vida com integridade e retidão, e Ele os ajuda a fazer isso.

Compreenda a PALAVRA DE DEUS

HORA DA AÇÃO!

Proponha-se a ser íntegro em todas estas situações em que você é pressionado a se afastar de Deus:

1. Quando zombarem de você por confiar Nele.

2. Quando você preferir Deus a algum privilégio do mundo.

3. Quando tentarem obrigar você a mentir ou a fazer alguma coisa desonesta.

4. Quando convidarem você a fazer alguma coisa que desagrada a Deus ou a seus pais.

CRESCER EM FAMÍLIA

VAMOS RESPONDER JUNTOS:

* Que ensinamento importante podemos extrair da história de Daniel?
* Alguém passou por alguma situação em que tenha sido tentado ou pressionado para abrir mão da integridade, na escola ou no trabalho? O que fez para não ceder?
* Quem pode dar uma razão para sermos íntegros em todos os aspectos da vida?

VAMOS ORAR JUNTOS

Amado Deus, pedimos que nos ajudes a caminhar, a partir de hoje, de modo reto e íntegro em todos os momentos da vida. Pedimos perdão pelas situações em que não confiamos em Ti e achamos que mais fácil mentir ou fazer alguma coisa errada. Queremos ser como Daniel: não Te esquecer, mesmo quando formos pressionados para isso, a fim de contar com Tua bênção e proteção. No nome de Jesus. Amém.

A INTEGRIDADE

ENFRENTAR OS LEÕES DA MENTIRA

Os inimigos de Daniel viam que ele era uma pessoa íntegra e que não mentia. Por isso, precisaram inventar um modo de acusá-lo. Mas Deus o guardou a salvo na cova dos leões.

DIVIRTA-SE E APRENDA

Justin propõe um jogo sobre a integridade. Na primeira coluna, há uma lista de valores; na segunda, há o antônimo (uma palavra que significa o contrário de outra) de cada valor. Ligue cada valor a seu antônimo. E Justin lembra: pratique a primeira coluna e fuja da segunda!

VERDADE	PECADO
OBEDIÊNCIA	FALSIDADE
SANTIDADE	DESONESTIDADE
INTEGRIDADE	MENTIRA
SINCERIDADE	REBELDIA

"Nota o homem sincero e considera o reto, porque o fim desse homem é a paz."
Salmos 37.37

Viva A PALAVRA DE DEUS

Você sabe que Palabritas e Gusi pensam de modo diferente sobre como comportarem-se em cada situação. Eles vão enfrentar o leão da mentira, mas só o vencerá aquele que tiver uma resposta de 35 letras. O que disse cada personagem? Quem vencerá o leão?

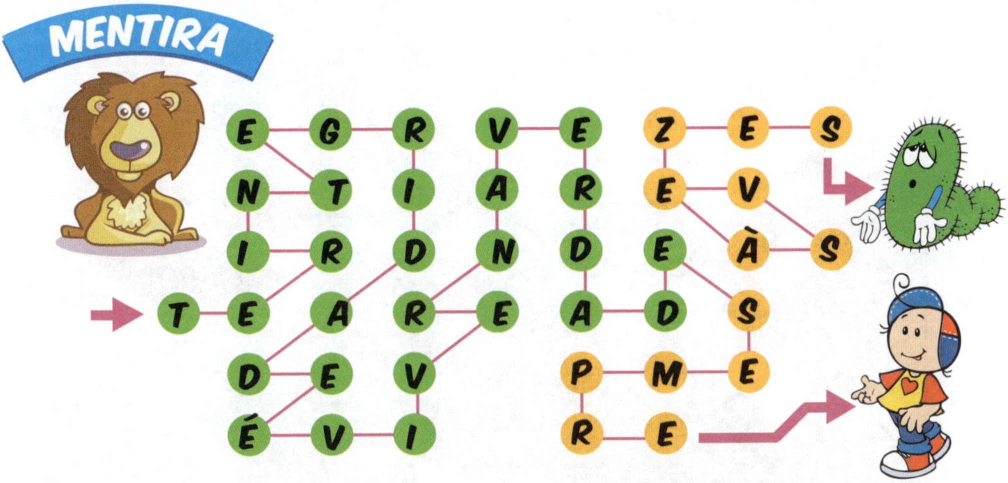

PRATIQUE COM PALABRITAS

HÁ PESSOAS QUE SE COMPORTAM BEM APENAS QUANDO LHES CONVÊM. MAS, QUANDO ESTÃO SOZINHAS, MOSTRAM SEU VERDADEIRO CARÁTER.
A PESSOA ÍNTEGRA É AQUELA QUE SE COMPORTA DE MODO ADEQUADO EM QUALQUER SITUAÇÃO, QUER ESTEJA SOZINHA, QUER ESTEJA COM OUTRAS PESSOAS.

A PROTEÇÃO DE DEUS

"Preparou, pois, o SENHOR um grande peixe para que tragasse a Jonas; e esteve Jonas três dias e três noites nas entranhas do peixe."

JONAS 1.17

Aconteceu por volta de 750 a.C.

JONAS, O HOMEM QUE TENTOU FUGIR DE DEUS

ADAPTADO DE
Jonas 1; 2

E veio a palavra do SENHOR a Jonas, filho de Amitai, dizendo: Levanta-te, vai à grande cidade de Nínive, e clama contra ela, porque a sua malícia subiu até à minha presença.

Porém, Jonas se levantou para fugir da presença do SENHOR para Társis. E descendo a Jope, achou um navio que ia para Társis; pagou, pois, a sua passagem e desceu para dentro dele, para ir com eles para Társis, para longe da presença do SENHOR. Mas o SENHOR mandou ao mar um grande vento, e fez-se no mar uma forte tempestade, e o navio estava a ponto de quebrar-se.

Então, temeram os marinheiros, e clamavam cada um ao seu deus, e lançaram ao mar as cargas, que estavam no navio, para o aliviarem do seu peso; Jonas, porém, desceu ao porão do navio, e, tendo-se deitado, dormia um profundo sono. E o mestre do navio chegou-se a ele e disse-lhe: Que tens, dorminhoco? Levanta-te, clama ao teu Deus; talvez assim esse Deus se lembre de nós para que não pereçamos.

E diziam cada um ao seu companheiro: Vinde, e lancemos sortes, para que saibamos por que causa nos sobreveio este mal. E lançaram sortes, e a sorte caiu sobre Jonas.

E disseram-lhe: Que te faremos nós, para que o mar se nos acalme?

E ele lhes disse: Levantai-me, e lançai-me ao mar, e o mar se vos aquietará; porque eu sei que por minha causa vos sobreveio esta grande tempestade.

E levantaram a Jonas e o lançaram ao mar, e cessou o mar da sua fúria.

Preparou, pois, o SENHOR um grande peixe para que tragasse a Jonas; e esteve Jonas três dias e três noites nas entranhas do peixe.

E orou Jonas ao SENHOR, seu Deus, das entranhas do peixe. E disse: Na minha angústia clamei ao SENHOR, e ele me respondeu; do ventre da sepultura gritei, e tu ouviste a minha voz.

Os que observam as falsas vaidades deixam a sua misericórdia. Mas eu te oferecerei sacrifício com a voz do agradecimento; o que votei pagarei. Do SENHOR vem a salvação.

Falou, pois, o SENHOR ao peixe, e este vomitou a Jonas na terra seca.

UNIDADE 37

A PROTEÇÃO DE DEUS

A PROTEÇÃO DE DEUS é um privilégio que todas as pessoas do mundo desejam ter. Ela inclui Sua ajuda nos momentos difíceis, Seu amparo diante dos perigos de morte, mas, acima de tudo, é desfrutar de Sua bênção completa e cuidado em todos os momentos da vida.

IMPRESSIONANTE!

Pobre Jonas! Perdeu a proteção de Deus por fazer a própria vontade e, assim, desobedecer à ordem que lhe havia sido dada de ir a Nínive.

Agora ele está no estômago de um grande peixe, arrependido por não ter cumprido a ordem que Deus lhe dera. Isso não teria ocorrido se ele tivesse sido obediente.

O QUE VOCÊ ACHA?

Deus havia ordenado a Jonas que fosse a Nínive, uma cidade com gente cheia de pecado.

Sua missão era dizer às pessoas que se arrependessem. Mas Jonas não obedeceu e quis fugir em um barco.

Por fim, terminou preso três dias no estômago de um peixe gigantesco. O que você acha que ele pensou enquanto esteve lá?

* Leia de novo a oração que Jonas fez enquanto estava no ventre do grande peixe e descubra porque ele perdeu a proteção especial de Deus.

PESQUISE E DESCUBRA

Volte à Unidade 3 e leia a história de Noé. Depois, compare o que aconteceu com ele por ter obedecido a Deus e ter construído a arca com o que aconteceu com Jonas por ter desobedecido à ordem de ir a Nínive:

* Como o cuidado de Deus se manifestou todo o tempo a favor de Noé, desde que ele construiu a arca até que o dilúvio terminou?
* Leia a história de Jonas e descubra como ele recebeu a desaprovação de Deus por ter-Lhe desobedecido e ter acabado dentro de um peixe, onde se arrependeu do erro cometido.

CRESCER EM FAMÍLIA

VAMOS RESPONDER JUNTOS:

* Por que a proteção de Deus, todos os dias e em todas as atividades, é importante para nós?
* Vamos mencionar algumas situações nas quais nosso comportamento pode parecer-se com o de Jonas com relação a Deus.
* Vamos orar juntos pedindo a Deus que nos ajude a ser obedientes e, assim, receber sempre Sua proteção.

VAMOS ORAR JUNTOS

Amado Deus, obrigado por nos amares tanto e por estares dispostos a guardar-nos e a proteger-nos a todo tempo. Ajuda-nos a ser obedientes a Ti em tudo, seguindo sempre Tua orientação a fim de desfrutarmos Tua proteção todos os dias e em todos os lugares. No nome de Jesus. Amém.

A PROTEÇÃO DE DEUS

QUANDO NOS AFASTAMOS DE DEUS, NÓS NOS AFASTAMOS DE SUA GRANDE PROTEÇÃO

Jonas aprendeu que desobedecer a Deus significa ficar exposto a perigos desnecessários.

DIVIRTA-SE E APRENDA

Quando obedecemos a Deus, obtemos quatro coisas muito importantes. Una corretamente as peças abaixo e forme quatro bênçãos que Deus dá a Seus filhos obedientes.

GU TE DO BÊN

ÇÃO DA SE CUI

ÇÃO RAN ÇA PRO

"Tu [, SENHOR,] foste o meu alto refúgio, e proteção no dia da minha angústia."
Salmos 59.16

Viva A PALAVRA DE DEUS

Encontra dentro do grande peixe todas as palavras em vermelho das frases abaixo. E não se esqueça de obedecer aos mandamentos que Deus tem dado a você.

Quando queremos escapar de Deus por desobediência,
o grande peixe das consequências nos alcança, como
aconteceu com Jonas. Ouçamos sempre a Deus
para desfrutar de Sua proteção.

					A	P								
			R	Q	X	E	S	A	N	O	J			
			A	K	S	Z	Z	V	T	N	A	L		
			P	R	O	T	E	Ç	Ã	O	N	O	D	
			A	B	I	S	E	M	P	R	E	S	E	
P	E	I	X	E	D	O	U	Ç	A	M	O	S	U	
C	O	N	S	E	Q	U	Ê	N	C	I	A	S	S	
W	C	D	E	S	O	D	E	D	I	Ê	N	C	I	A
			I	D	B	D	E	S	F	R	U	T	A	R

PRATIQUE COM PALABRITAS

QUANDO VOCÊ OBEDECE A DEUS, ELE LHE PROTEGE E GUARDA DE TODO PERIGO DE MODO ESPECIAL. MAS QUANDO VOCÊ LHE DESOBEDECE, ELE FAZ O QUE TODO BOM PAI FAZ COM OS FILHOS QUE QUER CORRIGIR: VAI DISCIPLINAR VOCÊ.

UNIDADE 38

A HUMILDADE

"Disse então Maria: A minha alma engrandece ao Senhor e o meu espírito se alegra em Deus, meu Salvador; porque atentou na baixeza de sua serva; pois eis que desde agora todas as gerações me chamarão bem-aventurada."

LUCAS 1.46-48

Aconteceu por volta de 1 a.C.

Leia A PALAVRA DE DEUS

MARIA, EXEMPLO DE HUMILDADE

ADAPTADO DE
Lucas 1.26-52

Foi o anjo Gabriel enviado por Deus a uma cidade da Galileia, chamada Nazaré, a uma virgem desposada com um homem, cujo nome era José, da casa de Davi; e o nome da virgem era Maria.

E, vindo o anjo até ela, disse: Salve, agraciada; o Senhor é contigo; bendita és tu entre as mulheres.

E, vendo-o ela, turbou-se muito com sua palavra, e considerava que saudação seria esta.

Disse-lhe, então, o anjo: Maria, não temas, porque achaste graça diante de Deus. E eis que em teu ventre conceberás e darás à luz um Filho, e chamarás o seu nome Jesus. Este será grande, e será chamado Filho do Altíssimo; e o Senhor Deus lhe dará o trono de Davi, seu pai; e reinará eternamente na casa de Jacó, e o seu Reino não terá fim.

Disse então Maria: Eis aqui a serva do Senhor.

E, naqueles dias, levantando-se Maria, foi apressada às montanhas, a uma cidade de Judá, e entrou em casa de Zacarias e saudou a Isabel [sua prima]. E aconteceu que, ao ouvir Isabel a saudação de Maria, a criancinha saltou no seu ventre; e Isabel foi cheia do Espírito Santo.

E exclamou com grande voz, e disse: Bendita és tu entre as mulheres, e bendito o fruto do teu ventre. E de onde me provém isto a mim: que venha visitar-me a mãe do meu Senhor? Pois eis que, ao chegar aos meus ouvidos a voz da tua saudação, a criancinha saltou de alegria no meu ventre. Bem-aventurada a que creu, pois hão de cumprir-se as coisas que da parte do Senhor lhe foram ditas.

Disse então Maria:

A minha alma engrandece ao Senhor e o meu espírito se alegra em Deus, meu Salvador, porque atentou na baixeza de sua serva; pois eis que desde agora todas as gerações me chamarão bem-aventurada, porque me fez grandes coisas o Poderoso; e santo é seu nome.

E a sua misericórdia é de geração em geração sobre os que o temem.

Com o seu braço agiu valorosamente; dissipou os soberbos no pensamento de seus corações.

Depôs dos tronos os poderosos e elevou os humildes.

UNIDADE 38

A HUMILDADE

A HUMILDADE é o valor que nos leva a olhar para nós mesmos com singeleza, sem nos considerarmos superiores aos demais. Espiritualmente, é uma virtude muito apreciada por Deus, que nos pede em Sua Palavra que sejamos humildes de coração.

O que devemos fazer quando recebemos uma grande distinção? Vejamos como Maria recebeu a honra de ser a mãe do Salvador.

IMPRESSIONANTE!

Vejam que atitude impressionante Maria teve! Ela poderia ter recebido com muito orgulho a grande distinção que Deus lhe deu de ser escolhida para ser a mãe de Jesus, mas disse que era apenas uma simples serva de Deus e que não merecia aquela distinção. Maria tinha verdadeira humildade.

O QUE VOCÊ ACHA?

É normal nós nos sentirmos contentes ou felizes quando recebemos algum prêmio ou reconhecimento por haver feito bem alguma coisa ou por ter tido sucesso em alguma área. Mas muitas pessoas se enchem de orgulho quando isso acontece e se comportam com altivez, até desprezando as outras. Isso ocorre porque elas pensam que se tornaram mais importantes que as demais ou porque acham que sua capacidade ou seu méritos são maiores que os das outras pessoas.

* O que você pensa da atitude de Maria diante da notícia de que havia sido escolhida para ser a mãe do Salvador?

* Como Maria reagiu quando Isabel manifestou admiração por ela por causa da distinção que havia recebido de Deus?

Compreenda A PALAVRA DE DEUS

PARABÉNS, ALBERTO!

Alberto é o capitão do time de futebol da escola. Seu time participou do campeonato estadual e foi o campeão, vencendo mais de vinte escolas.

Quando recebeu o troféu, Alberto disse: "Acho que nós jogamos muito bem durante o campeonato. Mas quero dividir esse troféu com outros times que jogaram melhor do que o nosso, mas não chegaram à final. Eles também deveriam receber um troféu!" Alberto demonstrou muito bem o que é humildade.

PONTOS DE PODER

* A humildade não deve se refletir apenas em nossas palavras, mas também no que fazemos.
* Ser humildes nos guarda do orgulho, da soberba e da altivez que nos afastam de Deus.
* A Bíblia diz que Jesus, o Filho de Deus, foi o exemplo máximo da humildade que agrada inteiramente a Deus.

CRESCER EM FAMÍLIA

VAMOS RESPONDER JUNTOS:

* Pensando no exemplo de Maria ao aceitar com humildade e obediência o plano de Deus para a vida dela, o que podemos aprender para a nossa?
* Deus diz na Bíblia que está perto das pessoas humildes e se afasta dos altivos. Por que Deus odeia tanto o orgulho e a arrogância?
* Vamos pensar se nosso comportamento tem mostrado que pensamos ser melhores que as outras pessoas. Se isso tem acontecido, vamos pedir perdão a Deus por essa atitude.

VAMOS ORAR JUNTOS

Amado Deus, ajuda-nos a ter consciência do grande valor que temos como filhos Teus, mas também a lembrar que tudo que possuímos veio de Ti. Perdoa-nos se em alguns momentos temos pensado sermos melhores ou mais importantes que outras pessoas. Que a humildade de Teu Filho, Jesus, nos sirva de exemplo de como Te agradar. No nome Dele nós oramos. Amém.

UNIDADE 38

A HUMILDADE

DEUS ENALTECE O HUMILDE E HUMILHA O ALTIVO

Jesus contou uma história sobre a humildade e o orgulho. Ele disse que dois homens foram ao templo para orar: um fariseu e um cobrador de impostos. O fariseu começou a falar de si mesmo e disse: "Deus, eu Te dou graças porque sou um homem muito bom e não sou mau como esse cobrador de impostos". O cobrador, por sua vez, ficou a certa distância, sem levantar os olhos, e, batendo no peito, dizia: "Meu Deus, tem compaixão de mim, porque sou pecador." Jesus disse que Deus escutou com alegria a oração deste homem, mas não a do primeiro.

DIVIRTA-SE E APRENDA

ATIVIDADE EM GRUPO

Depois de lermos a história contada por Jesus, vamos responder:

1. *Como se comportam a pessoa humilde e a orgulhosa?*
2. *Como elas falam de si mesmas?*
3. *Como Deus responde ao humilde e como Ele trata os orgulhosos?*

> *"Ainda que o SENHOR é excelso, atenta todavia para o humilde; mas ao soberbo conhece-o de longe."* Salmos 138.6

Viva A PALAVRA DE DEUS

A humildade de coração não se manifesta só naquilo que fazemos. Ela até mesmo pode ser vista em nosso rosto.
Aprenda a desenhar diferentes rostos seguindo as dicas abaixo.

COMO DESENHAR	HUMILDADE	SINGELEZA	ORGULHO	ALTIVEZ
BOCAS →				
OLHOS →				

AGORA, COMPLETE O ROSTO DOS PERSONAGENS CONFOME A LEGENDA.

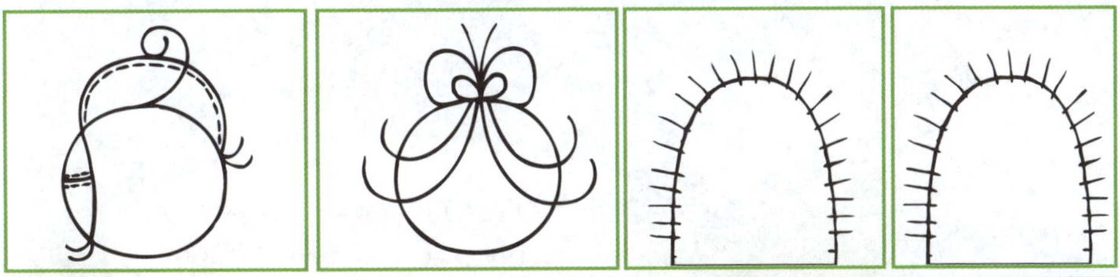

Palabritas humilde	Alegria singela	Gusi orgulhoso	Gusi altivo

PRATIQUE COM PALABRITAS

AS PESSOAS HUMILDES SÃO MUITO RESPEITADORAS E NÃO SE CONSIDERAM SUPERIORES ÀS DEMAIS. JESUS NOS DEU O MAIOR EXEMPLO DE SINGELEZA E DE HUMILDADE, POIS, MESMO SENDO IGUAL A DEUS, SE FEZ COMO NÓS, PARA NOS SALVAR.

UNIDADE 39

O GRANDE AMOR DE DEUS

"Na cidade de Davi, vos nasceu hoje o Salvador, que é Cristo, o Senhor."

LUCAS 2.11

Foi o início da Era Cristã.

O DIA EM QUE O FILHO DE DEUS VEIO AO MUNDO POR AMOR

ADAPTADO DE
Lucas 2.1-21

E aconteceu, naqueles dias, que saiu um decreto da parte de César Augusto, para que todo o mundo se alistasse. E todos iam alistar-se, cada um à sua própria cidade.

E subiu também José da Galileia, da cidade de Nazaré, à Judeia, à cidade de Davi, chamada Belém (porque era da casa e família de Davi), a fim de alistar-se com sua mulher, Maria, desposada com ele, a qual estava grávida.

E aconteceu que, estando eles ali, se cumpriram os dias em que ela havia de dar à luz. E deu à luz a seu filho primogênito, e envolveu-o em panos, e deitou-o numa manjedoura, porque não havia lugar para eles na estalagem.

Ora, havia naquela mesma comarca pastores que estavam no campo, e guardavam, durante as vigílias da noite, o seu rebanho. E eis que um anjo do Senhor veio sobre eles, e a glória do Senhor os cercou de resplendor, e tiveram grande temor.

E o anjo lhes disse: Não temais, porque eis aqui vos trago novas de grande alegria, que será para todo o povo: pois, na cidade de Davi, vos nasceu hoje o Salvador, que é Cristo, o Senhor.

E isto vos será por sinal: achareis o menino envolto em panos e deitado numa manjedoura.

E, no mesmo instante, apareceu com o anjo uma multidão dos exércitos celestiais, louvando a Deus, e dizendo: Glória a Deus nas alturas, paz na terra, boa vontade para com os homens.

E aconteceu que, ausentando-se deles os anjos para o céu, disseram os pastores uns aos outros: Vamos, pois, até Belém, e vejamos isso que aconteceu e que o Senhor nos fez saber. E foram apressadamente, e acharam Maria e José, e o menino deitado na manjedoura.

E, vendo-o, divulgaram a palavra que acerca do menino lhes fora dita.

E, quando os oito dias foram cumpridos, para circuncidar o menino, foi-lhe dado o nome de Jesus, que pelo anjo lhe fora posto antes que no ventre fosse concebido.

UNIDADE

39 O GRANDE AMOR DE DEUS

A história mais emocionante da Bíblia conta que Jesus veio ao mundo por amor!

Uma das passagens mais importantes da Bíblia é esta: "Deus amou o mundo de tal maneira que deu o seu Filho unigênito, para que todo aquele que nele crê não pereça, mas tenha a vida eterna" (João 3.16). Foi assim que Deus demonstrou como é grande Seu amor por nós!

IMPRESSIONANTE!

Deus enviou Seu próprio Filho para viver neste mundo a fim de nos salvar para Ele! Essa não é a história de amor mais maravilhosa que já sei ouviu? Quem ouve essa notícia deve fazer como os pastores: ir correndo conhecer Jesus, que veio salvar as pessoas porque as ama!

O QUE VOCÊ ACHA?

Jesus é o Filho de Deus. Ele veio ao mundo, nascendo como um bebê normal, há mais de dois mil anos e viveu aqui cerca de 33 anos, como um homem normal.

Ele é o verdadeiro Rei do Universo, mas Deus quis que Ele nascesse como a pessoa mais pobre e humilde de todo o mundo.

Leia de novo toda a passagem bíblica e veja as circunstâncias especiais em que Jesus nasceu. Elas revelam ainda mais como é maravilhoso o amor de Deus por nós.

Compreenda A PALAVRA DE DEUS

PESQUISE E DESCUBRA

Jesus é mais especial e tem mais poder que qualquer outra pessoa no Universo: Cristo, Senhor dos senhores, Rei dos reis, Salvador, Redentor, Messias e outras dezenas de nomes.

* Leia o que o profeta Isaías escreveu sobre Jesus 700 anos antes do nascimento Dele naquela manjedoura. Descubra tudo o que Ele é:

"Porque um menino nos nasceu, um filho se nos deu, e o principado estará sobre os seus ombros, e se chamará o seu nome: Maravilhoso, Conselheiro, Deus Forte, Pai da Eternidade, Príncipe da Paz. Do aumento deste principado e da paz não haverá fim, sobre o trono de Davi e no seu reino, para o firmar e o fortificar com juízo e com justiça, desde agora e para sempre. O zelo do SENHOR dos Exércitos fará isto" (Isaías 9.6,7).

CRESCER EM FAMÍLIA

VAMOS RESPONDER JUNTOS:

* Nós já ouvimos ou lemos muitas histórias de amor, mas nenhuma é tão bonita como essa que nos fala do amor de Deus ao enviar Jesus ao mundo para nos salvar. Por que ela é a mais importante?
* Um por vez, vamos mencionar algumas razões pelas quais Deus enviou Seu Filho ao mundo, começando pelo grande amor que Ele tem por nós...
* O que teria acontecido com a humanidade se Jesus não tivesse aceitado vir ao mundo?

VAMOS ORAR JUNTOS

Amado Deus, perdoa-nos porque geralmente não entendemos a grandeza do amor que Tu tens por nós e não compreendemos tudo o que significou para Ti enviares Teu Filho para nos resgatar e dar a vida eterna. Nós Te pedimos que nos ajudes a viver agradecidos a Ti e a Jesus por esse grande amor que Tu nos dás sem que o mereçamos. No nome de Jesus. Amém.

UNIDADE 39

O GRANDE AMOR DE DEUS

POR VOCÊ, DEUS SE FEZ HOMEM EM JESUS!

O nascimento de Jesus é um dos fatos sobrenaturais mais extraordinários que já aconteceram. Pense nisto: o Deus Todo-Poderoso, criador do céu e da terra, se fez homem!

Pequenas perguntas para grandes pensadores

* *Por que Deus teve de se fazer homem?*
* *O que nos havia separado de Deus?*
* *Como Jesus nos aproximou novamente de Deus?*

DIVIRTA-SE E APRENDA

Quando Jesus nasceu, muitas profecias se cumpriram. Lembre-se de que elas foram escritas centenas de anos antes de seu cumprimento.

Profecia (Antigo Testamento)	Cumprimento (Novo Testamento)
Nasceria de uma virgem (Isaías 7.14)	Maria fica grávida pelo Espírito Santo (Mateus 1.18)
Seria crucificado (Salmos 22.14-18)	Jesus foi crucificado (Lucas 19.17-37)
Ressuscitaria (Salmos 16.8-10)	Jesus ressuscitou (Hebreus 2.22-36)
Viria outra vez (Salmos 50.1-5)	Jesus virá outra vez (2 Pedro 3.1-18)

"Deus amou o mundo de tal maneira que deu o seu Filho unigênito."

João 3.16

Viva A PALAVRA DE DEUS

Justin, o anjo amigo, quer lembrar-lhe porque Deus enviou Seu Filho Jesus ao mundo: para que Ele seja algo muito importante para você. O que é?
Em cada linha há uma letra que está na primeira palavra, mas não está na segunda. Descubra qual é e escreva-a na coluna amarela. A palavra que se formará explica porque Palabritas e Alegria estão tão felizes

Está aqui	↓	Não está aqui
DEUS		DEU
SALA		SAL
LAVE		AVE
VIDA		IDA
MESA		MÊS
DAMA		AMA
TOMO		TOM
TRIO		TIO

PRATIQUE COM PALABRITAS

A BÍBLIA DIZ QUE DEUS, POR CAUSA DE SEU GRANDE AMOR POR NÓS, ENVIOU SEU FILHO AO MUNDO PARA SALVAR A TODOS OS QUE CREEM NELE. SE VOCÊ AINDA NÃO O FEZ, CREIA EM JESUS COMO SEU ÚNICO SALVADOR!

JESUS VEIO AO MUNDO POR AMOR A VOCÊ!

JESUS: CRESCENDO COM DEUS

"Passados três dias, o acharam no templo, assentado no meio dos doutores, ouvindo-os e interrogando-os."

LUCAS 2.46

Acontceu por volta do ano 12.

O MENINO JESUS NO TEMPLO

ADAPTADO DE
Lucas 2.41-52

Todos os anos iam seus pais a Jerusalém à festa da páscoa; e, tendo ele [Jesus] já doze anos, subiram a Jerusalém, segundo o costume do dia da festa.

E, regressando eles, terminados aqueles dias, ficou o menino Jesus em Jerusalém, e não o soube José, nem sua mãe.

Pensando, porém, eles que viria de companhia pelo caminho, andaram caminho de um dia, e procuravam-no entre os parentes e entre os conhecidos; e, como o não encontraram, voltaram a Jerusalém em busca dele.

E aconteceu que, passados três dias, o acharam no templo, assentado no meio dos doutores, ouvindo-os e interrogando-os.

E todos os que o ouviam admiravam a sua inteligência e respostas. E quando o viram, maravilharam-se, e disse-lhe sua mãe:

– Filho, por que fizeste assim para conosco? Eis que teu pai e eu ansiosos te procurávamos.

E ele lhes disse:

– Por que é que me procuráveis? Não sabeis que me convém tratar dos negócios de meu Pai?

E eles não compreenderam as palavras que lhes dizia.

E desceu com eles, e foi para Nazaré, e era-lhes sujeito. E sua mãe guardava no seu coração todas estas coisas.

E crescia Jesus em sabedoria, e em estatura e em graça para com Deus e os homens.

UNIDADE 40

JESUS: CRESCENDO COM DEUS

A Bíblia indica que somos formados de três partes. Uma é a que vemos, nosso corpo. Duas nós não podemos ver: a alma e o espírito. Muitas pessoas cuidam apenas do corpo, não se preocupando com a alma e o espírito, e isso é um erro grave.

IMPRESSIONANTE!

Veja o exemplo de Jesus! Ele tinha apenas doze anos e já sabia muito sobre Deus e sobre a razão de ter vindo ao mundo. Não é impressionante o que Ele fazia?

Ele não se preocupava apenas em brincar ou estudar, como as outras crianças. Ele também sabia que devia falar e aprender sobre Deus; por isso, foi até os doutores da lei no templo para lhes fazer perguntas e surpreendê-los com todo o conhecimento que tinha sobre Seu Pai celestial. Maravilhoso, não?

O QUE VOCÊ ACHA?

Jesus cresceu em Nazaré e era igual às outras crianças: brincava, corria, dava gargalhadas... E aprendeu a amar a Deus em casa, com Seus pais.

Seu pai terreno, José, era um carpinteiro. Podemos acreditar que Jesus o ajudava no trabalho. Jesus também era muito obediente à sua mãe, Maria. Além disso, era um garoto muito inteligente e sábio.

Quando tinha doze anos, Seus pais O encontraram no templo, falando com mestres e doutores da lei que ficaram surpresos com tudo o que Ele sabia e com Suas respostas. Ele conhecia muito sobre Deus e sobre as Escrituras Sagradas!

É muito bom quando se aprende a amar a Deus e a ler a Bíblia com alegria desde bem pequeno!

PESQUISE E DESCUBRA

O apóstolo Paulo tinha um amigo, que o ajudava no serviço a Deus, muito jovem, a quem ele amava muito. O jovem se chamava Timóteo, e Paulo lhe escreveu duas cartas muito especiais. Veja algumas coisas que ele escreveu. Esses grandes ensinamentos são dirigidos a você também!

"O exercício corporal para pouco aproveita, mas a piedade para tudo é proveitosa, tendo a promessa da vida presente e da que há de vir. [...] Ninguém despreze a tua mocidade; mas sê o exemplo dos fiéis, na palavra, no trato, no amor, no espírito, na fé, na pureza" (1Timóteo 4.8-12).

"Desde a tua meninice sabes as Sagradas Escrituras, que podem fazer-te sábio para a salvação, pela fé que há em Cristo Jesus. Toda a Escritura é divinamente inspirada, e proveitosa para ensinar, para repreender, para corrigir, para instruir em justiça; para que o homem de Deus seja perfeito, e perfeitamente instruído para toda a boa obra" (2Timóteo 3.15-17).

CRESCER EM FAMÍLIA

VAMOS RESPONDER JUNTOS:

* Alguém já tinha ouvido falar que somos formados de corpo, alma e espírito? Quem saberia dizer a diferença entre eles?
* A Bíblia diz que Deus é Espírito. Também diz que devemos buscá-Lo em espírito e em verdade. O que isso significa?
* Paulo disse que o exercício físico é bom, mas, sem a vida piedosa, traz benefícios apenas para esta vida. Vamos, então, falar de algumas grandes bênçãos que recebemos por ter uma vida espiritual também exercitada?

VAMOS ORAR JUNTOS

Amado Deus, hoje Te agradecemos por sermos lembrados de que nosso corpo guarda nossa alma e nosso espírito, dos quais também devemos cuidar. Ajuda-nos a cuidar de nosso corpo e a nos preocuparmos também com nossa vida espiritual e com nosso relacionamento Contigo. No nome de Jesus. Amém.

UNIDADE 40

JESUS: CRESCENDO COM DEUS

VOCÊ É IMPORTANTE PARA DEUS!

Deus ama você de modo muito especial!
Pense nisto:

* Você crê que Deus o ama?
* O que é mais importante na vida para você?
* Você cuida de seu relacionamento com Deus?
* O que você pode fazer para Deus?

DIVIRTA-SE E APRENDA

Com doze anos, Jesus já sabia quem Ele era e qual era o objetivo de Sua vida. Ele também tinha clareza sobre o que devia fazer para Deus. E você, já tem planos para seu futuro? Com tinta e pincel ou usando lápis de cor, desenhe e pinte o que você gostaria de ser quando crescer.

Depois, ore a Deus assim: "Amado Deus, mostra-me o que Tu queres com a minha vida e me ajude a alcançar isso. Eu quero ser como Jesus e Te conhecer cada vez mais! No nome de Jesus. Amém."

"E crescia Jesus em sabedoria, e em estatura e em graça para com Deus e os homens."
Lucas 2.52

Viva a Palavra de Deus

Devemos cuidar do corpo e também do espírito!

Deus quer que tenhamos um corpo forte e saudável e um espírito assim também. É assim que Palabritas quer viver. Mas Gusi está preocupado só com seu corpo. Trace uma linha entre eles e o que cada um escolheu.

> *"Segundo as riquezas da sua glória, vos conceda que sejais fortalecidos com poder pelo seu Espírito no homem interior."*
> *Efésios 3.16*

PRATIQUE COM PALABRITAS

É MUITO BOM E NECESSÁRIO CUIDAR DO CORPO COM BOA ALIMENTAÇÃO, TOMANDO SOL E FAZENDO EXERCÍCIOS. MAS DENTRO DELE ESTÁ O ESPÍRITO, QUE TAMBÉM PRECISA DE COMIDA SAUDÁVEL. LER A BÍBLIA, FALAR COM DEUS E ESTAR COM OUTROS CRISTÃOS ALIMENTA O ESPÍRITO!

UNIDADE 41

SEGUIDORES DE JESUS

"Não temas; de agora em diante serás pescador de homens. E, levando os barcos para terra, deixaram tudo e o seguiram."

LUCAS 5.10,11

Aconteceu por volta do ano 30

JESUS CONVIDA PESSOAS PARA O SEGUIREM

ADAPTADO DE
Lucas 5.1-11; 6.12-16

Pedro, Tiago e João seguem a Jesus

Estava ele [Jesus] junto ao lago de Genesaré; e viu estar dois barcos junto à praia do lago; e os pescadores, havendo descido deles, estavam lavando as redes.

E, entrando num dos barcos, que era o de Simão, pediu-lhe que o afastasse um pouco da terra; e, assentando-se, ensinava do barco a multidão.

E, quando acabou de falar, disse a Simão:

– Faze-te ao mar alto, e lançai as vossas redes para pescar.

E, respondendo Simão, disse-lhe:

– Mestre, havendo trabalhado toda a noite, nada apanhamos; mas, sobre a tua palavra, lançarei a rede.

E, fazendo assim, colheram uma grande quantidade de peixes, e rompia-se-lhes a rede. E fizeram sinal aos companheiros que estavam no outro barco, para que os fossem ajudar. E foram, e encheram ambos os barcos, de maneira tal que quase iam a pique. E vendo isto Simão Pedro, prostrou-se aos pés de Jesus, dizendo:

– Senhor, ausenta-te de mim, que sou um homem pecador.

Pois que o espanto se apoderara dele e de todos os que com ele estavam, por causa da pesca de peixe que haviam feito. E, de igual modo, também de Tiago e João, filhos de Zebedeu, que eram companheiros de Simão.

E disse Jesus a Simão:

– Não temas; de agora em diante serás pescador de homens.

E, levando os barcos para terra, deixaram tudo e o seguiram.

Jesus escolhe os doze apóstolos

E aconteceu que, naqueles dias, saiu ao monte a orar, e passou a noite em oração a Deus.

E, quando já era dia, chamou a si os seus discípulos e escolheu doze deles, a quem também deu o nome de apóstolos: Simão, ao qual também chamou Pedro, e André, seu irmão; Tiago e João; Filipe e Bartolomeu; Mateus e Tomé; Tiago, filho de Alfeu, e Simão, chamado Zelote; e Judas, irmão de Tiago, e Judas Iscariotes, que foi o traidor.

SEGUIDORES DE JESUS

Um DISCÍPULO é uma pessoa que recebe os ensinamentos de seu mestre e as segue fielmente, até se tornar parecido com o mestre. Os discípulos veem seu mestre como um modelo a seguir e a imitar todos os dias.

IMPRESSIONANTE!

Você viu? Jesus chamou doze homens, de diferentes profissões, e os escolheu para serem Seus discípulos especiais, chamados apóstolos. Eles deixaram tudo o que faziam para seguir Jesus. Por que fizeram isso? Não é impressionante? O que eles viram em Jesus que os levou a deixar sua ocupação e segui-Lo para o resto da vida?

O QUE VOCÊ ACHA?

Ser um discípulo de Jesus é o maior privilégio que alguém pode ter. Muitas pessoas ouvem a mensagem de Jesus, mas apenas algumas decidem conhecê-Lo de maneira mais próxima, tornando-se Seus discípulos.

Jesus escolheu doze homens, de diferentes profissões, para serem Seus discípulos especiais chamados apóstolos.

Alguns deles são bem conhecidos: João, Pedro, Mateus, André... Eles seguiram Jesus durante três anos e aprenderam tudo o que Ele lhes falava sobre o reino dos céus. Desse modo, quando Jesus subiu ao céu, eles puderam continuar ensinando Sua mensagem, falando sobre Jesus e sobre o Pai celestial.

** Se já crê que Jesus é o Filho de Deus e creu Nele como Salvador, você está pronto para ser Seu discípulo.*

HORA DA AÇÃO!

* Como discípulo de Jesus, é importante que você participe da vida da igreja. No convívio com outros irmãos, você crescerá no conhecimento de Jesus.

* Leia a vida de Jesus, que está nos quatro evangelhos (Mateus, Marcos, Lucas e João) e veja como era o relacionamento dos discípulos com Ele.

* E não esqueça que os verdadeiros seguidores de Jesus se comportam como Ele e falam a outros de Seu grande amor que O levou a dar a vida para salvar toda a humanidade.

CRESCER EM FAMÍLIA

VAMOS RESPONDER JUNTOS:

* Algumas pessoas acreditam que só é possível ser discípulo de Jesus se abandonarem estudos ou trabalho e se saírem de casa. Será que isso está certo?

* Se não está, o que será que Jesus quer que abandonemos para O seguir como discípulos? Alguém lembra de alguma?

* Como cada um de nós pode decidir ouvir Jesus e obedecer-Lhe, a fim de ser um verdadeiro seguidor Dele?

VAMOS ORAR JUNTOS

Amado Jesus, nós Te agradecemos por nos lembrares que nos escolheste para sermos Teus discípulos, a fim de ouvir Tuas palavras e obedecermos a elas. Não queremos ser apenas pessoas que simpatizam Contigo, mas não se comprometem Contigo. Ajuda-nos a, desde hoje, conhecer-Te mais e a seguir-Te de modo obediente e de todo o coração. Oramos em Teu precioso nome. Amém.

UNIDADE 41

SEGUIDORES DE JESUS

VOCÊ ESTÁ DISPOSTO A SEGUIR JESUS?

Muitos ouviram Jesus, mas nem todos estavam dispostos a segui-Lo e ser Seus discípulos.

DIVIRTA-SE E APRENDA

Alegria e Palabritas são discípulos de Jesus, e Gusi não entende o que isso significa. Para ajudá-lo a entender, pinte os peixes que tenham características do verdadeiro discípulo. Os peixes em branco descrevem quem é apenas simpatizante.

"Se vós permanecerdes na minha palavra, verdadeiramente sereis meus discípulos." João 8.31

Viva A PALAVRA DE DEUS

Palabritas e seus amigos decidiram completar a frase "Um verdadeiro discípulo deve ser...". Cada um completou como quis. Mas... um deles não respondeu certo. Quem foi? Siga cada linha e descubra.

Quem está errado? ______________ Por quê? ______________

"Sede cumpridores da palavra, e não somente ouvintes, enganando-vos a vós mesmos." (Tiago 1.22)

PRATIQUE COM PALABRITAS

QUANDO SEGUE A JESUS, VOCÊ SE TORNA UMA ESPÉCIE DE HERÓI, POIS PODE AJUDAR A RESGATAR MUITAS PESSOAS, FALANDO A ELAS SOBRE ELE E SOBRE SUA SALVAÇÃO. NÃO SE ESQUEÇA: QUEM FALA DE JESUS DEMONSTRA SER AMIGO DELE!

A PRUDÊNCIA

*"Qualquer que vem a mim e ouve as minhas palavras,
e as observa, eu vos mostrarei a quem é semelhante: é semelhante ao homem que edificou uma casa, e cavou, e abriu bem fundo e pôs os alicerces sobre a rocha; e, vindo a enchente, bateu com ímpeto a corrente naquela casa e não a pôde abalar,
porque estava fundada sobre a rocha."*

LUCAS 6.47,48

O HOMEM PRUDENTE E O HOMEM INSENSATO

ADAPTADO DE
Lucas 6.46-49; Mateus 7.24-27

CONSTRUIR SOBRE A ROCHA

E por que me chamais "Senhor, Senhor" e não fazeis o que eu digo?

Qualquer que vem a mim e ouve as minhas palavras, e as observa, eu vos mostrarei a quem é semelhante: é semelhante ao homem que edificou uma casa, e cavou, e abriu bem fundo, e pôs os alicerces sobre a rocha; e, vindo a enchente, bateu com ímpeto a corrente naquela casa, e não a pôde abalar, porque estava fundada sobre a rocha.

Mas o que ouve e não pratica é semelhante ao homem que edificou uma casa sobre terra, sem alicerces, na qual bateu com ímpeto a corrente, e logo caiu; e foi grande a ruína daquela casa.

O PRUDENTE E O INSENSATO

Todo aquele, pois, que escuta estas minhas palavras e as pratica, assemelhá-lo-ei ao homem prudente, que edificou a sua casa sobre a rocha.

E desceu a chuva, e correram rios e assopraram ventos, e combateram aquela casa, e não caiu, porque estava edificada sobre a rocha.

E aquele que ouve estas minhas palavras e não as cumpre, compará-lo-ei ao homem insensato, que edificou a sua casa sobre a areia.

E desceu a chuva, e correram rios e assopraram ventos, e combateram aquela casa, e caiu, e foi grande a sua queda.

UNIDADE 42

A PRUDÊNCIA

A PRUDÊNCIA é uma virtude que nos faz pensar, antes de tomar uma decisão, para distinguir o que é bom do que é mau, o que é saudável do que é perigoso. Ser prudente é ser sábio, pois isso nos faz precavidos, protegendo-nos de riscos físicos e espirituais.

O QUE VOCÊ ACHA?

Você leu a parábola de Jesus sobre o homem prudente e o insensato?

Jesus contou essa história para explicar como é a vida das pessoas que O escutam e Lhe obedecem e também daquelas que não seguem Suas instruções.

Ele disse que a vida de cada pessoa é como uma casa, que pode ser edificada sobre a areia, e poderá ruir, ou sobre a rocha, que é o próprio Jesus e Suas palavras. A casa construída sobre a rocha é indestrutível.

Você já pensou como vai construir sua vida no futuro?

DECIDA-SE

A pessoa prudente sabe que não é suficiente escutar a voz de Deus. É preciso também obedecer-Lhe para que sua vida seja abençoada. Todos os dias nós temos oportunidade de tomar decisões que influenciarão em nosso futuro. Decida-se a pôr em prática tudo o que Deus ensina em Sua Palavra sábia e maravilhosa. Assim, você terá uma vida plena, abençoada e abundante.

VOCÊ É PRUDENTE QUANDO...

* Pensa no que Deus ensina em Sua Palavra antes de falar ou de fazer alguma coisa.
* Evita fazer alguma coisa que Deus ou seus pais já disseram que é ruim, mesmo que seus amigos ou colegas façam ou convidem você a fazer.
* Cuida bem do corpo, do coração e da mente e trata as demais pessoas com atenção e respeito.

Amigos da prudência: obediência a Deus, responsabilidade, pureza, precaução e amor próprio.

Inimigos a vencer: irresponsabilidade, insensatez, indiscrição, fofoca, más companhias e conversas inadequadas.

CRESCER EM FAMÍLIA

VAMOS RESPONDER JUNTOS:

* O que aprendemos da parábola de Jesus sobre o homem prudente e o insensato? Por que Jesus disse que a pessoa prudente construía a vida sobre uma rocha sólida, que era a obediência aos Seus ensinamentos?
* Por que Jesus disse que as pessoas que apenas ouvem Suas palavras, mas não as praticam, são também pessoas tolas e imprudentes?
* Por que podemos dizer que agir com sensatez é uma proteção contra grandes perigos e consequências graves?

VAMOS ORAR JUNTOS

Amado Deus, ajuda-nos a não sermos apenas ouvintes de Tua Palavra, mas a sermos também praticantes dela. Somente assim nossa vida será como uma casa bem construída, por ter a Tua Palavra como alicerce. Obrigado por nos ensinares que a prudência nos protege e guarda nossa vida para sempre Te agradar. No nome de Jesus. Amém.

UNIDADE 42

A PRUDÊNCIA

EDIFIQUE SUA VIDA PRUDENTEMENTE, SOBRE ALICERCES FIRMES

Jesus é a Rocha segura e firme sobre a qual podemos edificar nossa vida.

DIVIRTA-SE E APRENDA

Palabritas e Gusi vão construir cada um sua casa. Mas eles escolheram materiais diferentes...

ALICERCES DA CASA DE PALABRITAS

1. Prudência
2. Sabedoria
3. Obediência

ALICERCES DA CASA DE GUSI

1. Insensatez
2. Rebeldia
3. Orgulho

Como será a casa de Palabritas?
Como será a casa de Gusi?

Encontre neste quadro de letras os alicerces que cada um dos personagens usou para construir.

E	S	A	B	I	A	O	R	U	P
A	I	R	O	D	E	B	A	S	A
O	S	E	T	A	X	E	R	O	C
R	R	E	B	E	L	D	I	A	O
G	U	A	E	L	E	I	C	I	R
U	R	G	D	O	H	Ê	D	I	E
L	P	R	U	D	Ê	N	C	I	A
H	E	O	R	O	R	C	A	F	T
O	T	C	P	R	U	I	N	S	E
I	N	S	E	N	S	A	T	E	Z

"Se o SENHOR não edificar a casa, em vão trabalham os que a edifica."
Salmos 127.1

Viva A PALAVRA DE DEUS

Palabritas e Gusi terminaram de construir cada um sua casa. Eles escolheram também as colunas que consideraram mais importante para segurar o teto.
O que acontecerá com a casa deles? Descubra passando as letras numerada para os quadrinhos correspondentes.

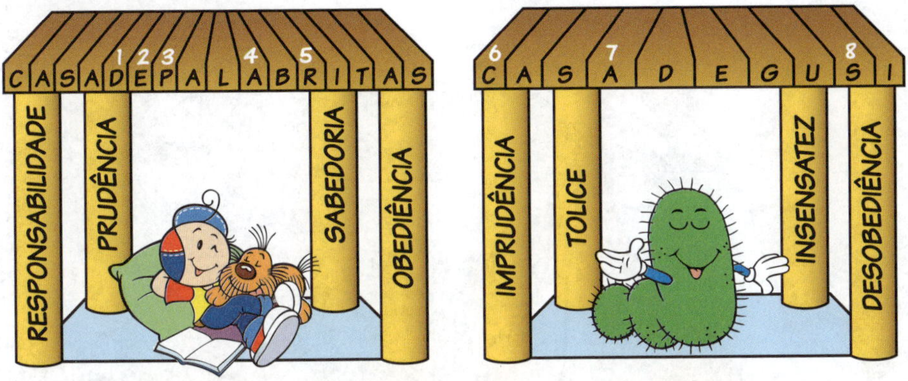

A CASA DE PALABRITAS	3	2	1	U	5	4	5	4 ,
A CASA DE GUSI	6	7	8	R	7 ,			

PRATIQUE COM PALABRITAS

A BÍBLIA DIZ QUE, QUEM CONSTRÓI ALGO SEM A AJUDA DE DEUS, TRABALHA EM VÃO E SUA OBRA PODERÁ CAIR A QUALQUER MOMENTO.
AS PESSOAS SÁBIAS SEMPRE CONSULTAM A DEUS E LHE OBEDECEM QUANDO VÃO FAZER QUALQUER COISA, PRINCIPALMENTE AQUELAS IMPORTANTES.

O PODER MIRACULOSO DE DEUS

"Eis que chegou um homem de nome Jairo, que era príncipe da sinagoga; e, prostrando-se aos pés de Jesus, rogava-lhe que entrasse em sua casa; porque tinha uma filha única, quase de doze anos, que estava à morte."

LUCAS 8.41,42

Aconteceu por volta do ano 31

Leia A PALAVRA DE DEUS

JESUS AMA E FAZ MILAGRES!

ADAPTADO DE
Lucas 8.40-56

Quando voltou Jesus [à Galileia], a multidão o recebeu, porque todos o estavam esperando.

E eis que chegou um homem de nome Jairo, que era príncipe da sinagoga; e, prostrando-se aos pés de Jesus, rogava-lhe que entrasse em sua casa; porque tinha uma filha única, quase de doze anos, que estava à morte.

E indo ele, apertava-o a multidão. E uma mulher, que tinha um fluxo de sangue, havia doze anos, e gastara com os médicos todos os seus bens, e por nenhum pudera ser curada, chegando por detrás dele, tocou na orla do seu vestido, e logo estancou o fluxo do seu sangue.

E disse Jesus: Quem é que me tocou?

E, negando todos, disse Pedro e os que estavam com ele: Mestre, as multidões te apertam e pressionam, e dizes: Quem é que me tocou?

E disse Jesus: Alguém me tocou, porque bem conheci que de mim saiu poder.

Então, vendo a mulher que não podia ocultar-se, aproximou-se tremendo e, prostrando-se ante ele, declarou-lhe diante de todo o povo a causa por que lhe havia tocado e como logo sarara.

E ele lhe disse: Tem bom ânimo, filha, a tua fé te salvou; vai em paz.

Estando ele ainda falando, chegou um dos do príncipe da sinagoga, dizendo: A tua filha já está morta, não incomodes o Mestre.

Jesus, porém, ouvindo-o, respondeu-lhe, dizendo: Não temas; crê somente, e será salva.

E, entrando em casa, a ninguém deixou entrar, senão a Pedro, e a Tiago, e a João, e ao pai e a mãe da menina. E todos choravam e a pranteavam.

E ele disse: Não choreis; não está morta, mas dorme.

E riam-se dele, sabendo que estava morta.

Mas ele, pondo-os todos fora, e, pegando-lhe na mão, clamou, dizendo: Levanta-te, menina.

E o seu espírito voltou, e ela logo se levantou; e Jesus mandou que lhe dessem de comer. E seus pais ficaram maravilhados; e ele lhes mandou que a ninguém dissessem o que havia sucedido.

UNIDADE 43

O PODER MIRACULOSO DE DEUS

Um MILAGRE é um acontecimento sobrenatural, realizado por Deus, que quebra as leis naturais estabelecidas e supera o conhecimento humano ou científico. Somente Deus, que é o autor das leis físicas e naturais, pode interrompê-las por Sua própria vontade para gerar um fato surpreendente chamado milagre.

IMPRESSIONANTE!

Jesus, o Filho de Deus, tem o mesmo poder de Seu Pai celestial para fazer milagres! Primeiro, um homem desesperado vem e Lhe pede que vá e cure a filha que está morrendo. Enquanto seguem para a casa do homem, uma mulher enferma há doze anos tocou na roupa de Jesus com fé e ficou curada. Quando chegaram à casa, a menina já havia morrido, mas isso não era nenhum problema para Jesus: Ele a ressuscitou! *Que poder impressionante Jesus tem para fazer milagres!*

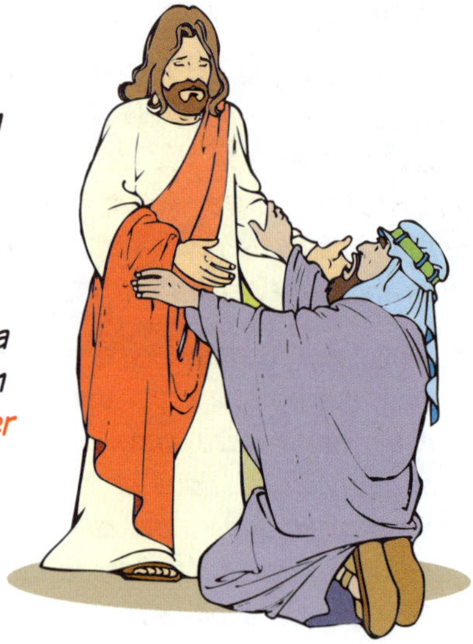

O QUE VOCÊ ACHA?

Os milagres são uma demonstração do poder maravilhoso que Deus tem sobre todas as coisas.

* Muitas pessoas acreditam que os milagres só aconteciam nos tempos de Jesus, dos apóstolos e dos grandes heróis da fé. Mas não é assim.
* Muitas pessoas que creem em Jesus nos dias atuais dão testemunho de maravilhosas respostas à oração que têm recebido.
* Você crê que Jesus pode fazer milagres ainda hoje?
* Você precisa que Ele faça alguma milagre em sua família ou em você mesmo?

Então, peça a Ele com fé!

PESQUISE E DESCUBRA

Para demonstrar que era o Filho de Deus, Jesus fez muitos milagres que deixaram as pessoas impressionadas. Leia como Ele:

* Caminhou sobre o mar (Mateus 14.22-33).
* Ordenou ao vento e ao mar que se acalmassem (Mateus 8.23-27).
* Fez com que cegos voltassem a ver e mudos voltassem a falar (Mateus 9.27-33).
* Devolveu a vida a um homem que estava morto há quatro dias (João 11.38-44).
* Curou um paralítico (João 5.1-9).

CRESCER EM FAMÍLIA

VAMOS RESPONDER JUNTOS:

* Quem crê que Deus ainda faz milagres hoje em dia? Alguém ouviu de algum milagre, ou presenciou algum, que aconteceu em nossa família?
* Por que a fé é necessária para que Deus faça um milagre? Por que a Bíblia diz que as pessoas que creem são muito agradáveis a Deus?
* Jesus ensinou que, quando precisarmos de alguma coisa, devemos pedi-la a Deus em Seu nome. Estamos precisando de algum milagre de Deus hoje? Então, vamos pedir juntos a Deus que Ele nos abençoe com um milagre?

VAMOS ORAR JUNTOS

Amado Deus, muito obrigado por nos lembrares que não estamos sozinhos, pois Tu nos amas, conheces todas as nossas necessidades e desejas nos abençoar com coisas maravilhosas e surpreendentes todos os dias. Hoje nós Te pedimos que fortaleças nossa fé em Ti e que faças em nossa vida os milagres de que estamos precisando nesse momento. No nome de Jesus. Amém.

UNIDADE 43 O PODER MIRACULOSO DE DEUS

PARA DEUS, NADA É IMPOSSÍVEL!

Deus tem todo o poder.
Por isso, Ele pode
fazer milagres!

Pequenas perguntas para grandes pensadores

* Você crê que Deus continua fazendo milagres hoje?
* Você já viu algum ou soube de algum?
* Na sua opinião, por que os milagres não são tão comuns hoje?

EXPERIMENTE!

Para receber um milagre, é preciso crer que Deus pode fazê-lo e pedir a Ele com fé. Se há alguém doente em sua família, vá até essa pessoa e ore por ela com fé, esperando um milagre. Creia, e algo maravilhoso acontecerá!

"Tudo é possível ao que crê." Marcos 9.23

Viva A PALAVRA DE DEUS

Há certas situações que ninguém pode nos ajudar a resolver, a não ser Deus. Precisamos de um milagre! Una com uma linha o problema à solução. Em qual situação é necessário um milagre?

PROBLEMA	SOLUÇÃO
 Palabritas se desentendeu com um colega numa partida de futebol e lhe disse que não seriam mais amigos.	Necessita pedir perdão e esforçar-se para mudar de comportamento.
 Gusi recebeu um castigo de seu pai porque se comportou mal.	Precisa buscar a Deus e pedir-Lhe que faça um milagre.
 A mãe de Alegria está muito doente e os medicamentos não estão fazendo efeito.	Precisa buscá-lo, pedir perdão e dizer que não havia motivo para se irar daquele modo.

PRATIQUE COM PALABRITAS

UMA DAS MAIS IMPRESSIONANTES DEMONSTRAÇÕES DO PODER DE DEUS É ELE OUVIR AS ORAÇÕES DE MILHÕES DE PESSOAS E RESPONDER A CADA UMA DELAS. COMO NÃO CONFIAR EM UM DEUS ASSIM? ELE AMA VOCÊ E QUER SUPRIR SUAS NECESSIDADES.

UNIDADE 44 A SOLIDARIEDADE

PARÁBOLA DE JESUS

"Certo samaritano, viajando, veio até ele [o homem ferido] e, vendo-o, foi movido de íntima compaixão; e, aproximando-se, atou-lhe as feridas, deitando-lhes azeite e vinho; e, pondo-o sobre o seu animal, levou-o para uma estalagem e cuidou dele."

LUCAS 10.33,34

Leia A PALAVRA DE DEUS

A HISTÓRIA DO BOM SAMARITANO

ADAPTADO DE
Lucas 10.25-37

Eis que se levantou um certo doutor da lei, tentando-o e dizendo:

– Mestre, que farei para herdar a vida eterna?

E ele [Jesus] lhe disse:

– Que está escrito na lei? Como lês?

E, respondendo ele, disse:

– Amarás ao Senhor, teu Deus de todo o teu coração, e de toda a tua alma, e de todas as tuas forças e de todo o teu entendimento, e ao teu próximo como a ti mesmo.

E [Jesus] lhe disse:

– Respondeste bem; faze isso e viverás.

Ele, porém, querendo justificar-se a si mesmo, disse a Jesus:

– E quem é o meu próximo?

E, respondendo Jesus, disse:

– Descia um homem de Jerusalém para Jericó, e caiu nas mãos dos salteadores, os quais o despojaram e, espancando-o, se retiraram, deixando-o meio morto. E, ocasionalmente, descia pelo mesmo caminho certo sacerdote; e, vendo-o, passou de largo. E de igual modo também um levita, chegando àquele lugar, e, vendo-o, passou de largo. Mas certo samaritano, viajando, veio até ele [o homem ferido] e, vendo-o, foi movido de íntima compaixão; e, aproximando-se, atou-lhe as feridas, deitando-lhes azeite e vinho; e, pondo-o sobre o seu animal, levou-o para uma estalagem e cuidou dele. E, partindo no outro dia, tirou dois dinheiros, e deu-os ao hospedeiro e disse-lhe: "Cuida dele; e tudo o que de mais gastares eu to pagarei quando voltar".

– Qual, pois, destes três te parece que foi o próximo daquele que caiu nas mãos dos salteadores?

E ele disse:

– O que usou de misericórdia para com ele.

Disse, pois, Jesus:

– Vai, e faze da mesma maneira.

UNIDADE 44 A SOLIDARIEDADE

A SOLIDARIEDADE é um valor que nos move a comprometer-nos com as necessidades e a dor de nossos semelhantes. Somos solidários quando sentimos compaixão pela dor alheia e nos movemos a ajudar as pessoas, sentindo suas necessidades como se fossem nossas.

O QUE VOCÊ ACHA?

Jesus contou essa bela história para explicar quem é nosso próximo e como devemos amá-lo.

Ele falou de um homem que foi ferido por ladrões e deixado meio morto na estrada. Vários homens passaram por ali, mas não o ajudaram. Mas, por fim, um homem bom, que ia por aquele caminho, teve compaixão daquele ferido e o ajudou.

O que você teria feito se houvesse passado por aquele caminho? Você sente dor por causa da situação de pessoas que sofrem ou vivem em condições muito difíceis na sua escola ou em sua cidade?

Jesus diz que devemos fazer o mesmo que fez o bom samaritano!

VOCÊ SABIA?

Em junho de 1859, Henry Dunant, um homem de negócios suíço, observou as terríveis e dolorosas cenas dos soldados feridos que estavam morrendo por falta de atenção como resultado de um combate entre os exércitos da Áustria e da França. Dunant socorreu os feridos, sem se importar com o país de origem deles.
Essa experiência o levou a fundar a Cruz Vermelha, uma organização cujo princípio fundamental é proteger a vida e a dignidade das vítimas da guerra e da violência em todo o mundo.
Que grande exemplo de solidariedade!

Compreenda A PALAVRA DE DEUS

HORA DA AÇÃO!

Se você olhar a seu redor, poderá ver muitas pessoas necessitadas de ajuda. E não precisa ser só ajuda de dinheiro. Muitas vezes, as necessidades de nossos semelhantes têm relação com outro tipo de ajuda, como para sair de uma situação trágica ou de um momento difícil. Lembre-se do que Deus diz em Sua Palavra sobre como amar as pessoas: "Conhecemos o amor nisto: que ele [Jesus] deu a sua vida por nós, e nós devemos dar a vida pelos irmãos. Quem, pois, tiver bens do mundo e, vendo o seu irmão necessitado, lhe cerrar as suas entranhas, como reside nele o amor de Deus? Meus filhinhos, não amemos de palavra nem de língua, mas em obra e em verdade" (1João 3.16-18).

CRESCER EM FAMÍLIA

VAMOS RESPONDER JUNTOS:

* Vamos pensar na história que Jesus contou. Por que somente o samaritano usou de solidariedade com o homem ferido? Alguém saberia dizer?

* Por que Deus disse que devemos demonstrar com ações o amor que sentimos pelas pessoas necessitadas, não apenas falando, mas sem fazer nada de prático?

* Vamos pensar um pouco em pessoas ou famílias que conhecemos e que podem estar precisando de alguma ajuda nossa. Um vizinho, alguém na escola, no trabalho, na igreja, ou mesmo um familiar... Como podemos manifestar nossa solidariedade a essa pessoa? Se o fizermos, será uma grande bênção para nós.

VAMOS ORAR JUNTOS

Amado Deus, nós Te pedimos perdão pelas vezes em que temos sido indiferentes às necessidades e à dor das pessoas. A partir de hoje, queremos nos comprometer Contigo a sermos "bons samaritanos" para as pessoas a quem podemos ajudar. Com isso, queremos manifestar Teu amor que nos foi dado por meio de Jesus. No nome de Jesus. Amém.

UNIDADE 44 A SOLIDARIEDADE

AMOR EM AÇÃO!

As principais características dos filhos de Deus são o amor e a fé. Nesta ilustração, cada criança está manifestando amor e solidariedade pelo homem ferido de uma forma. Observe o que elas estão fazendo.

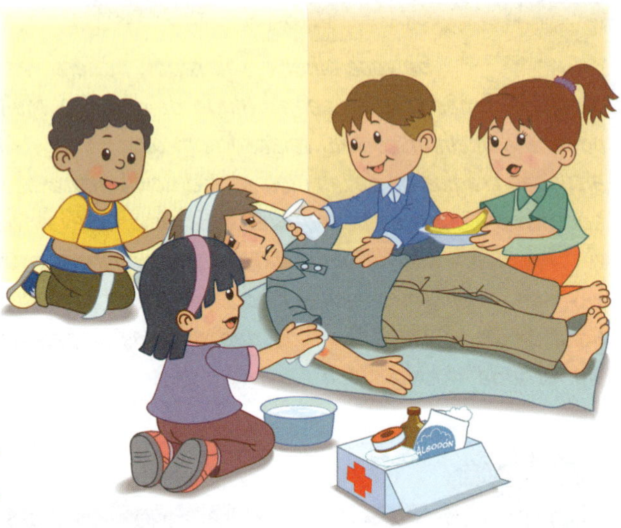

PRATIQUE HOJE!

Muitas pessoas só ganham presentes no Natal ou no aniversário. Que tal mudar isso? Escolha alguém de sua escola que esteja precisando de alguma coisa em especial. Então, junto com seus pais, vá visitá-la, levando aquilo de que ela precise. Mas o bom mesmo é levar o melhor de todos os presentes: o amor de Jesus!

"Não amemos de palavra nem de língua, mas em obra e em verdade."
1 João 3.18

Viva A PALAVRA DE DEUS

Você leu a história que Jesus contou sobre como se deve amar as pessoas, não é? Para refrescar a memória, numere as cenas, de 1 a 4, conforme a narrativa de Jesus.

- ( ) Um sacerdote passou pelo caminho, viu o homem ferido e continuou a viagem.
- ( ) Um samaritano que passava por ali viu o homem, aproximou-se dele e cuidou de suas feridas.
- ( ) Um homem foi ferido por uns ladrões, que o deixaram meio morto na estrada.
- ( ) Um levita também passou pelo lugar, viu o homem e também seguiu adiante.

Agora, responda:

Você se comportaria como qual pessoa da história? ______________________________

Por quê? ____

PRATIQUE COM PALABRITAS

MAIS CEDO OU MAIS TARDE, TODAS AS PESSOAS PRECISAM QUE ALGUÉM LHES ESTENDA A MÃO PARA AJUDAR. SE SOMOS MISERICORDIOSOS E AJUDAMOS A QUEM PRECISA, PODEMOS TER CERTEZA DE QUE ALGUÉM NOS AJUDARÁ QUANDO NÓS PRECISARMOS.

ARREPENDIMENTO E RECONCILIAÇÃO

"E, levantando-se, [o filho] foi para seu pai; e, quando ainda estava longe, seu pai o viu, e se moveu de íntima compaixão e, correndo, lançou-se-lhe ao pescoço e o beijou."

LUCAS 15.20

Leia A PALAVRA DE DEUS

O FILHO REBELDE QUE VOLTOU PARA CASA

ADAPTADO DE
Lucas 15.11-31

[Jesus] disse: Um certo homem tinha dois filhos.

E o mais moço deles disse ao pai: Pai, dá-me a parte dos bens que me pertence.

E ele repartiu por eles a fazenda. E, poucos dias depois, o filho mais novo, ajuntando tudo, partiu para uma terra longínqua, e ali desperdiçou os seus bens, vivendo dissolutamente.

E, havendo ele gastado tudo, houve naquela terra uma grande fome, e começou a padecer necessidades.

E foi, e chegou-se a um dos cidadãos daquela terra, o qual o mandou para os seus campos, a apascentar porcos.

E desejava encher o seu estômago com as bolotas que os porcos comiam, e ninguém lhe dava nada. E, tornando em si, disse: Quantos jornaleiros de meu pai têm abundância de pão, e eu aqui pereço de fome! Levantar-me-ei, e irei ter com meu pai e dir-lhe-ei: Pai, pequei contra o céu e perante ti; já não sou digno de ser chamado teu filho; faze-me como um dos teus jornaleiros.

E, levantando-se, foi para seu pai; e, quando ainda estava longe, seu pai o

viu, e se moveu de íntima compaixão e, correndo, lançou-se-lhe ao pescoço e o beijou.

E o filho lhe disse: Pai, pequei contra o céu e perante ti, e já não sou digno de ser chamado teu filho.

Mas o pai disse aos seus servos: Trazei depressa a melhor roupa e vesti-lho, e ponde-lhe um anel na mão e sandálias nos pés; e trazei o bezerro cevado e matai-o; e comamos e alegremo-nos, porque este meu filho estava morto e reviveu, tinha-se perdido e foi achado. E começaram a alegrar-se.

E o seu filho mais velho estava no campo; e quando veio [...] se indignou e não queria entrar.

[O pai] lhe disse: Filho, tu sempre estás comigo, e todas as minhas coisas são tuas; mas era justo alegrarmo-nos e celebrarmos, porque este teu irmão estava morto e reviveu; e tinha-se perdido e achou-se.

UNIDADE 45

ARREPENDIMENTO E RECONCILIAÇÃO

ARREPENDER-SE é sentir dor e grande tristeza por ter feito alguma coisa ruim que se sabe que desagrada a Deus e afasta alguém Dele. RECONCILIAR-SE é voltar-se a Deus ou a quem foi ofendido, a fim de restabelecer a amizade.

IMPRESSIONANTE!

Essa é uma das narrativas mais belas que existem; ela é conhecida como a parábola do filho pródigo. Ela fala de um jovem rebelde que tinha tudo em casa e não tinha falta de coisa alguma. Mas, um dia, ele achou que existiam coisas mais interessantes no mundo e saiu de casa, levando suas riquezas.

Quando perdeu tudo, ele voltou ao lar. Talvez, no caminho, ele pensasse: "Meu pai não vai me receber de volta...". Mas que grande surpresa ele teve quando seu pai correu ao seu encontro, feliz, para recebê-lo e mandou fazer uma grande festa. O pai sempre esteve esperando o filho voltar!

O QUE VOCÊ ACHA?

Jesus contou essa impressionante história de um jovem que pediu ao pai a parte que era dele na herança. Depois de ter desperdiçado tudo e de ter sofrido muito, voltou para casa arrependido. Seu pai o recebeu com alegria e fez uma grande festa, a fim de celebrar seu retorno.

Jesus diz que o amor de Deus por nós é assim! Quanto nos arrependemos de nossa rebeldia e voltamos a Ele pedindo perdão, Ele nos recebe de braços abertos, com muita alegria, pois é nosso Pai celestial. Isso é reconciliação!

Compreenda A PALAVRA DE DEUS

PARABÉNS, MARCOS!

Marcos é um pequeno camponês que vive em um país em que há muita violência. Um dia, uns guerrilheiros invadiram sua aldeia e exigiram que seus pais lhes dessem comida. Os pais se recusaram e os guerrilheiros os mataram. Marcos fugiu dali, mas guardou no coração muito ódio daqueles homens e sempre imaginava como se vingar deles. Mas, um dia, alguém lhe falou do perdão de Deus por meio de Jesus Cristo, e ele se arrependeu de seus desejos de vingança.

Anos depois, ele viu no jornal de sua cidade a foto de alguns guerrilheiros que haviam sido presos, e lá estavam os assassinos de seus pais. Ele conseguiu uma permissão para visitá-los na prisão. Lá, ele disse àqueles homens que os havia perdoado, pois Deus o perdoara por meio de Jesus.

Marcos entendeu muito o que Jesus havia ensinado: "Se perdoardes aos homens as suas ofensas, também vosso Pai celestial vos perdoará a vós" (Mateus 6.14).

CRESCER EM FAMÍLIA

VAMOS RESPONDER JUNTOS:

* Lemos na Bíblia que todos nós, de alguma maneira, às vezes nos afastamos de Deus. Isso acontece quando desobedecemos aos Seus sábios mandamentos e somos como o jovem rebelde da história. Vamos pensar: como nós nos afastamos de Deus?

* A história também nos lembra que Deus é nosso Pai celestial, que nos recebe sempre do mesmo modo que o pai abraçou o filho rebelde. Vamos falar um pouco do grande amor de Deus por nós!

* Não podemos esquecer que o jovem voltou arrependido para casa. O que acontece quando não sentimos arrependimento por nossa desobediência a Deus?

VAMOS ORAR JUNTOS

Amado Deus, hoje nós Te agradecemos, porque Teu Filho, Jesus Cristo, contou essa bela história que fala de Teu grande amor por nós. Perdoa-nos pelas muitas vezes que Te ofendemos, afastando-nos de Ti por sermos rebeldes e por pecarmos. Nós nos arrependemos e nos voltamos a Ti. Obrigado por nos reconciliares Contigo por meio de Teu Filho, Jesus Cristo. Nós oramos no precioso nome Dele. Amém.

ARREPENDIMENTO E RECONCILIAÇÃO

O ARREPENDIMENTO SIGNIFICA MUDANÇA...

- de vida
- da forma de pensar
- da forma de falar
- da forma de agir

Atividade em grupo

1. Com alguns amigos da igreja, faça uma representação da parábola do filho pródigo.

2. Depois de lerem a parábola, respondam às perguntas:

1. O que o filho menor disse ao pai? (Escrevam numa folha de papel os verbos que ele utilizou.)
2. Que pensamentos vocês acham que ele teve?
3. O que ele fez? O que lhe aconteceu?
4. Como ele demonstrou arrependimento?
5. O que vocês aprenderam com esta história?

"Se o meu povo, que se chama pelo meu nome, se humilhar, e orar, e buscar a minha face e se converter dos seus maus caminhos, então eu ouvirei dos céus, e perdoarei os seus pecados e sararei a sua terra." 2Crônicas 7.14

Viva A PALAVRA DE DEUS

Não seria bom se o Gusi, um dia, se arrependesse das coisas erradas que ele faz? Seguindo as letras vermelhas, o que ele descobrirá? E se seguir as azuis? Complete o quadro abaixo de acordo com a numeração das letras e veja o recado que Justin gostaria que Gusi entendesse.

11 A	10 S	12 C	9 U	13 H
6 A	15 G	7 D	14 E	8 E
16 A	5 R	17 D	4 A	18 E
1 S	20 S	2 E	19 U	3 P

PECADO	1	2	3	4	5	6	DE	7	8	9	10
ARREPENDIMENTO	11	12	13	14	15	16	A	17	18	19	20

PRATIQUE COM PALABRITAS

O ARREPENDIMENTO VERDADEIRO É ACOMPANHADO DE DUAS ATITUDES IMPORTANTES: UMA DOR SINCERA PELO PECADO COMETIDO E UM DESEJO VERDADEIRO DE SER RECONCILIADO COM DEUS.

UNIDADE 46 A GRATIDÃO

Ocorreu por volta do ano 22

"Não houve quem voltasse para dar glória a Deus senão este estrangeiro? E disse-lhe: Levanta-te, e vai; a tua fé te salvou."

LUCAS 17.18,19

UM HOMEM CURADO E AGRADECIDO

ADAPTADO DE Lucas 17.11-19

E aconteceu que, indo ele [Jesus] a Jerusalém, passou pelo meio de Samaria e da Galileia. E, entrando numa certa aldeia, saíram-lhe ao encontro dez homens leprosos, os quais pararam de longe; e levantaram a voz, dizendo:

– Jesus, Mestre, tem misericórdia de nós.

E ele, vendo-os, disse-lhes:

– Ide e mostrai-vos aos sacerdotes.

E aconteceu que, indo eles, ficaram limpos.

E um deles, vendo que estava são, voltou glorificando a Deus em alta voz; e caiu aos seus pés, com o rosto em terra, dando-lhe graças; e este era samaritano.

E, respondendo Jesus, disse:

– Não foram dez os limpos? E onde estão os nove? Não houve quem voltasse para dar glória a Deus senão este estrangeiro?

E disse-lhe:

– Levanta-te e vai; a tua fé te salvou.

ADAPTADO DE Colossenses 3.12-17

Revesti-vos, pois, como eleitos de Deus, santos e amados, de entranhas de misericórdia, de benignidade, humildade, mansidão, longanimidade; suportando-vos uns aos outros e perdoando-vos uns aos outros, se alguém tiver queixa contra outro.

Assim como Cristo vos perdoou, assim fazei vós também.

E, sobre tudo isto, revesti-vos de amor, que é o vínculo da perfeição. E a paz de Deus, para a qual também fostes chamados em um corpo, domine em vossos corações; e sede agradecidos.

A palavra de Cristo habite em vós abundantemente, em toda a sabedoria, ensinando-vos e admoestando-vos uns aos outros, com salmos, hinos e cânticos espirituais, cantando ao Senhor com graça em vosso coração.

E, [tudo] quanto fizerdes por palavras ou por obras, fazei tudo em nome do Senhor Jesus, dando por ele graças a Deus Pai.

UNIDADE 46

A GRATIDÃO

A GRATIDÃO é um sentimento especial que nasce de um coração bom e nobre como resposta a um favor recebido. Sentir gratidão é próprio de pessoas que reconhecem que devem responder com alegria e amabilidade a quem é generoso e bondoso.

IMPRESSIONANTE!

Você leu o que aconteceu quando Jesus encontrou os dez leprosos? Quando Jesus viu que apenas um deles voltou para Lhe agradecer, perguntou pelos outros nove. Isso demonstra que a ingratidão surpreende, pois é impressionante que existam pessoas que recebam um favor ou benefício e não saibam dizer com alegria: "Muito obrigado!".

O QUE VOCÊ ACHA?

* *Como você se sentiria se fizesse um favor a várias pessoas e nenhuma agradecesse? Bem... a Jesus essa atitude causou muita estranheza.*

* *Na sua opinião, por que os nove leprosos curados por Jesus não voltaram para Lhe agradecer pelo enorme favor que receberam Dele?*

* *Deus nos faz grandes favores todos os dias. Você tem o hábito de agradecer-Lhe todos os dias pelas bênçãos abundantes que Ele dá?*

VOCÊ É AGRADECIDO QUANDO...

* *Em suas orações, dá graças a Deus por seus pais e pela família que Ele lhe deu.*

* *Fala "Muito obrigado!" às pessoas, mesmo quando elas lhe fazem apenas pequenos favores.*

Compreenda A PALAVRA DE DEUS

* Não reclama daquilo que você não tem e é grato por tudo o que Deus lhe deu.

Amigos da gratidão	Inimigos a vencer
* Humildade	* Orgulho
* Nobreza	* Descortesia
* Amabilidade	* Egoísmo
* Apreço	* Desconsideração

CRESCER EM FAMÍLIA

VAMOS RESPONDER JUNTOS:

* Todos temos muito pelo que agradecer a Deus e a nossos semelhantes. Vamos lembrar de alguns favores e benefícios recebidos tanto do Senhor como de pessoas.

* Por que é importante que existam pessoas generosas e agradecidas? Como seria o mundo se não precisássemos da ajuda uns dos outros?

* Ser agradecido deve produzir grande alegria em nós. Vamos ajudar uns a outros a sempre dizermos palavras de gratidão a Deus e a nosso semelhante.

VAMOS ORAR JUNTOS

Amado Deus, estamos muito agradecidos a Ti por toda a Tua bondade e por Teu cuidado todos os dias. Dá a cada um de nós um coração nobre e palavras de gratidão, a fim de reconhecermos os benefícios que os outros nos dão, principalmente por aquilo que é feito por nossos familiares. Tu nos abençoas muito por meio deles. No nome de Jesus. Amém.

UNIDADE 46

A GRATIDÃO

VAMOS DEMONSTRAR CARINHO E GRATIDÃO!

De que forma você gosta de mostrar carinho por seus amigos e familiares e sua gratidão a eles?

DIVIRTA-SE E APRENDA

Hoje é o aniversário de Alegria, e todos querem demonstrar seu carinho por ela... até mesmo Gusi! Veja o que cada um deles fez:

- *Motas a está acariciando.*
- *Palabritas trouxe o bolo.*
- *Justin está sorrindo de alegria.*
- *Gusi está dizendo algumas palavras de elogio.*

Pergunta

Pense em um grande amigo seu. O que você diria no aniversário dele? Isso vai mostrar se você é grato ou não pela amizade dele. É maravilhoso manifestarmos amor e gratidão pelas pessoas.

"Dou graças ao meu Deus todas as vezes que me lembro de vós."

Filipenses 1.3

Viva A PALAVRA DE DEUS

Deus ama especialmente as pessoas que são gratas a Ele e se alegra em lhes dar mais coisas boas todos os dias.

O desenhista esqueceu de colocar uma palavra em cada balão. Ajude-o, completando o que cada personagem disse.

GRANDE • PEQUENO • SEMPRE • TODOS

Eu ______ digo: "Muito obrigada!". Isso me faz muito feliz.

Dê graças a Deus em _____ os momento. mesmo nos difíceis.

Eu agradeço por tudo o que recebo,mesmo que seja algo _______.

Eu sempre dou graças, mas só quando recebo um presente bem ______.

Qual dos quatro personagens não é agradecido de verdade? ______ __________ Por quê? ____

PRATIQUE COM PALABRITAS

AS PESSOAS AGRADECIDAS CONSEGUEM COISAS QUE AS INGRATAS NÃO CONSEGUEM. É NECESSÁRIO QUE EXISTAM PESSOAS GENEROSAS E QUE AJUDEM AS DEMAIS. MAS TAMBÉM É INDISPENSÁVEL QUE EXISTAM PESSOAS QUE AGRADEÇAM PELOS BENEFÍCIOS QUE RECEBEM. NUNCA DEIXEMOS DE SER GRATOS A DEUS.

A PERSEVERANÇA

PARÁBOLA DE JESUS

"Havia numa cidade certo juiz, que nem a Deus temia nem respeitava o homem. Havia também, naquela mesma cidade, certa viúva, que ia ter com ele, dizendo: Faze-me justiça contra o meu adversário."

LUCAS 18.2,3

PESSOAS QUE FORAM OUVIDAS POR CAUSA DE SUA PERSEVERANÇA

ADAPTADO DE
Lucas 18.1-8; 11.5-13

Uma mulher

E contou-lhes também uma parábola sobre o dever de orar sempre e nunca desfalecer, dizendo:

– Havia numa cidade certo juiz, que nem a Deus temia nem respeitava o homem. Havia também, naquela mesma cidade, certa viúva, que ia ter com ele, dizendo: "Faze-me justiça contra o meu adversário." E por algum tempo não quis atendê-la; mas depois disse consigo: "Ainda que não temo a Deus nem respeito os homens, todavia, como esta viúva me molesta, hei de fazer-lhe justiça, para que enfim não volte e me importune muito."

E disse o Senhor:

– Ouvi o que diz o injusto juiz. E Deus não fará justiça aos seus escolhidos, que clamam a ele de dia e de noite, ainda que tardio para com eles? Digo-vos que depressa lhes fará justiça.

Um homem

[Jesus] disse-lhes também:

– Qual de vós terá um amigo, e, se for procurá-lo à meia-noite e lhe disser: "Amigo, empresta-me três pães, pois que um amigo meu chegou a minha casa, vindo de caminho, e não tenho o que apresentar-lhe", se ele, respondendo de dentro, disser: "Não me importunes; já está a porta fechada e os meus filhos estão comigo na cama; não posso levantar-me para tos dar." Digo-vos que, ainda que não se levante a dar-lhos por ser seu amigo, levantar-se-á, todavia, por causa da sua importunação e lhe dará tudo o que houver mister.

– E eu vos digo a vós: Pedi, e dar-se-vos-á; buscai, e achareis; batei, e abrir-se-vos-á. Porque qualquer que pede recebe, e quem busca acha e a quem bate abrir-se-lhe-á.

E qual o pai de entre vós que, se o filho lhe pedir pão, lhe dará uma pedra? Ou, também, se lhe pedir peixe, lhe dará por peixe uma serpente? Ou, também, se lhe pedir um ovo, lhe dará um escorpião?

Pois se vós, sendo maus, sabeis dar boas dádivas aos vossos filhos, quanto mais dará o Pai celestial o Espírito Santo àqueles que lho pedirem?

A PERSEVERANÇA

PERSEVERANÇA é a disposição e a força de vontade que nos permite lutar com persistência até conseguir concluir os trabalhos e as coisas boas que fazemos. As pessoas perseverantes são muito motivadas no que fazem e assumem compromissos.

IMPRESSIONANTE!

A história que Jesus contou é muito interessante! Ele falou de uma mulher solitária e humilde que não tinha ninguém que a apoiasse, mas precisava convencer a um juiz muito negligente de que ela precisava de ajuda e que lhe fizesse justiça. Ela passou muito tempo clamando ao juiz, com grande paciência e persistência, até que conseguiu convencê-lo. Que grande exemplo de perseverança!

O QUE VOCÊ ACHA?

A perseverança é uma virtude muito necessária quando queremos progredir na vida e obter respostas de Deus.

Muitas vezes, desanimamos e ficamos tristes quando as coisas não saem como queremos; às vezes, até desistimos de continuar. Mas com esta parábola Jesus ensinou que, se não desistirmos, conseguiremos muitas vitórias e grandes respostas de Deus.

* Você é perseverante em tudo que faz?
* Você desanima facilmente quando as coisas demoram a acontecer?
* O que aconteceu com a viúva e o juiz? O que você aprendeu com essa história?

VOCÊ É PERSEVERANTE QUANDO...

* Tem fé e paciência para não desanimar e esperar em Deus.
* Não desiste de fazer alguma coisa boa, mesmo que tenha de fazer algum sacrifício para isso.
* Entende que os problemas servem para fortalecer sua fé em Deus.
* Sabe que Deus está sempre ao seu lado para ajudá-lo em seus problemas de todo dia.

Amigos da perseverança

* Paciência
* Disciplina
* Fé
* Ânimo

Inimigos a vencer

* Impaciência
* Desorganização
* Falta de fé
* Preguiça

CRESCER EM FAMÍLIA

VAMOS RESPONDER JUNTOS:

* Pais e avós trabalharam muito com honestidade e paciência para criar uma família e cuidar dela. Atualmente, muita gente diz que é melhor ganhar tudo rápido sem importar de que maneira. Qual dessas duas maneiras agrada a Deus? Por quê?
* O que Jesus ensinou com a história da viúva que alcançou justiça? Vamos explicar com nossas próprias palavras?
* Por que é importante ser perseverante em oração a Deus quando Lhe pedimos alguma coisa? Quem alcançará as respostas de Deus: quem desanima ou quem é perseverante?

VAMOS ORAR JUNTOS

Amado Deus, nós Te pedimos perdão porque, muitas vezes, desanimamos ao esperar algo de Ti, perdemos a fé que devíamos manter e até preferimos seguir os conselhos do mundo, e não os da Tua Palavra, para obter o que precisamos. Ajuda-nos a lembrar que não devemos desistir de orar; somente assim receberemos de Tuas mãos as bênçãos que Tu queres nos dar. No nome de Jesus. Amém.

A PERSEVERANÇA

PERSEVERE ATÉ ALCANÇAR O OBJETIVO!

O apóstolo Paulo escreveu a seus amigos: "Esquecendo-me das coisas que atrás ficam, e avançando para as que estão diante de mim, prossigo para o alvo, pelo prêmio da soberana vocação de Deus em Cristo Jesus" (Filipenses 3.14).

DIVIRTA-SE E APRENDA

Para chegar ao fim da corrida, Palabritas teve de saltar alguns obstáculos. Escreva ao lado de cada um deles que valor Palabritas teve de usar para vencê-los.

"Corramos com paciência a carreira que nos está proposta."
Hebreus 12.16

Viva A PALAVRA DE DEUS

Só conseguiremos resolver muitas situações da vida se formos perseverantes e não desanimarmos.

*Você já observou que Palabritas é perseverante e Gusi é inconstante. Assim, marque com **P** a atitude que Palabritas tomaria e com **G** a de Gusi em cada situação abaixo.*

No estudo	( ) Havia uma matéria de que eu não gostava. Então, decidi estudá-la mais, e agora gosto dela!	( ) Essa aula de inglês é muito chata! Vou pedir pro meu pai me mudar de escola!
Na amizade	( ) Ontem briguei com meu amigo Pedro, e ele acha que tem razão. Não vou nem procurá-lo mais!	( ) Eu tinha um colega de classe que me tratava mal. Eu comecei a ajudá-lo com as tarefas e agora somos bons amigos.
Na oração	( ) Eu pedi a Deus por vários dias que ajudasse meu pai num problema no escritório. E Deus atendeu!	( ) Um dia eu pedi a Deus que Ele me desse um tênis de marca, e Ele não me deu. Acho que Ele nem me escuta...

PRATIQUE COM PALABRITAS

GERALMENTE, AS COISAS QUE NÃO TÊM MUITO VALOR SÃO FÁCEIS DE SE OBTER. MAS AS GRANDES VITÓRIAS EXIGEM ESFORÇO E PERSEVERANÇA. NÃO DESANIME COM OS PEQUENOS FRACASSOS. MUITAS VEZES ELES SÃO UM TREINAMENTO PARA AS GRANDES VITÓRIAS.

UNIDADE 48

JESUS AMA VOCÊ!

"Jesus disse-lhes: Deixai vir os meninos a mim e não os impeçais, porque dos tais é o reino de Deus."

MARCOS 10.14

Aconteceu por volta do ano 32

Leia a Palavra de Deus

JESUS AMA AS CRIANÇAS

ADAPTADO DE Marcos 9.33-37

As crianças são importantes para Jesus

E chegou a Cafarnaum e, entrando em casa, perguntou-lhes: Que estáveis discutindo entre vós pelo caminho?

Mas eles se calaram, porque pelo caminho tinham disputado entre si qual era o maior.

E ele, assentando-se, chamou os doze e disse-lhes: Se alguém quiser ser o primeiro, será o último de todos e o servo de todos.

E, lançando mão de um menino, pô-lo no meio deles e, tomando-o nos seus braços, disse-lhes: Qualquer que receber um destes meninos em meu nome, a mim me recebe; e qualquer que a mim me receber, recebe, não a mim, mas ao que me enviou.

Adaptado de Marcos 10.13-16

Jesus abençoa as crianças

E traziam-lhe meninos para que lhes tocasse, mas os discípulos repreendiam aos que lhos traziam.

Jesus, porém, vendo isto, indignou-se e disse-lhes: Deixai vir os meninos a mim, e não os impeçais; porque dos tais é o reino de Deus. Em verdade vos digo que qualquer que não receber o reino de Deus como menino, de maneira nenhuma entrará nele.

E, tomando-os nos seus braços e impondo-lhes as mãos, os abençoou.

Adaptado de Salmos 8.1,2

O louvor das crianças

Ó SENHOR, Senhor nosso, quão admirável é o teu nome em toda a terra!

Tu ordenaste força da boca das crianças e dos que mamam.

UNIDADE 48 JESUS AMA VOCÊ!

Uma das coisas mais maravilhosas que Jesus disse quando viveu na terra foi que as crianças são muito importantes para Deus. Por isso, Ele demonstrou tanto amor por todas as que encontrou e, sempre que podia, as usava como exemplo para os adultos.

IMPRESSIONANTE!

Os adultos, de modo geral, não dão muita importância para o tempo que podem passar com as crianças. Os discípulos de Jesus também pensavam assim. Eles não gostaram quando, certo dia, uns pais levaram crianças para que Jesus as abençoasse. Jesus repreendeu os discípulos e disse que não impedissem as crianças de se aproximarem Dele. E ainda acrescentou que eles, os adultos, têm de se tornar como crianças para entrar no reino de Deus. Isso não é impressionante?

O QUE VOCÊ ACHA?

Jesus demonstrou que amava muito a todas as crianças do mundo. Ele também disse que o reino de Deus, nosso Pai celestial, pertence às crianças e aos adultos que o aceitaram com a atitude e o coração de criança.

Na sua opinião, por que Jesus disse isso? O que os adultos têm de aprender com as crianças a fim de aceitar e entender o reino de Deus?

VOCÊ SABIA?

** É muito triste saber que uma em cada sete pessoas no planeta vai para a cama com fome todas as noites, e grande número delas são crianças.*

** Também dói saber que milhares de crianças são obrigadas pelos pais ou por outros adultos a trabalhar, muitas vezes em atividades criminosas. Muitas delas não podem estudar nem têm um lar em que sejam amadas.*

Compreenda A PALAVRA DE DEUS

* *Um dos pecados atuais mais condenados por Deus é a exploração infantil. É muito triste saber que milhares de crianças estão sendo abusadas por gente má, que as usa para trabalharem ou para explorá-las sexualmente. Deus condena e odeia as pessoas que maltratam crianças e abusam delas, pois Ele as ama muito especialmente.*

* *Também há milhares de crianças no mundo que já sabem que não estão sozinhas e abandonadas e que Jesus as ama e está preocupada com elas e com seus sofrimentos.*

Sabendo de tudo isso, você não gostaria de orar hoje pelas crianças que estão sofrendo no mundo e que ainda não conhecem a Jesus? E orar para que Deus use você para falar Dele a seus amigos e colegas?

CRESCER EM FAMÍLIA

VAMOS RESPONDER JUNTOS:

* *Uma das coisas mais feias que as pessoas praticam e que mais entristecem a Deus é a indiferença ao sofrimento de crianças. Será que nós, também, somos indiferentes ou temos a preocupação que Deus tem com elas?*

* *Na nossa cidade, na nossa vizinhança ou mesmo na igreja existe alguma organização de ajuda a crianças necessitadas? O que acham de participarmos dele, ajudando de alguma forma?*

* *A oração sincera diante de Deus a favor das crianças pode ajudar muito a mudar as circunstâncias difíceis em que muitas delas vivem. Vamos nos comprometer a orar por elas regularmente?*

VAMOS ORAR JUNTOS

Amado Deus, obrigado por nos lembrares que as crianças são muito importantes para Ti e que esperas que nós também nos preocupemos com elas. Ajuda-nos, com Teu Espírito Santo, a nos lembrar delas. Também nos ensina a como ajudar a diminuir o sofrimento e os maus-tratos que elas padecem. No nome de Jesus. Amém.

JESUS AMA VOCÊ!

DEUS QUER USAR AS CRIANÇAS PARA TRANSFORMAR O MUNDO!

Jesus colocou as crianças em um lugar de honra no reino de Deus. Elas são parte fundamental da família do Pai celestial. Deus ama tanto as crianças que Ele veio ao mundo como uma delas. Há uma bênção especial de Deus sobre a infância.

PEQUENOS REPÓRTERES EM AÇÃO

Na Indonésia, Deus está fazendo uma coisa extraordinária por meio de Adlan Moko Molowe e Selfin, dois garotos de oito anos. Enquanto Selfin ora para que as pessoas sejam tocadas por Deus, Moko prega às multidões sobre Jesus. Por meio disso, uma comunidade violenta se tranformou em uma comunidade pacífica no sul de Sulawesi, província daquele país.

Ore a Deus e converse com seus pais sobre de que maneira você também pode ser usado por Deus para ajudar as pessoas e para falar de Jesus a elas. Descubra alguma oportunidade para isso em sua vizinhança, ou na escola ou em sua igreja.

Jesus disse: "Qualquer que receber um destes meninos em meu nome, a mim me recebe". Marcos 9.37

Enquanto viveu na terra, Jesus demonstrou quanto amava as crianças. Ele gostava de estar com elas, falava com elas sobre o céu e as curava quando eram trazidas a Ele.

Justin quer lhe dizer algo especial sobre Jesus. Para completar a frase, encaixe as peças nos lugares certos.

JESUS É SEU GRANDE...

PRATIQUE COM PALABRITAS

MUITOS ADULTOS MENOSPREZAM AS CRIANÇAS E NÃO SE IMPORTAM COM ELAS. MAS JESUS NÃO É ASSIM. ELE DISSE QUE A FÉ DE UMA CRIANÇA É UM EXEMPLO PARA OS ADULTOS QUE QUEREM IR PARA O CÉU.
O AMOR DE JESUS PELAS CRIANÇAS É MARAVILHOSO!

JESUS É SEU MELHOR AMIGO. VOCÊ É IMPORTANTE PARA ELE!

UMA NOVA VIDA COM JESUS

"Jesus respondeu e disse-lhe: Na verdade, na verdade te digo que aquele que não nascer de novo não pode ver o reino de Deus."

JOÃO 3.3

Aconteceu por volta do ano 32

O NASCIMENTO ESPIRITUAL POR MEIO DE JESUS

ADAPTADO DE
João 3.1-16

E havia entre os fariseus um homem, chamado Nicodemos, príncipe dos judeus. Este foi ter de noite com Jesus e disse-lhe:

– Rabi, bem sabemos que és Mestre, vindo de Deus; porque ninguém pode fazer estes sinais que tu fazes, se Deus não for com ele.

Jesus respondeu e disse-lhe:

– Na verdade, na verdade te digo que aquele que não nascer de novo não pode ver o reino de Deus.

Disse-lhe Nicodemos:

– Como pode um homem nascer, sendo velho? Pode, porventura, tornar a entrar no ventre de sua mãe e nascer?

Jesus respondeu:

– Na verdade, na verdade te digo que aquele que não nascer da água e do Espírito não pode entrar no reino de Deus. O que é nascido da carne é carne, e o que é nascido do Espírito é espírito. Não te maravilhes de te ter dito: "Necessário vos é nascer de novo". O vento assopra onde quer, e ouves a sua voz, mas não sabes de onde vem nem para onde vai; assim é todo aquele que é nascido do Espírito.

Nicodemos respondeu e disse-lhe:

– Como pode ser isso?

Jesus respondeu e disse-lhe:

– Tu és mestre de Israel e não sabes isto? Na verdade, na verdade te digo que nós dizemos o que sabemos e testificamos o que vimos; e não aceitais o nosso testemunho. Se vos falei de coisas terrestres, e não crestes, como crereis se vos falar das celestiais? Ora, ninguém subiu ao céu, senão o que desceu do céu, o Filho do homem, que está no céu. E, como Moisés levantou a serpente no deserto, assim importa que o Filho do homem seja levantado; para que todo aquele que nele crê não pereça, mas tenha a vida eterna. Porque Deus amou o mundo de tal maneira que deu o seu Filho unigênito, para que todo aquele que nele crê não pereça, mas tenha a vida eterna.

UNIDADE 49

UMA NOVA VIDA COM JESUS

Todas as pessoas do mundo nasceram como resultado da união física entre um homem e uma mulher. Isso originou a vida física delas. Mas Deus quer que todas tenham também uma nova vida espiritual, por crerem em Jesus. Isso é o NOVO NASCIMENTO!

IMPRESSIONANTE!

O que você achou da história do encontro de Jesus com esse mestre religioso judeu? Nicodemos pensava saber muito sobre Deus, mas ficou surpreso quando Jesus lhe disse que devia nascer de novo para entrar no reino de Deus. "Isso é impossível!", Nicodemos deve ter pensado. "Como eu, sendo velho, vou entrar outra vez no ventre de minha mãe para nascer de novo?" Mas Jesus lhe respondeu que estava falando de um nascimento espiritual. Todas as pessoas precisam crer em Jesus para receber a vida eterna. Isso é nascer de novo!

O QUE VOCÊ ACHA?

É possível que, ao ler o que Jesus falou a Nicodemos, você também se pergunte o que ele quis dizer com aquelas palavras tão impressionantes. Mas logo a seguir Jesus explicou o que significava nascer de novo e como experimentar isso.

Jesus estava dizendo que todas as pessoas ofenderam a Deus com seus pecados. Por isso, estamos separados Dele. Jesus disse também que o único modo de ser reconciliado com Deus era aceitando a obra salvadora que Ele faria na cruz. Por crer Nele, as pessoas recebem a vida eterna.

DECIDA-SE

Há muitas passagens da Bíblia que falam do novo nascimento que as pessoas que creem em Jesus experimentam. Leia duas delas:

"[Jesus] estava no mundo, e o mundo foi feito por ele, e o mundo não o conheceu. Veio para o que era seu, e os seus não o receberam. Mas, a todos quantos o receberam, deu-lhes o poder de serem feitos filhos de Deus, aos que creem no seu nome; os quais não nasceram do sangue, nem da vontade da carne nem da vontade do homem, mas de Deus" (João 1.10-13).

"O testemunho é este: que Deus nos deu a vida eterna, e esta vida está em seu Filho. Quem tem o Filho tem a vida; quem não tem o Filho de Deus não tem a vida" (1João 5.11,12).

Você já teve a experiência do nascimento espiritual que é dado por Jesus. Se ainda não, creia em Jesus como Senhor e Salvador em seu coração!

CRESCER EM FAMÍLIA

VAMOS RESPONDER JUNTOS:

* Cada pessoa de nossa família teve o primeiro nascimento, físico. Mas quantos de nós já tiverem o segundo nascimento, espiritual, do qual Jesus falou?
* Jesus disse a Nicodemos mais ou menos assim: "Nosso corpo vem de nossos pais, mas a vida espiritual vem do Espírito de Deus". Por que será que a vida espiritual não pode ser dada pelos pais humanos, mas unicamente por Deus, o Pai celestial?
* Se algum de nós ainda não experimentou o novo nascimento por meio da fé em Jesus, por que não tê-lo agora? Vamos orar juntos por aquele que deseja agora receber Jesus pela fé e ter a vida espiritual, eterna, que Ele oferece?

VAMOS ORAR JUNTOS

Amado Deus, hoje entendemos o que Jesus disse a Nicodemos, sobre ser necessário ter um novo nascimento para poder participar de Teu reino. Nós, tanto os que já criam em Jesus como quem creu Nele hoje, Te louvamos por teres nos tornado Teus filhos e nos teres presenteado com a vida eterna. Nós Te agradecemos no nome de Jesus. Amém.

UNIDADE 49

UMA NOVA VIDA COM JESUS

O QUE SIGNIFICA NASCER DO ESPÍRITO?

É nascer de novo por ter crido em Jesus. É o mesmo que ser regenerado, ter nascido do alto, tornar-se filho de Deus e ter a vida eterna!

DIVIRTA-SE E APRENDA

Alegria e Palabritas estão conversando sobre algumas características da vida espiritual que eles receberam quando creram em Jesus. Ajude-os marcando com VN o que é da vida natural e com VE o que é da vida espiritual.

O coração bate............................( )
Você tem desejo de orar...................( )

Você quer amar os outros..................( )
Você quer comer um x-burguer..............( )

Você tem preguiça de ler a Bíblia.........( )
Você pratica seu esporte preferido........( )

Você fala de Jesus aos amigos.............( )
Você precisa dormir.......................( )

Você pensa em agradar a Deus em tudo......( )

Lembre-se de que a vida com Deus se manifesta em todos os aspectos de sua vida. Deus quer que você viva com Ele e para Ele todo o tempo!

"Se alguém está em Cristo, nova criatura é; as coisas velhas já passaram; eis que tudo se fez novo." 2 Coríntios 5.17

Viva A PALAVRA DE DEUS

Palabritas e Alegria estão felizes, pois um dia entregaram a vida a Jesus. Por isso, eles estão convidando você a fazer o mesmo, caso você ainda não tenha feito isso. Colocando as letras nos lugares certos, você vai ver o que era antes de receber e o que se tornou depois de crer.

NASCER DE NOVO

PRATIQUE COM PALABRITAS

TODAS AS PESSOAS FORAM GERADAS FISICAMENTE POR UM ATO DA VONTADE DOS PAIS. MAS SOMENTE OS QUE CRERAM NO SENHOR JESUS RECEBEM A VIDA ESPIRITUAL QUE OS FAZ FILHOS DE DEUS!

UNIDADE 50 JESUS É O SALVADOR!

"Deus amou o mundo de tal maneira que deu o seu Filho unigênito, para que todo aquele que nele crê não pereça, mas tenha a vida eterna."

JOÃO 3.16

O MAIOR PRESENTE DE AMOR DADO POR DEUS: JESUS, SEU FILHO

ADAPTADO DE
João 3.16-19

Deus amou o mundo de tal maneira que deu o seu Filho unigênito, para que todo aquele que nele crê não pereça, mas tenha a vida eterna.

Porque Deus enviou o seu Filho ao mundo, não para que condenasse o mundo, mas para que o mundo fosse salvo por ele.

Quem crê nele não é condenado; mas quem não crê já está condenado, porquanto não crê no nome do unigênito Filho de Deus.

E a condenação é esta: que a luz veio ao mundo, e os homens amaram mais as trevas do que a luz, porque as suas obras eram más.

O AMOR VEM DE DEUS

Adaptado de 1João 4.7-17

Amados, amemo-nos uns aos outros, porque o amor é de Deus; e qualquer que ama é nascido de Deus e conhece a Deus.

Aquele que não ama não conhece a Deus, porque Deus é amor.

Nisto se manifestou o amor de Deus para conosco: que Deus enviou seu Filho unigênito ao mundo, para que por ele vivamos.

Nisto está o amor: não em que nós tenhamos amado a Deus, mas em que ele nos amou a nós e enviou seu Filho para propiciação pelos nossos pecados.

Amados, se Deus assim nos amou, também nós devemos amar uns aos outros.

Ninguém jamais viu a Deus; se nos amamos uns aos outros, Deus está em nós, e em nós é perfeito o seu amor.

Nisto conhecemos que estamos nele, e ele em nós, pois que nos deu do seu Espírito.

E vimos e testificamos que o Pai enviou seu Filho para Salvador do mundo.

Qualquer que confessar que Jesus é o Filho de Deus, Deus está nele e ele, em Deus.

E nós conhecemos, e cremos no amor que Deus nos tem. Deus é amor; e quem está em amor está em Deus, e Deus nele.

Nisto é perfeito o amor para conosco, para que no dia do juízo tenhamos confiança; porque, qual ele é, somos nós também neste mundo.

UNIDADE 50

JESUS É O SALVADOR!

Um SALVADOR é alguém que livra ou resgata pessoas de um grande perigo ou mesmo da morte. A Bíblia diz que Deus, ao ver que toda a humanidade havia se separado Dele por causa do pecado, enviou Seu Filho, Jesus, para salvá-la.

IMPRESSIONANTE!

A Bíblia, a Palavra de Deus, nos diz que Ele nos criou para O conhecermos e para termos uma amizade constante e feliz com Ele. Mas um dia o pecado entrou no mundo e abriu um grande abismo entre nós e Deus. Por nos amar e por não querer que fôssemos para a morte eterna, Deus enviou Seu Filho para nos resgatar dando a própria vida por nós em uma cruz. Com Sua morte, Jesus estendeu uma ponte entre nós e Deus. Não é maravilhoso o amor de Deus?

O QUE VOCÊ ACHA?

Um menino fabricou um barquinho de madeira, com velas e tudo o mais, muito bonito. Todas as manhãs ele brincava com o barquinho em um lago perto de sua casa. Mas um dia, um vento muito forte arrastou o barco para longe, deixando o menino muito desesperado, pois não tinha como resgatá-lo. O barco foi para o outro lado do lago e o menino não o viu mais. Ele pensava todos os dias como estaria o brinquedo que ele mesmo havia feito.

Certo dia, enquanto caminhava pela cidadezinha em que morava, o menino viu na vitrine de uma loja seu barquinho! Ele disse ao dono da loja que o brinquedo era dele, mas o homem não lhe deu atenção. Então, o garoto perguntou quanto custava o barco. Era um preço bem alto!

O menino trabalhou muito e guardou todo o dinheiro que ganhava, até que conseguiu a quantia que o homem havia pedido. Correu à loja, entregou o dinheiro e saiu feliz, abraçado ao seu barquinho, dizendo: "Meu barquinho... agora você é meu duas vezes: porque fiz você e porque eu paguei um alto preço pra ter você de volta!"

Jesus é como o menino e você, como o barquinho perdido da história. Ele fez você e deu a vida por você, para trazê-lo de volta a Ele. Isso é amor de verdade!

Compreenda A PALAVRA DE DEUS

VOCÊ SABIA?

Jesus nos deu muitos presentes maravilhosos na cruz, junto com a salvação.

* *REDENÇÃO: Ele pagou com a vida o preço de nossa liberdade da escravidão dos pecados.*
* *JUSTIFICAÇÃO: Deus nos declarou inocentes e sem culpa de nossa desobediência a Ele.*
* *PERDÃO: Deus se esqueceu de nossos pecados e nunca mais se lembrará deles.*
* *RECONCILIAÇÃO: Jesus nos transformou de inimigos em amigos de Deus.*
* *FILIAÇÃO: Por meio de Jesus, Deus agora é nosso Pai e nós, Seus filhos.*
* *SUBSTITUIÇÃO: Na cruz, Jesus tomou o lugar que era nosso por causa dos pecados.*
* *SANTIDADE: Jesus nos capacita a ter uma vida sem pecado, agradável a Deus.*
* *VIDA ETERNA: Jesus nos garantiu uma vida que nunca terminará com Ele no céu.*

CRESCER EM FAMÍLIA

VAMOS RESPONDER JUNTOS:

* Jesus é o Salvador da humanidade. Por que era necessário que alguém santo e perfeito como Ele viesse e desse a vida para nos resgatar para Deus?
* Ao pensarmos na cruz onde Jesus morreu por nós, somos lembrados do grande amor com que Deus nos ama. O que nós temos a falar sobre esse amor tão maravilhoso?
* A Bíblia diz que todos os que creem em Jesus recebem a vida eterna. Algum de nós ainda não creu em Jesus como Senhor e Salvador? Isso pode ser feito agora mesmo!

VAMOS ORAR JUNTOS

Amado Deus, muito obrigado por nos amares de tal maneira que enviaste Teu único Filho a morrer em nosso lugar. Por meio Dele, hoje podemos ter a vida eterna. hoje crê em Jesus como seu Salvador e Senhor. Ajuda-nos a viver todos os dias como Teus filhos, demonstrando o amor por nosso Pai celestial. No nome de Teu Filho, Jesus. Amém.

UNIDADE 50

JESUS É O SALVADOR!

O QUE SIGNIFICA SALVAÇÃO?

Os pecados são como uma dívida que nós não tínhamos como pagar. A salvação significa que Jesus sofreu, em nosso lugar, o castigo pelos nossos pecados e nos libertou deles.

DIVIRTA-SE E APRENDA

Escreva corretamente no diagrama essas seis coisas maravilhosas que Jesus nos deu com Sua salvação.

HORIZONTAIS

- Filiação
- Paz
- Redenção

VERTICAIS

- Santidade
- Perdão
- Reconciliação

"Em nenhum outro [só em Jesus] há salvação."
Atos 4.12

Ao morrer, Jesus deu a você muitas coisas maravilhosas.

Ajude Palabritas e Alegria a encontrarem na cruz alguns desses presentes tão lindos.

		F	I	L	I	A	Ç	Ã	O		
		É	S	O	Ã	D	R	E	P		
A	Ç	A	R	G	J	U	S	T	I	Ç	A
S	A	L	V	A	Ç	Ã	O	R	O	M	A
E	T	U	E	D	A	D	I	T	N	A	S
		Z	A	P	O	R	V	U	A		
		S	O	Ã	M	R	I	V	X		
		B	N	A	R	E	D	O	P		
		I	G	R	E	J	A	L	I		

SALVAÇÃO • FILIAÇÃO • PODER • SANTIDADE • PERDÃO • GRAÇA
JUSTIÇA • VIDA • PAZ • LUZ • AMOR • IRMÃOS • IGREJA

PRATIQUE COM PALABRITAS

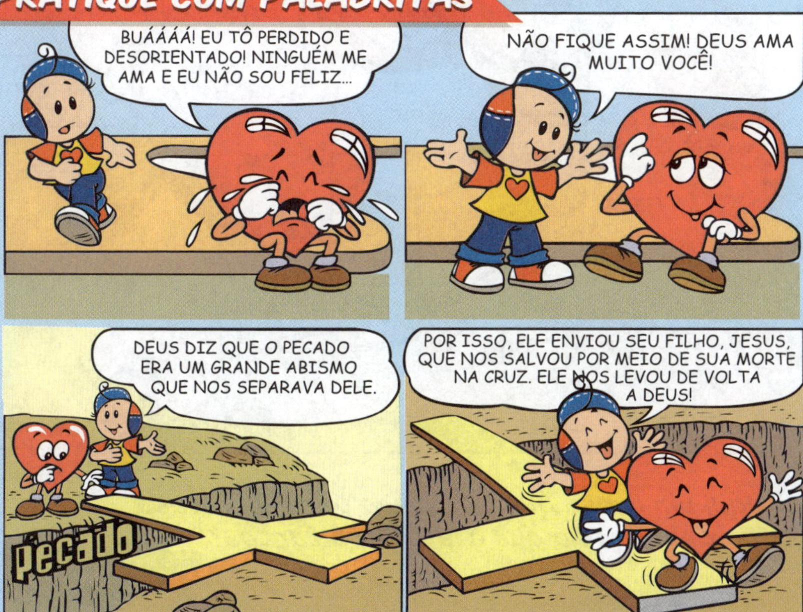

UNIDADE 51 TUDO VEM DE DEUS

Aconteceu por volta do ano 32

"Está aqui um rapaz que tem cinco pães de cevada e dois peixinhos; mas que é isto para tantos?"

JOÃO 6.9

O MENINO QUE AJUDOU JESUS

ADAPTADO DE
João 6.1-15

Partiu Jesus para o outro lado do mar da Galileia, que é o de Tiberíades. E grande multidão o seguia, porque via os sinais que operava sobre os enfermos.

E Jesus subiu ao monte, e assentou-se ali com os seus discípulos. E a páscoa, a festa dos judeus, estava próxima. Então, Jesus, levantando os olhos, e vendo que uma grande multidão vinha ter com ele, disse a Filipe: Onde compraremos pão, para estes comerem? Mas dizia isto para o experimentar; porque ele bem sabia o que havia de fazer.

Filipe respondeu-lhe: Duzentos dinheiros de pão não lhes bastarão, para que cada um deles tome um pouco. E um dos seus discípulos, André, irmão de Simão Pedro, disse-lhe: Está aqui um rapaz que tem cinco pães de cevada e dois peixinhos; mas que é isto para tantos?

E disse Jesus: Mandai assentar os homens. E havia muita relva naquele lugar. Assentaram-se, pois, os homens em número de quase cinco mil. E Jesus tomou os pães e, havendo dado graças, repartiu-os pelos discípulos, e os discípulos pelos que estavam assentados; e igualmente também dos peixes, quanto eles queriam.

E, quando estavam saciados, disse aos seus discípulos: Recolhei os pedaços que sobejaram, para que nada se perca. Recolheram-nos, pois, e encheram doze cestos de pedaços dos cinco pães de cevada, que sobejaram aos que haviam comido. Vendo, pois, aqueles homens o milagre que Jesus tinha feito, diziam: Este é verdadeiramente o profeta que devia vir ao mundo.

Sabendo, pois, Jesus que haviam de vir arrebatá-lo para o fazerem rei, tornou a retirar-se, ele só, para o monte.

UNIDADE 51

TUDO VEM DE DEUS

Deus deu a todas as pessoas habilidades, posses e talentos que podem ser utilizados para servir os semelhantes e a Ele. Tudo o que apresentamos a Deus pode ser usado por Ele em benefício das outras pessoas.

IMPRESSIONANTE!

Você leu com atenção a história de como Jesus alimentou cinco mil pessoas? Era gente demais e não havia nem alimento nem dinheiro para comprá-lo. Então, do meio da multidão saiu um garoto com o lanche para o dia: cinco pães e dois peixes. Parecia pouco aos olhos dos discípulos, mas não para Jesus. Ele multiplicou aquilo e alimentou a multidão. Não é maravilhoso o que Jesus pode fazer com aquilo que Lhe oferecemos, mesmo que para nós pareça muito pouco?

O QUE VOCÊ ACHA?

Hoje em dia, as pessoas são apreciadas principalmente por coisas tais como beleza física, estatura, posses... Elas acreditam que quem não tem essas características é alguém sem muita importância nem utilidade. Mas Deus não pensa assim. Por essa razão, a Bíblia registra a história de crianças e jovens que não recebiam atenção, mas foram usados por Deus para fazer coisas impressionantes. Alguns já foram mencionados neste livro: José, Gideão, Rute, Davi e Daniel.

* *Você já descobriu alguma habilidade ou talento que Deus lhe deu? Qual é?*
* *Você acha que Deus lhe deu esse dom para que você o use só para seu benefício ou para ajudar e abençoar outras pessoas?*

Compreenda A PALAVRA DE DEUS

PESQUISE E DESCUBRA

Você sabia que, um dia, Deus vai nos perguntar o que fizemos com tudo aquilo que Ele nos deu? Jesus contou uma história sobre isso. Antes de uma longa viagem, um homem importante chamou três de seus empregados e entregou a cada um certa quantia de dinheiro, para que eles o investissem. A um ele deu cinco mil moedas, a outro deu duas mil e ao último deu mil. Depois de algum tempo, o homem voltou e chamou os empregados, pedindo que eles apresentassem o resultado de seu trabalho. O primeiro e o segundo disseram que haviam investido o que receberam e dobrado o número de moedas. "Muito bem! Vocês são empregados fiéis!", o homem lhes disse. Mas o terceiro homem disse: "Chefe, eu tive medo por não saber o que fazer com o dinheiro e só o guardei. Então... devolvo as mil moedas." O chefe lhe respondeu: "Você é um empregado mau e preguiçoso! Por isso, vai ficar sem nada!" (veja em Mateus 25.14-28).

Qual dos três empregados você gostaria de ser? Por quê?

CRESCER EM FAMÍLIA

VAMOS RESPONDER JUNTOS:

* Será que conseguimos dizer que dons ou habilidades Deus deu a cada um de nós? Quem quer começar a falar?
* O que pensamos dos pequenos atos de bondade que fazemos: eles não têm nenhuma importância ou são importantes para Deus e para as outras pessoas?
* As coisas que nós temos podem ser usadas de maneira egoísta, só para nós mesmos, ou para ajudar outras pessoas. Como nós temos usado? Como devemos usá-las?

VAMOS ORAR JUNTOS

Amado Deus, obrigado por nos lembrares que Tu é quem nos dás todas as coisas que temos e tudo o que sabemos fazer. Obrigado também por nos lembrares que elas devem ser usadas para ajudar as pessoas que precisam de nós. Obrigado por nos dizeres que tudo o que fazemos é importante. Quando estivermos diante de Ti, queremos ser como aqueles empregados de souberam usar bem o que lhes deste e, assim, trazer glória a Teu nome. No nome de Jesus. Amém.

UNIDADE 51

TUDO VEM DE DEUS

TODOS TEMOS ALGO DE QUE OS OUTROS PRECISAM...

Nada que temos ou saibamos fazer é pouco demais, pois Deus pode usar tudo para abençoar as pessoas que estão ao nosso redor. Em muitas histórias da Bíblia, Deus mostra que pode fazer coisas grandes e surpreendentes por meio de crianças, jovens ou pessoas que são muito importantes para o mundo. Para isso, Ele precisa apenas encontrar pessoas com um coração disposto a obedecer-Lhe. Você está?

DIVIRTA-SE E APRENDA

Aqui estão algumas pessoas da Bíblia que foram usadas por Deus para fazerem coisas maravilhosas. Você consegue ligar a descrição ao personagem correto?

1. Era um bebê quando foi resgatado das águas e se tornou libertador de Israel.
2. Foi escolhida muito jovem para ser a mãe de nosso Salvador.
3. Desde pequeno ouviu a voz de Deus e esteve no templo para servi-Lo.
4. Foi um grande músico e um grande escritor de salmos para Deus desde jovem.
5. Foi vendido por seus irmãos, mas se tornou governador do Egito.
6. Tornou-se conhecida por ser uma grande amiga e por estar na genealogia de Jesus.
7. Achava ser muito insignificante, mas Deus o usou para vencer um grande exército.

DAVI

RUTE

GIDEÃO

JOSÉ

MARIA

MOISÉS

SAMUEL

"Ninguém despreze a tua mocidade; mas sê o exemplo dos fiéis, na palavra, no trato, no amor, no espírito, na fé, na pureza." 1Timóteo 4.12

Viva A PALAVRA DE DEUS

Que habilidades Deus lhe deu? Música? Desenho? Escrita? Como você gostaria de multiplicar essa habilidade para que Deus a use?

Não seja preguiçoso como Gusi. Deus se agrada de pessoas como Palabritas e Alegria, que se esforçam para fazer as coisas da melhor maneira possível.

O que Gusi fez? Vire a página.
Olhe o número agora. 81 é a resposta!

Devemos usar bem aquilo que Deus nos deu, a fim de sermos úteis para Ele e para as pessoas!

PRATIQUE COM PALABRITAS

QUANDO DEUS NOS DEU A VIDA, TAMBÉM NOS DEU TALENTOS E HABILIDADES. E CADA UM DE NÓS DEVE DECIDIR COMO USAR ISSO: OU OS USAMOS DE MODO EGOÍSTA OU OS COLOCAMOS NAS MÃOS DE JESUS, PARA QUE ELE OS MULTIPLIQUE E USE, A FIM DE ABENÇOAR OUTRAS PESSOAS.

ENTREGUE A JESUS TUDO O QUE VOCÊ TEM E SABE FAZER.

UNIDADE 52 JESUS, O BOM PASTOR

"Eu sou o bom Pastor. O bom Pastor dá a sua vida pelas ovelhas."

JOÃO 10.11

JESUS, O PASTOR QUE DÁ A VIDA PELAS OVELHAS

ADAPTADO DE
João 10.11-16

Eu sou o bom Pastor; o bom Pastor dá a sua vida pelas ovelhas.

Mas o mercenário, e o que não é pastor, de quem não são as ovelhas, vê vir o lobo, e deixa as ovelhas e foge; e o lobo as arrebata e dispersa as ovelhas. Ora, o mercenário foge, porque é mercenário e não tem cuidado das ovelhas.

Eu sou o bom Pastor, e conheço as minhas ovelhas e das minhas sou conhecido. Assim como o Pai me conhece a mim, também eu conheço o Pai e dou a minha vida pelas ovelhas.

Ainda tenho outras ovelhas que não são deste aprisco; também me convém agregar estas, e elas ouvirão a minha voz e haverá um rebanho e um Pastor.

O SENHOR É MEU PASTOR

ADAPTADO DE
Salmo 23

O SENHOR é o meu pastor, nada me faltará.

Deitar-me faz em verdes pastos, guia-me mansamente a águas tranquilas.

Refrigera a minha alma; guia-me pelas veredas da justiça, por amor do seu nome.

Ainda que eu andasse pelo vale da sombra da morte, não temeria mal algum, porque tu estás comigo; a tua vara e o teu cajado me consolam.

Preparas uma mesa perante mim na presença dos meus inimigos, unges a minha cabeça com óleo, o meu cálice transborda.

Certamente que a bondade e a misericórdia me seguirão todos os dias da minha vida; e habitarei na casa do SENHOR por longos dias.

UNIDADE 52

JESUS, O BOM PASTOR

PASTOR é aquele que tem um rebanho de ovelhas e cuida delas com muito carinho. Ele se encarrega da alimentação e da proteção delas, cuidando para que não se extraviem ou sejam pegas por algum ladrão ou por um animal que queira se alimentar delas.

IMPRESSIONANTE!

Jesus disse que Ele é o Bom pastor que dá a vida pelas ovelhas. Quando falou de Seu rebanho, Ele estava se referindo a todas as pessoas que creem Nele e que Lhe obedecem, ouvindo Sua voz e seguindo-O. Mas o mais maravilhoso de tudo é que Ele estava se referindo ao dia em que morreria na cruz para nos salvar. Que pastor maravilhoso Jesus é, por ter decidido entregar a vida para nos dar a vida eterna!

O QUE VOCÊ ACHA?

Lucas 15 registra uma história contada por Jesus. Ele perguntou às pessoas: "Que homem dentre vós, tendo cem ovelhas e perdendo uma delas, não deixa no deserto as noventa e nove e vai após a perdida até que venha a achá-la? E achando-a, a põe sobre os seus ombros, rejubilando, e, chegando a casa, convoca os amigos e vizinhos, dizendo-lhes: Alegrai-vos comigo, porque achei a minha ovelha perdida."

* *Jesus nos buscou até nos achar, pois estávamos perdidos e afastados de Deus.*
* *Ele é como o homem da história: cada vez que encontra uma ovelha perdida a coloca nos ombros com muita alegria, pois a salvou do pecado e da morte.*
* *Jesus é o Bom pastor e o Grande amigo de Suas ovelhas. Ele disse que conhece Suas ovelhas e que elas O conhecem. Você já conhece Jesus como seu pastor? Você segue Sua voz?*

VOCÊ SABIA?

* Na época de Jesus, em Israel, havia muitos rebanhos, cada um com seu pastor. Abraão e seus descendentes foram todos donos de rebanhos e pastores.

* Muitas vezes, os rebanhos ficavam aos cuidados dos filhos ou de empregados. Quando uma ovelha se perdia, o pastor devia pagar por ela ao proprietário.

* O pastor chamava as ovelhas e somente seu próprio rebanho o reconhecia pela voz. As ovelhas não reconheciam nem prestavam atenção à voz de outras pessoas.

* O pastor usava um cajado (uma espécie de bastão) para manter as ovelhas no caminho certo e uma vara comprida para corrigi-las e como arma para protegê-las de ladrões e animais selvagens.

O Senhor Jesus, o Bom pastor, cuida de nós, as ovelhas que ouvem Sua voz, com o mesmo carinho. Isso não é maravilhoso?

CRESCER EM FAMÍLIA

VAMOS RESPONDER JUNTOS:

* Jesus disse que somente as pessoas que ouvem Sua voz são Seus discípulos e seguidores verdadeiros. Nós O estamos seguindo de verdade, obedecendo à Sua Palavra e andando pelo caminho que ela indica?

* Jesus nos adverte, com amor e preocupação, que existem muitos falsos pastores que tentam enganar as ovelhas com sua voz mentirosa, convidando-as a se separarem do rebanho do Bom pastor. Como podemos fugir dessas pessoas e nos manter fiéis ao Senhor Jesus?

* Vamos relembrar: podemos ouvir a voz do Senhor Jesus lendo a Bíblia e devemos nos comprometer a segui-Lo de modo obediente.

VAMOS ORAR JUNTOS

Amado Deus, nós Te agradecemos muito por teres enviado Teu Filho, nosso Senhor Jesus, para nos buscar. Nós éramos ovelhas desobedientes, perdidas e afastadas de Teu rebanho. Nós Te pedimos sabedoria e entendimento para saber escutar a voz de Jesus, por meio da Bíblia e do Espírito Santo, a fim de O seguirmos para onde Ele nos conduzir. No nome Dele nós oramos. Amém.

UNIDADE 52 JESUS, O BOM PASTOR

DIVIRTA-SE E APRENDA

Leia de novo o Salmo 23. (Seria muito legal se você o memorizasse. Tente! Não é difícil.) Depois, sem olhar para o texto, junte as peças abaixo para formar as seis frases do salmo aplicadas a Jesus, o Bom pastor a quem devemos sempre obedecer e seguir!

Jesus é meu Bom pastor...	...e me leva por bons caminhos.
Ele me leva a descansar em verdes pastos...	... e unge minha cabeça com óleo.
Jesus renova minha alma...	... não terei medo, pois Jesus está ao meu lado
Ainda que eu passe por caminhos assustadores...	... e nada me falta.
Jesus me prepara sempre um grande banquete...	... e estarei para sempre na casa do SENHOR
O amor de Jesus está comigo todos os dias...	... e me conduz a águas tranquilas.

"Eu sou o bom Pastor, e conheço as minhas ovelhas e das minhas sou conhecido."
João 10.14

Viva A PALAVRA DE DEUS

Jesus contou a história de uma ovelha que se afastou do rebanho e sofreu muito por causa disso. Felizmente, seu pastor a buscou e resgatou.

Jesus é o Bom pastor. Então, marque com O as atitudes de uma ovelha obediente a Ele e com D, as de uma ovelha desobediente.

◯	Obedecer à voz de Jesus.	◯	Afastar-se da proteção de Jesus.
◯	Às vezes, afastar-se do rebanho.	◯	Estar sempre perto de Jesus, o Pastor.
◯	Provar águas de muitas fontes.	◯	Seguir Jesus sempre, pelo bom caminho.
◯	Aceitar as correções de Jesus.	◯	Brigar com as outras ovelhas.

PRATIQUE COM PALABRITAS

MUITAS PESSOAS PODEM DIZER QUE SÃO SUAS AMIGAS. MAS O VERDADEIRO AMIGO É AQUELE QUE NÃO ABANDONA VOCÊ NOS MOMENTOS DE DIFICULDADE OU DE NECESSIDADE. JESUS É O MAIS FIEL E MELHOR AMIGO QUE ALGUÉM PODE TER. ELE É O ÚNICO QUE PODE PROTEGER E AJUDAR TODO O TEMPO. ELE É SEU BOM PASTOR!

JESUS CUIDA DE VOCÊ, GUIA E PROTEGE VOCÊ. SIGA-O!

JESUS É A RESSURREIÇÃO E A VIDA

Aconteceu por volta do ano 32

"[Jesus] clamou com grande voz: Lázaro, sai para fora. E o que fora defunto saiu, tendo as mãos e os pés ligados com faixas, e o seu rosto envolto num lenço. Disse-lhes Jesus: Desatai-o, e deixai-o ir."

JOÃO 11.43

Leia A PALAVRA DE DEUS

JESUS É MAIS FORTE QUE A MORTE!

ADAPTADO DE
João 11

Está enfermo um certo Lázaro, de Betânia, aldeia de Maria e de sua irmã Marta. Mandaram-lhe, pois, suas irmãs dizer: Senhor, eis que está enfermo aquele que tu amas.

E Jesus, ouvindo isto, disse: Esta enfermidade não é para morte, mas para glória de Deus, para que o Filho de Deus seja glorificado por ela.

Chegando, pois, Jesus, achou que já havia quatro dias que [Lázaro] estava na sepultura.

Disse Marta a Jesus: Senhor, se tu estivesses aqui, meu irmão não teria morrido. Mas também agora sei que tudo quanto pedires a Deus, Deus to concederá.

Disse-lhe Jesus: Eu sou a ressurreição e a vida; quem crê em mim, ainda que esteja morto, viverá. E todo aquele que vive e crê em mim nunca irá morrer. Crês tu isto?

Disse-lhe ela: Sim, Senhor, creio que tu és o Cristo, o Filho de Deus, que havia de vir ao mundo.

[Jesus] disse: Onde o pusestes? Disseram-lhe: Senhor, vem e vê.

Jesus, pois, movendo-se outra vez muito em si mesmo, veio ao sepulcro; e era uma caverna, e tinha uma pedra posta sobre ela. Disse Jesus: Tirai a pedra.

Marta, irmã do defunto, disse-lhe: Senhor, já cheira mal, porque é já de quatro dias.

Disse-lhe Jesus: Não te tenho dito que, se creres, verás a glória de Deus?

Tiraram, pois, a pedra de onde o defunto jazia. E Jesus, levantando os olhos para cima, disse: Pai, graças te dou, por me haveres ouvido. Eu bem sei que sempre me ouves, mas eu disse isto por causa da multidão que está em redor, para que creiam que tu me enviaste.

E, tendo dito isto, clamou com grande voz: Lázaro, sai para fora. E o que fora defunto saiu, tendo as mãos e os pés ligados com faixas, e o seu rosto envolto num lenço. Disse-lhes Jesus: Desatai-o, e deixai-o ir.

UNIDADE 53 JESUS É A RESSURREIÇÃO E A VIDA

RESSUSCITAR é voltar à vida depois de estar morto. É um dos milagres mais impressionantes, que somente Deus pode fazer, pois Ele é o autor e criador da vida e tem poder sobre a morte.

IMPRESSIONANTE!

A passagem bíblica lida conta que Jesus tinha um amigo, chamado Lázaro, que estava muito doente. Como Jesus estava em outra cidade, mandaram chamá-Lo para curar Seu amigo. Mas Jesus se demorou ainda dois dias no lugar em que estava. Por fim, quando decidiu ir, sabia que Lázaro já estava morto, mas disse que ele estava apenas dormindo. E que iria acordá-lo, ou seja, ressuscitá-lo! Com isso, Jesus demonstraria claramente que era Deus. Não é impressionante!

O QUE VOCÊ ACHA?

Jesus já havia feito muitos milagres que haviam deixado as pessoas em geral e mesmo Seus discípulos maravilhados, pois havia: curado muitos enfermos, devolvido a visão a cegos, alimentado milhares de pessoas com cinco pães e dois peixes, caminhado sobre o mar... Mas, nessa ocasião, todos pensaram que Ele havia chegado tarde demais para fazer alguma coisa por Seu amigo, que já estava morto há quatro dias. Jesus não se preocupou com isso. Ele precisou apenas orar ao Pai, colocar-se diante da tumba e gritar: "Lázaro, saia daí!" E Lázaro saiu! Dessa forma, Jesus demonstrou que é Deus e tem poder sobre a vida e a morte.

O que você pensa do poder extraordinário de Jesus. Se Ele pôde devolver uma pessoa à vida, então você pode confiar que Ele pode cumprir Sua promessa de ressuscitar também a todos os que creem Nele para que entrem na vida eterna.

PESQUISE E DESCUBRA

Jesus ressuscitou outras pessoas também, incluindo algumas crianças. Ele ficava com o coração apertado quando via pais chorando pela morte dos filhos. Leia outro milagre de ressurreição que Jesus fez:

"Eis que chegou um chefe e o adorou, dizendo: Minha filha faleceu agora mesmo; mas vem, impõe-lhe a tua mão, e ela viverá. E Jesus, levantando-se, seguiu-o, ele e os seus discípulos. [...] E Jesus, chegando à casa daquele chefe, e vendo os instrumentistas e o povo em alvoroço, disse-lhes: Retirai-vos, que a menina não está morta, mas dorme. E riam-se dele. E, logo que o povo foi posto fora, entrou Jesus e pegou-lhe na mão, e a menina levantou-se. E espalhou-se aquela notícia por todo aquele país" (Mateus 9.18-26).

CRESCER EM FAMÍLIA

VAMOS RESPONDER JUNTOS:

* *Quem lembra quem era Lázaro e o que aconteceu a ele? O que Jesus fez quando Lhe disseram que Seu amigo estava doente? O que aconteceu depois?*
* *O que Jesus quis mostrar para as pessoas e para Seus discípulos ao devolver Lázaro à vida, depois de seu amigo estar morto por quatro dias?*
* *O que nós aprendemos com esta história sobre quem é Jesus e com relação à promessa que Ele nos fez de também nos ressuscitar?*

VAMOS ORAR JUNTOS

Amado Deus, Teu Filho, Jesus, fez milagres maravilhosos para demonstrar que Tu O havia enviado e para garantir que é digno de nossa confiança. Obrigado por nos teres dado Jesus, nosso poderoso Salvador. Saber que o Criador do mundo é também nosso Salvador, o qual nos ressuscitará um dia, nos enche de paz e de confiança! Nós Te agradecemos no nome do Senhor Jesus. Amém.

UNIDADE 53

JESUS É A RESSURREIÇÃO E A VIDA

JESUS É O DONO DA VIDA!

Deus nos criou por meio de Seu Filho. Por isso, Ele é o dono de nossa vida. Além disso, Ele nos resgatou do pecado e da morte por meio de Seu sacrifício na cruz. Assim como ressuscitou Lázaro, Jesus ressuscitará também todos os que creem Nele!

DIVIRTA-SE E APRENDA

Escolha a resposta correta.

1. Jesus chorou diante da tumba de Lázaro porque...

a. amava muito Seu amigo.
b. não pôde chegar a tempo.
c. Lhe doeu a incredulidade das pessoas.

2. Jesus ressuscitou a Lázaro para...

a. provar que era Deus.
b. mostrar o amor que tinha pelas pessoas.
c. aumentar a fé dos discípulos.
d. Todas as respostas anteriores.

3. Jesus pode ressuscitar uma pessoa hoje?

a. Não, milagres não acontecem mais.
b. Sim, Jesus pode fazer o mesmo hoje.
c. Depende de há quanto tempo ela está morta.

4. Jesus disse que se crermos Nele,...

a. Ele nunca nos deixará morrer.
b. Ele aumentará a duração de nossa vida.
c. ainda que estejamos mortos, viveremos.

"A Deus tudo é possível."
Mateus 19.26

Viva a Palavra de Deus

Algumas pessoas acreditam que, com a morte, tudo termina. Mas aqueles que creem em Jesus sabem que têm a vida eterna Nele.

Encontre no quadro abaixo as letras (que estão misturadas) do nome dessas cinco figuras e pinte-as.

_ _ _ _ _ _

_ _ _ _ _

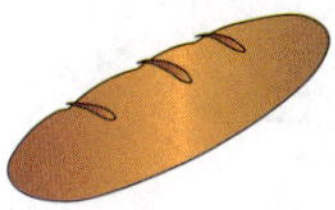

_ _ _

_ _ _ _ _

E	S	U	L	O	T
A	M	P	A	C	B
É	A	Z	M	R	C
E	S	S	S	U	S
C	S	I	Ã	T	U
A	R	R	A	E	I

Sobraram algumas letras, não é? Seguindo a flecha, começando com o E, escreva no quadro abaixo as letras que sobraram e você terá o significado de uma promessa de Jesus.

Porque Jesus ressuscitou...													

PRATIQUE COM PALABRITAS

QUANDO RESSUSCITOU UM MORTO, JESUS DEMONSTROU QUE É O SENHOR E O DONO DA VIDA. E ELE DISSE QUE, UM DIA, RESSUSCITARÁ PARA A VIDA ETERNA TODOS OS QUE CREEM NELE. QUE NOTÍCIA MARAVILHOSA!

UNIDADE 54

JESUS ESTÁ VIVO!

Aconteceu por volta do ano 33

"[Jesus] mostrou-lhes as suas mãos e o lado. De sorte que os discípulos se alegraram, vendo o Senhor. Disse-lhes, pois, Jesus outra vez: Paz seja convosco; assim como o Pai me enviou, também eu vos envio a vós."

JOÃO 20.20,21

JESUS APARECEU AOS DISCÍPULOS APÓS A RESSURREIÇÃO

ADAPTADO DE
João 19; 20

SEPULTAMENTO DE JESUS
João 19.40-42

Tomaram, pois, o corpo de Jesus e o envolveram em lençóis com as especiarias, como é costume dos judeus, na preparação para o sepulcro.

E havia um jardim naquele lugar onde fora crucificado e, no horto, um sepulcro novo, em que ainda ninguém havia sido posto.

Ali, pois (por causa da preparação dos judeus e por estar perto aquele sepulcro), puseram a Jesus.

O SEPULCRO VAZIO
João 20.1-9

E, no primeiro dia da semana, Maria Madalena foi ao sepulcro de madrugada, sendo ainda escuro, e viu a pedra tirada do sepulcro. Correu, pois, e foi a Simão Pedro e ao outro discípulo, a quem Jesus amava, e disse-lhes: Levaram o Senhor do sepulcro, e não sabemos onde o puseram.

Então, Pedro saiu com o outro discípulo, e foram ao sepulcro. E os dois corriam juntos, mas o outro discípulo correu mais apressadamente do que Pedro e chegou primeiro ao sepulcro. E, abaixando-se, viu no chão os lençóis; todavia não entrou.

Chegou, pois, Simão Pedro, que o seguia, e entrou no sepulcro e viu no chão os lençóis, e que o lenço, que tinha estado sobre a sua cabeça, não estava com os lençóis, mas enrolado num lugar à parte. Então, entrou também o outro discípulo, que chegara primeiro ao sepulcro, e viu e creu. Porque ainda não sabiam a Escritura, que era necessário que [Jesus] ressuscitasse dentre os mortos.

JESUS APARECE A SEUS SEGUIDORES
João 20.19-23

Chegada, pois, a tarde daquele dia, o primeiro da semana, e cerradas as portas onde os discípulos, com medo dos judeus, se tinham ajuntado, chegou Jesus, e pôs-se no meio e disse-lhes: Paz seja convosco.

E, dizendo isto, mostrou-lhes as suas mãos e o lado. De sorte que os discípulos se alegraram, vendo o Senhor.

Disse-lhes, pois, Jesus outra vez: Paz seja convosco; assim como o Pai me enviou, também eu vos envio a vós.

E, havendo dito isto, assoprou sobre eles e disse-lhes: Recebei o Espírito Santo. Àqueles a quem perdoardes os pecados lhes são perdoados; e àqueles a quem os retiverdes lhes são retidos.

UNIDADE 54 JESUS ESTÁ VIVO!

Jesus nasceu há quase dois mil anos, morreu, foi sepultado, e sua tumba permanece vazia até hoje. Ele deu a vida numa cruz para nossa salvação. Centenas de anos antes, os profetas já haviam dito que JESUS VENCERIA A MORTE.

IMPRESSIONANTE!

Jesus havia sido crucificado uns dias antes. Ao ser sepultado, Seu corpo foi coberto por lençóis e colocado em um sepulcro, que foi fechado com uma grande pedra. Mas, ao terceiro dia, quando Maria Madalena foi visitar o sepulcro, ela o encontrou aberto e surpreendeu-se. O que teria acontecido a Jesus? Alguém havia roubado Seu corpo? Ou... Ele ressuscitou, como havia prometido?

O QUE VOCÊ ACHA?

A Bíblia conta que, três dias depois da morte de Jesus, Seus discípulos estavam numa casa com portas muito bem trancadas, por medo do que lhes poderia acontecer. Se haviam tirado a vida de seu Mestre e Senhor, o que os judeus poderiam fazer a eles?

De repente, Jesus apareceu no meio dos discípulos, que não conseguiam crer no que viam. Então, lhes mostrou as feridas nas mãos e no lado e os tranquilizou, dizendo: "Paz seja convosco!" Os discípulos se maravilharam em ver que Jesus pôde voltar da morte e vencê-la.

Será que ainda havia dúvida de que Ele era verdadeiramente o Filho de Deus e o Salvador do mundo prometido por Deus?

* Ao conhecer essa história, você crê que Ele pode cumprir a promessa de dar a vida eterna?

VOCÊ SABIA?

* O corpo dos fundadores das maiores religiões do mundo ficou sepultado. Mas o sepulcro de Jesus está vazio.

* Pilatos, o governador romano que condenou Jesus à morte, ordenou que muitos soldados armados cuidassem da tumba, mas nem isso pôde impedir a ressurreição.

* A Bíblia registra que Jesus apareceu a mais de 500 pessoas depois de vencer a morte.

* Era necessário que Jesus voltasse à vida, para que nós também tivéssemos a segurança de que seremos ressuscitados, como Ele nos prometeu.

* A ressurreição de Jesus é um fato fundamental da fé cristã. Se ela não houvesse ocorrido, nossa fé não teria segurança nem teríamos esperança na vida eterna.

CRESCER EM FAMÍLIA

VAMOS RESPONDER JUNTOS:

* Vamos falar da maravilhosa ressurreição de Jesus? Como foi que Ele se apresentou aos discípulos depois de ter vencido a morte?

* Se alguém nos perguntar por que temos tanta certeza de que Jesus ressuscitou, o que diríamos para demonstrar que ela aconteceu mesmo? Cada um pensa em uma resposta...

* Por que era necessário que Jesus ressuscitasse para termos certeza de que temos a vida eterna?

VAMOS ORAR JUNTOS

Amado Deus, nós Te agradecemos pela promessa de herdarmos a vida eterna por meio de Teu Filho, Jesus. Obrigado por nos lembrares das palavras de Jesus, que disse ser a ressurreição e a vida. E por Ele ter dito que, por crermos Nele, ainda que morramos, um dia viveremos para sempre Contigo, em Tua gloriosa presença.

No nome de Teu Filho, Jesus. Amém.

UNIDADE 54 JESUS ESTÁ VIVO!

JESUS ESTÁ VIVO!

A ressurreição de Jesus foi o maior milagre que já aconteceu na história da humanidade! Mais de quinhentas pessoas O viram ressurreto. E milhões foram transformadas pela fé Nele!

DIVIRTA-SE E APRENDA

Com a Bíblia, palabritas está explicando a Gusi porque crê que Jesus está vivo. (Será que um dia Gusi vai crer também?)

Ajude Palabritas a ordenar os fatos que mostram que Jesus está vivo, numerando-os conforme eles aconteceram.

☐ *Depois de ressurreto, Jesus apareceu aos discípulos.*

☐ *Houve uma mudança completa na vida dos discípulos. Eles se dedicaram a pregar sobre Jesus.*

☐ *Havia muitas profecias sobre isso no Antigo Testamento.*

☐ *A Igreja de Cristo existe há quase dois mil anos.*

☐ *A tumba de Jesus estava vazia.*

"Disse-lhe Jesus: Eu sou a ressurreição e a vida; quem crê em mim, ainda que esteja morto, viverá."

João 11.25

Viva A PALAVRA DE DEUS

Quando Jesus ressuscitou, Seus discípulos começaram a contar a todo mundo essa grande notícia.

Justin, Palabritas, Alegria e Motas prepararam uma faixa para falarem da maravilhosa novidade. O que está escrito? Descubra, trocando os sinais pelas letras correspondentes.

PRATIQUE COM PALABRITAS

JESUS É BOM E MISERICORDIOSO. ELE MORREU POR CAUSA DE NOSSOS PECADOS E RESSUSCITOU AO TERCEIRO DIA; COM ISSO, NOS GARANTIU A ENTRADA NO CÉU, PARA VIVERMOS ETERNAMENTE COM ELE. NÃO É MARAVILHOSO SEU AMOR?

UNIDADE 55

IGREJA, A FAMÍLIA DE DEUS

"Foram batizados os que de bom grado receberam a sua palavra; e naquele dia agregaram-se quase três mil almas. E perseveravam na doutrina dos apóstolos, e na comunhão, e no partir do pão e nas orações."

ATOS 2.41,42

A IGREJA É UMA FAMÍLIA MARAVILHOSA!

ADAPTADO DE
Atos 2.38-47; 4.32-37

Disse-lhes Pedro: Arrependei-vos, e cada um de vós seja batizado em nome de Jesus Cristo, em remissão de pecados; e recebereis o dom do Espírito Santo; porque a promessa vos diz respeito a vós, a vossos filhos e a todos os que estão longe, a tantos quantos Deus nosso Senhor chamar.

E com muitas outras palavras isto testificava, e os exortava, dizendo: Salvai-vos desta geração perversa. De sorte que foram batizados os que de bom grado receberam a sua palavra; e naquele dia agregaram-se quase três mil almas, e perseveravam na doutrina dos apóstolos, e na comunhão, e no partir do pão e nas orações.

A VIDA DOS CRISTÃOS

E em toda a alma havia temor, e muitas maravilhas e sinais se faziam pelos apóstolos. E todos os que criam estavam juntos e tinham tudo em comum. E vendiam suas propriedades e bens, e repartiam com todos, segundo cada um necessitava. E, perseverando unânimes todos os dias no templo, e partindo o pão em casa, comiam juntos com alegria e singeleza de coração, louvando a Deus, e caindo na graça de todo o povo. E todos os dias acrescentava o Senhor à igreja aqueles que eram salvos.

OS CRISTÃOS COMPARTILHAM

Era um o coração e a alma da multidão dos que criam, e ninguém dizia que coisa alguma do que possuía era sua própria, mas todas as coisas lhes eram comuns.

E os apóstolos davam, com grande poder, testemunho da ressurreição do Senhor Jesus, e em todos eles havia abundante graça.

Não havia, pois, entre eles necessitado algum; porque todos os que possuíam herdades ou casas, vendendo-as, traziam o preço do que fora vendido e o depositavam aos pés dos apóstolos. E repartia-se a cada um, segundo a necessidade que cada um tinha.

Então, José, chamado pelos apóstolos Barnabé (que, traduzido, é "filho da consolação"), levita, natural de Chipre, possuindo uma herdade, vendeu-a, e trouxe o preço e o depositou aos pés dos apóstolos.

UNIDADE 55

IGREJA, A FAMÍLIA DE DEUS

A IGREJA é a grande família que Deus tem na terra. Ela é formada por todas as pessoas, de todo o mundo, que creram que Jesus é o Filho de Deus e o Salvador. Ela é o Corpo espiritual de Cristo, não os templos e edificações onde os cristãos se reúnem.

IMPRESSIONANTE!

Pais, primos, tios, avós... Eles formam nossa família, com quem nos reunimos muitas vezes para festas, para nos alegrar e, até mesmo, para dividir notícias tristes. A família de Deus é mais ou menos assim também. Ela é formada por todos os que creram em Jesus e são todos irmãos. Eles se reúnem frequentemente para celebrar com alegria serem filhos do Pai celestial graças ao que Jesus fez por eles na cruz. É maravilhoso pertencer a essa família!

O QUE VOCÊ ACHA?

Por causa da fé em Cristo, uma pessoa pode ter milhões de irmãos e irmãs espirituais no mundo todo, de diferentes países e culturas, cores de pele e idioma, idades e condições sociais. Isso é possível ao amor que Deus teve por nós ao enviar Seu único Filho a morrer pelos pecadores. Todos os que creram, os que têm a vida eterna, formam a Igreja.

Pertencer à grande comunidade dos crentes em Jesus é um privilégio maravilhoso dado por Deus.

Como todos eles querem conhecer mais acerca do Senhor e de Sua Palavra, reúnem-se regularmente para ouvir sobre a Bíblia, para louvar a Deus, para orar a Ele. Pode fazer isso é motivo de muita gratidão, não é?

Compreenda A PALAVRA DE DEUS

VOCÊ SABIA?

* No Novo Testamento, há um livro muito especial, chamado Atos dos Apóstolos. Nele é contada a história do começo da Igreja.

* Ali está o relato de como eram as reuniões dos primeiros seguidores de Jesus. Antes de subir ao céu, Ele instruiu Seus discípulos a irem por todo o mundo contar as boas notícias sobre a salvação.

* O livro de Atos conta também sobre muita perseguições que os primeiros cristãos tiveram de enfrentar por causa de sua fé no Filho de Deus. Isso lhes trouxe dor e sofrimento.

* É muito belo o registro do amor que havia entre eles, como cuidavam uns dos outros, compartilhando o que tinham e orando uns pelos outros. Eram verdadeiros irmãos em Cristo.

CRESCER EM FAMÍLIA

VAMOS RESPONDER JUNTOS:

* Por que será que os cristãos gostam de se reunir regularmente para louvar a Deus e para aprender sobre a Bíblia?

* A Bíblia fala que cada dia pessoas eram acrescentadas à Igreja, por crerem em Jesus. Nós estamos falando das boas notícias da salvação a nossos parentes e amigos?

* Vocês acham importante que haja, entre os cristãos, grupos especiais para jovens e crianças? Ou os irmãos de todas as idades deveriam estar sempre juntos, em todas as reuniões?

VAMOS ORAR JUNTOS

Amado Deus, nós Te agradecemos por teres nos trazido a Tua grande família aqui na terra. Que bom saber que Tu és nosso Pai celestial, que somos Teus filhos amados em Cristo e que temos milhões de irmãos espirituais espalhados pelo mundo. Hoje Te pedimos por nossos amigos e familiares que ainda não são parte da Igreja. Que Teu Espírito Santo revele a eles a salvação em Jesus, para que sejam também nossos irmãos na fé. No nome de Teu Filho, Jesus. Amém.

UNIDADE 55 IGREJA, A FAMÍLIA DE DEUS

TODOS OS CRENTES EM JESUS FORMAM A IGREJA!

A Igreja é a família de Deus e é formada por todos os crentes em Jesus do mundo todo. Jesus é o fundamento da Igreja, a qual Ele salvou e resgatou para Si mesmo por meio de Sua obra salvadora na cruz. Por isso, Seus seguidores se reúnem para louvá-Lo e glorificá-Lo.

DIVIRTA-SE E APRENDA

Responda às perguntas abaixo sobre a Igreja. Se for preciso, peça ajuda a seus pais. Ou, então, procure você mesmo as respostas na Bíblia, seguindo as indicações.

1. A Igreja é... (Atos 2.47)
a) o edifício onde nos reunimos para louvar a Deus.
b) uma religião como qualquer outra.
c) a comunidade de todos os crentes em Jesus.

2. A Igreja é constituída... (Romanos 16.16)
a) apenas pelas pessoas que se reúnem junto comigo.
b) pelos cristãos de todo o mundo.
c) apenas pelos cristãos do meu país.

3. A Igreja é a família de Deus. Os crentes em Jesus são... (Romanos 8.29)
a) primos no Espírito.
b) tios e sobrinhos religiosos.
c) irmãos na fé.

4. A Bíblia chama a Igreja também de Corpo. O que isso significa? (Efésios 5.23; Colossenses 1.18; 1Coríntios 12.27)
a) Que Cristo é a cabeça da Igreja.
b) Que a Igreja é o Corpo de Cristo.
c) Que os cristãos são membros desse Corpo.
d) Todas as alternativas anteriores.

"Vós sois o corpo de Cristo, e seus membros em particular."

1Coríntios 12.27

Viva A PALAVRA DE DEUS

Veja o que Alegria está falando sobre a Igreja.

Quando me **reúno** com meus **irmãos**, **jovens** e **adultos**, aprendemos sobre a **Bíblia**. É como se **Jesus** mesmo estivesse nos ensinando! Também **cantamos hinos** de **louvor** a **Deus**, nosso **Pai**, pois Ele é **bom**, e **oramos** com **fé**!

ENCONTRE NO QUADRO TODAS AS PALAVRAS DESTACADAS EM VERMELHO DITAS POR ALEGRIA.

X	X	X	X	X	X	X	X	X	X
O	R	A	M	O	S	C	H	É	N
S	C	I	E	L	D	N	I	L	E
S	A	O	N	Ú	E	R	N	U	V
O	N	S	L	A	U	B	O	Ã	O
N	T	J	O	I	S	U	S	E	J
C	S	D	U	L	T	O	S	X	V
É	M	A	V	B	I	S	N	F	I
U	O	D	O	Í	L	Ã	C	É	L
R	S	Ú	R	B	O	M	F	I	G

PRATIQUE COM PALABRITAS

TODOS OS QUE CREEM QUE JESUS É O FILHO DE DEUS E O SALVADOR SÃO CHAMADOS DE CRISTÃOS E FORMAM A IGREJA. ALGUMAS PESSOAS CHAMAM DE IGREJA TAMBÉM O LUGAR ONDE OS CRISTÃOS SE REÚNEM. O MELHOR É LEMBRAR QUE A IGREJA É CONSTITUÍDA DE PESSOAS!

REÚNA-SE COM OUTROS CRISTÃOS. DEUS SE AGRADA DISSO!

A CONVERSÃO A DEUS

"E, caindo em terra, ouviu uma voz que lhe dizia: Saulo, Saulo, por que me persegues?"

ATOS 9.4

SAULO: DE INIMIGO DE DEUS A SEGUIDOR DE JESUS

ADAPTADO DE
Atos 9.1-15

E Saulo, respirando ainda ameaças e mortes contra os discípulos do Senhor, dirigiu-se ao sumo sacerdote. E pediu-lhe cartas para Damasco, para as sinagogas, a fim de que, se encontrasse alguns deste Caminho, quer homens quer mulheres, os conduzisse presos a Jerusalém.

E, indo no caminho, aconteceu que, chegando perto de Damasco, subitamente o cercou um resplendor de luz do céu. E, caindo em terra, ouviu uma voz que lhe dizia: Saulo, Saulo, por que me persegues?

E ele disse: Quem és, Senhor?

E disse o Senhor: Eu sou Jesus, a quem tu persegues. [...] Levanta-te, e entra na cidade, e lá te será dito o que te convém fazer.

E os homens, que iam com ele, pararam espantados, ouvindo a voz, mas não vendo ninguém. E Saulo levantou-se da terra, e, abrindo os olhos, não via a ninguém. E, guiando-o pela mão, o conduziram a Damasco. E esteve três dias sem ver, e não comeu nem bebeu.

E havia em Damasco um certo discípulo chamado Ananias; e disse-lhe o Senhor em visão: Ananias!

E ele respondeu: Eis-me aqui, Senhor.

E disse-lhe o Senhor: Levanta-te, e vai à rua chamada Direita, e pergunta em casa de Judas por um homem de Tarso chamado Saulo; pois eis que ele está orando; e numa visão ele viu que entrava um homem chamado Ananias e punha sobre ele a mão, para que tornasse a ver.

E respondeu Ananias: Senhor, a muitos ouvi acerca deste homem, quantos males tem feito aos teus santos em Jerusalém; e aqui tem poder dos principais sacerdotes para prender a todos os que invocam o teu nome.

Disse-lhe, porém, o Senhor: Vai, porque este é para mim um vaso escolhido, para levar o meu nome diante dos gentios, e dos reis e dos filhos de Israel.

UNIDADE 56 A CONVERSÃO A DEUS

A CONVERSÃO é o nascimento espiritual para uma nova vida. É mudar o rumo da vida: antes, a pessoa seguia para longe de Deus, agora, ela se volta para Deus. É também mudar da adoração a deuses falsos para adorar o único Deus verdadeiro.

IMPRESSIONANTE!

Você leu a história de Saulo? Ele era um dos maiores inimigos de Jesus, pois perseguia aqueles que tinham crido e falavam de sua fé. Mas um dia, enquanto ia para Damasco, a fim de prender cristãos lá, escutou a voz de Jesus no meio de uma luz muito forte que o derrubou na estrada. Depois disso, Saulo se tornou Paulo, um dos mais importantes seguidores do Filho de Deus. É impressionante o que Jesus pode fazer com uma pessoa que se converte a Ele!

O QUE VOCÊ ACHA?

Toda conversão a Deus é muito parecida com a que Saulo experimentou. Ela acontece com a pessoa que está indo por um caminho escuro e perigoso, afastando-se mais e mais de Deus. De repente, o Espírito de Deus a surpreende em seu caminho e a convence de seu pecados, fazendo-a voltar-se para o único Deus verdadeiro. Depois, Ele vai transformando essa pessoa, fazendo dela um seguidor fiel.

* As pessoas podem ser inimigas de Jesus, como Saulo era, de muitas formas. Elas podem ignorá-Lo, desobedecer-Lhe, negá-Lo ou comportando-se de modo errado, mesmo dizendo serem cristãs. Você já pensou sobre isso?

PESQUISE E DESCUBRA

Saulo, que se tornou Paulo, mudou totalmente de vida e dedicou-se ao serviço de Jesus Cristo. Quando alguém se converte verdadeiramente a Deus, muitas coisas mudam em sua vida. Na Bíblia, Deus mudou até mesmo o nome de muitas pessoas que O conheceram.

* Abrão: Deus fez uma aliança com ele e lhe disse: "E não se chamará mais o teu nome Abrão, mas Abraão será o teu nome; porque por pai de muitas nações te tenho posto" (Gênesis 17.4,5).

* Jacó: Deus lhe disse: "Não se chamará mais o teu nome Jacó, mas Israel será o teu nome. [...] Uma multidão de nações sairá de ti, e reis procederão dos teus lombos" (Gênesis 35.9-11).

* Simão: Jesus lhe disse: "Bem-aventurado és tu, Simão Barjonas [...]. Eu te digo que tu és Pedro, e sobre esta pedra edificarei a minha igreja [...]. Eu te darei as chaves do reino dos céus" (Mateus 16.17-19).

CRESCER EM FAMÍLIA

VAMOS RESPONDER JUNTOS:

* Converter-se a Deus não é o mesmo que mudar de religião ou de "igreja". É a mudança profunda de um coração que estava afastado de Deus e agora se volta para Ele. Será que todos nós já experimentamos esse mudança real no coração?

* Há muitas pessoas que são como Saulo era: rejeitam a Jesus, não só perseguindo os cristãos, mas também negando-O ou fingindo serem Suas amigas. Nós, que cremos em Jesus, devemos manifestar isso de verdade. Será que as pessoas conseguem vê-Lo em nossa vida?

VAMOS ORAR JUNTOS

Amado Deus, hoje queremos Te pedir perdão por aquelas ocasiões em que dizemos ser amigos de Jesus, mas negamos isso por meio de nosso comportamento. Ajuda-nos a sermos cristãos verdadeiros em todos os momentos, pois sabemos que isso Te alegra e pode levar a salvação às pessoas. Em nome de Teu Filho, Jesus. Amém.

UNIDADE 56

A CONVERSÃO A DEUS

JESUS AMA A IGREJA!

Saulo estava perseguindo os cristãos, mas, quando Jesus falou com ele, lhe disse: "Eu sou Jesus, a quem tu persegues". Isso mostra como Jesus ama Sua Igreja! Perseguir os cristãos é como perseguir a Ele! (Relembre o que você aprendeu na unidade anterior.)

DIVIRTA-SE E APRENDA

Leia de novo a história da conversão de Saulo (Atos 9.1-21) e completa as frases:

1. Saulo era um perseguidor dos ________________ de Jesus.

2. No caminho para Damasco, __________ apareceu para ele e lhe disse: ___________ .

3. Saulo ficou _________, mas depois Ananias orou e ele foi _____________.

4. Jesus disse que havia ___________ Saulo para pregar Sua mensagem.

Perguntas

O que acontece quando uma pessoa conhece a Cristo?
Você já entregou a vida a Jesus?
Você tem falado a outros sobre Ele?

"Se alguém está em Cristo, nova criatura é; as coisas velhas já passaram; eis que tudo se fez novo."

2Coríntios 5.17

Viva A PALAVRA DE DEUS

Gusi acabou de ouvir a história de Paulo e ficou se perguntando como é alguém depois que se torna discípulo de Jesus. (Ele ainda não sabe se quer isso.) Justin está comentando com ele como vive um verdadeiro discípulo de Jesus. Ligue como era o comportamento de alguém antes de conhecer Jesus com o comportamento após conhecê-Lo.

Eu antes	Eu agora
Mentia.	Vou procurar andar com pessoas que amem a Deus.
Desobedecia a meus pais.	Vou ver apenas coisas que agradem a Deus e não sujem meu coração.
Andava com pessoas que gostavam de fazer coisas erradas	Direi sempre a verdade.
Via coisas desagradáveis e feias em revistas e na internet.	Vou ser respeitoso e amável com meus pais e com todas as pessoas.
Era respondão, grosseiro e nunca agradecia por nada.	Vou obedecer com alegria.

PRATIQUE COM PALABRITAS

DEUS SEMPRE NOS AMOU. MAS A BÍBLIA DIZ QUE TODAS AS PESSOAS VIRARAM AS COSTAS PARA ELE E ESCOLHERAM O PRÓPRIO CAMINHO, AFASTANDO-SE DELE. MAS QUANDO ALGUÉM CRÊ EM JESUS SE TORNA AMIGO DE DEUS E RECEBE DELE UMA NOVA VIDA!

SIGA A JESUS E SUA VIDA MUDARÁ!

O PODER DA ORAÇÃO

Aconteceu por volta do ano 45

"Sobreveio o anjo do Senhor, e resplandeceu uma luz na prisão; e, tocando a Pedro no lado, o despertou, dizendo: Levanta-te depressa. E caíram-lhe das mãos as cadeias."

ATOS 12.7

PEDRO FOI LIBERTADO POR CAUSA DA ORAÇÃO DA IGREJA

ADAPTADO DE
Atos 12.5-17

Pedro era guardado na prisão; mas a igreja fazia contínua oração por ele a Deus.

E quando Herodes estava para o fazer comparecer, nessa mesma noite estava Pedro dormindo entre dois soldados, ligado com duas cadeias, e os guardas diante da porta guardavam a prisão. E eis que sobreveio o anjo do Senhor, e resplandeceu uma luz na prisão; e, tocando a Pedro no lado, o despertou, dizendo: Levanta-te depressa. E caíram-lhe das mãos as cadeias. E disse-lhe o anjo: Cinge-te e ata as tuas sandálias. E ele assim o fez. Disse-lhe mais: Lança às costas a tua capa e segue-me.

E, saindo, o seguia. E não sabia que era real o que estava sendo feito pelo anjo, mas cuidava que via alguma visão. E, quando passaram a primeira e a segunda guardas, chegaram à porta de ferro que dá para a cidade, a qual se lhes abriu por si mesma; e, tendo saído, percorreram uma rua, e logo o anjo se apartou dele.

E Pedro, tornando a si, disse: Agora sei verdadeiramente que o Senhor enviou o seu anjo, e me livrou da mão de Herodes e de tudo o que o povo dos judeus esperava. E, considerando ele nisto, foi à casa de Maria, mãe de João, que tinha por sobrenome Marcos, onde muitos estavam reunidos e oravam. E, batendo Pedro à porta do pátio, uma menina chamada Rode saiu a escutar; e, conhecendo a voz de Pedro, de gozo não abriu a porta, mas, correndo para dentro, anunciou que Pedro estava à porta.

E disseram-lhe: Estás fora de ti. Mas ela afirmava que assim era. E diziam: É o seu anjo. Mas Pedro perseverava em bater e, quando abriram, viram-no e se espantaram. E acenando-lhes ele com a mão para que se calassem, contou-lhes como o Senhor o tirara da prisão.

UNIDADE 57 O PODER DA ORAÇÃO

ORAR é falar com Deus, como se fala com os pais ou com o melhor amigo. Na oração, podemos contar a Deus como nos sentimos, pedir o que precisamos e também dar louvor a Ele e agradecer por tudo o que nos dá.

IMPRESSIONANTE!

A história da libertação de Pedro é impressionante! Ele havia sido preso por ter pregado sobre Jesus, e todos os irmãos começaram a orar, pedindo a Deus que o libertasse. E aconteceu o que parecia impossível: um anjo apareceu em sua cela, as algemas se abriram sozinhas, os soldados não o viram sair, um portão se abriu sozinho... Não é maravilhoso o que Deus faz quando Lhe pedimos alguma coisa em nome de Seu Filho, Jesus?

O QUE VOCÊ ACHA?

Quando oramos a Deus em nome de Jesus, as portas do céu se abrem, Deus escuta nossa oração e nos atende. Na Bíblia, Deus diz que Ele, o Criador do mundo, está sempre disposto a ouvir Seus filhos quando se aproximam Dele, reconhecendo-O como Senhor e expressando com sinceridade suas angústias e necessidades.

A disposição de Deus para nos ouvir sempre não é uma grande demonstração de Seu amor?

Quando você fala com Deus em oração, você se aproxima Dele com confiança e sempre que necessita?

Compreenda A PALAVRA DE DEUS

VOCÊ SABIA?

Orar não é difícil, e tanto adultos quanto crianças podem fazê-lo. Mas Jesus disse aos adultos que eles deveriam ter a fé simples e confiante de uma criança.

Na Bíblia, há alguns conselhos bem fáceis de entender sobre como deve ser sua oração.

* *Busque a Deus, crendo que Ele existe e que recompensará você.* *"É necessário que aquele que se aproxima de Deus creia que ele existe e que é galardoador dos que o buscam" (Hebreus 11.6).*

* *Aproxime-se de Deus com confiança.* *"Cheguemos, pois, com confiança ao trono da graça, para que possamos alcançar misericórdia e achar graça, a fim de sermos ajudados em tempo oportuno" (Hebreus 4.16).*

* *Peça coisas boas a Deus.* *"Nada tendes, porque não pedis. Pedis, e não recebeis, porque pedis mal" (Tiago 4.2,3).*

* *Peça a Deus no nome de Jesus.* *"Na verdade, na verdade vos digo que tudo quanto pedirdes a meu Pai, em meu nome, ele vo-lo há de dar. Até agora nada pedistes em meu nome; pedi, e recebereis, para que o vosso gozo se cumpra" (João 16.23,24).*

CRESCER EM FAMÍLIA

VAMOS RESPONDER JUNTOS:

* *Deus diz, em Sua Palavra, que sem fé é impossível agradá-Lo. Quando nós oramos, cremos realmente que Ele nos ouve e nos atende?*

* *Já lemos que Moisés se encontrava com Deus e falava com Ele como se fala com um grande amigo. Será que nós também podemos falar com Deus desse modo?*

* *Deus nos pede para nos aproximarmos Dele com confiança. Vamos manter sempre essa atitude ao orar?*

VAMOS ORAR JUNTOS

Amado Deus, muito obrigado por nos ensinares que Tu nos amas tanto que estás sempre disposto a nos ouvir quando Te buscamos em oração. Ajuda-nos, por Teu Espírito Santo, a Te buscarmos com confiança. Tu és nosso Pai celestial! Por isso, podemos nos aproximar de Ti sem medo, não só para Te pedir coisas, mas também para Te louvar e agradecer por tudo com que nos abençoas cada dia. No nome de Teu Filho, Jesus. Amém.

UNIDADE 57

O PODER DA ORAÇÃO

DEUS FAZ COISAS MARAVILHOSAS EM RESPOSTA À ORAÇÃO DE SEUS FILHOS

Deus diz, em Sua Palavra, que a oração dos justos pode realiar muitas coisas. Muitas histórias na Bíblia revelam coisas impressionantes que Deus concedeu àqueles que creram Nele e O buscaram em oração. Quantas vezes Ele ajudou pessoas em momentos difíceis que elas enfrentavam. Por vezes, Ele até mesmo enviou anjos, como aconteceu com Pedro, para atender a quem pediu Sua proteção. Mas a grande notícia é esta: hoje Deus continua atendendo às orações e fazendo milagres em resposta a elas!

DIVIRTA-SE E APRENDA

Aqui estão seis das muitas orações respondidas por Deus e registradas na Bíblia. Quem orou? Una o nome de cada personagem com a oração que ele fez. Se você não lembra, consulte a passagem bíblica indicada ou as unidades anteriores deste livro.

- JOSUÉ (Josué 10.12-15)
- ELIAS (1Reis 18.20-39)
- SALOMÃO (1Reis 3.7-9)

- Este rei doente orou quando estava para morrer, e Deus lhe deu mais quinze anos de vida.
- Era estéril e orou a Deus por um filho. Ele a atendeu. Deu ao filho o nome de Samuel.
- Pediu sabedoria a Deus para governar, e Deus fez dele um dos homens mais sábios do mundo.
- Quando estava dentro de um grande peixe, pediu ajuda a Deus, e Ele o libertou.
- Pediu socorro a Deus, e Deus parou o Sol para lhe dar vitória numa grande luta.
- Levantou um altar e o encharcou com água. Orou para que Deus enviasse fogo do céu, e Ele lhe respondeu.

- ANA (1Samuel 1.1-28)
- EZEQUIAS (Isamuel 38.15)
- JONAS (Jonas 2.1-10)

"A oração do justo pode muito em seus efeitos."
Tiago 5.16

Viva A PALAVRA DE DEUS

Gusi está muito doente e seus amigos tiveram uma ideia muito boa para ajudá-lo a ficar logo bom: eles se reuniram para orar a Deus pela saúde dele.

Escreva aqui o nome dos amigos de Gusi.

1		2			3				
		4				5			
	6				7				
	8			9					

Agora, transporte as letras numeradas para o diagrama abaixo para encontrar uma verdade que você nunca deve esquecer.

QUANDO NOS UNIMOS PARA ORAR A DEUS,											
4	2	4	■	8	6	V	4	■	4	■	■
7	8	9	■	3	4	9	1	8	7	D	4

PRATIQUE COM PALABRITAS

FALE COM DEUS TODAS AS MANHÃS, PEDINDO-LHE QUE AJUDE VOCÊ EM TUDO O QUE TEM DE ENFRENTAR A CADA DIA. ELE SEMPRE TE OUVE E TEM PRAZER EM AJUDAR QUEM LHE OBEDECE E O BUSCA EM ORAÇÃO.

FALE SEMPRE COM DEUS. ELE OUVE VOCÊ!

UNIDADE 58 FALE DE JESUS ÀS PESSOAS

"Crê no Senhor Jesus Cristo e serás salvo, tu e a tua casa."

ATOS 16.31

O AMOR DE JESUS É A MENSAGEM QUE TODOS PRECISAM CONHECER!

ADAPTADO DE
Atos 16.24-34

[O carcereiro jogou Paulo e Silas] no cárcere interior e lhes segurou os pés no tronco.

E, perto da meia-noite, Paulo e Silas oravam e cantavam hinos a Deus, e os outros presos os escutavam. E de repente sobreveio um tão grande terremoto, que os alicerces do cárcere se moveram, e logo se abriram todas as portas e foram soltas as prisões de todos.

E, acordando o carcereiro e vendo abertas as portas da prisão, tirou a espada e quis matar-se, cuidando que os presos já tinham fugido. Mas Paulo clamou com grande voz, dizendo:

– Não te faças nenhum mal, que todos aqui estamos.

E, pedindo luz, saltou dentro e, todo trêmulo, se prostrou ante Paulo e Silas. E, tirando-os para fora, disse:

– Senhores, que é necessário que eu faça para ser salvo?

E eles disseram:

– Crê no Senhor Jesus Cristo e serás salvo, tu e a tua casa.

E lhe pregavam a palavra do Senhor, e a todos os que estavam em sua casa. E, tomando-os ele consigo naquela mesma hora da noite, lavou-lhes os vergões; e logo foi batizado, ele e todos os seus. E, levando-os à sua casa, lhes pôs a mesa; e alegrou-se de que com toda a sua casa havia crido em Deus.

UNIDADE 58

FALE DE JESUS ÀS PESSOAS

A notícia mais importante e maravilhosa de todos os tempos é sobre o que Jesus fez na cruz para nos salvar e dar a vida eterna. Todas as pessoas que conhecemos precisam saber que JESUS AS AMA E DEU A VIDA POR ELAS!

IMPRESSIONANTE!

Nenhum lugar ou momento é inadequado para falar de Jesus, mesmo para as pessoas que não gostam de nós. Veja o caso de Paulo e Silas. Eles estavam presos, haviam sido espancados injustamente e as pessoas ao seu redor não estavam preocupados com eles. Apesar do sofrimento, no entanto, eles estavam orando e cantando louvores a Deus. Então, aconteceu um forte terremoto e eles terminaram na casa daquele que parecia ser seu inimigo, falando de Jesus a ele e a sua família e alegrando-se com a fé deles. Não é maravilhoso poder falar de Jesus aos outros?

O QUE VOCÊ ACHA?

A Bíblia diz que, antes de subir ao céu, Jesus se reuniu com os discípulos e lhes disse: "Ide por todo o mundo, pregai o evangelho a toda criatura. Quem crer e for batizado será salvo; mas quem não crer será condenado. Ora, o Senhor, depois de lhes ter falado, foi recebido no céu e assentou-se à direita de Deus. E eles, tendo partido, pregaram por todas as partes, cooperando com eles o Senhor, e confirmando a palavra com os sinais que se seguiam. Amém" (Marcos 16.15-20).

** Se você já conhece o Senhor Jesus e sabe tudo o que Ele fez por você, há no seu coração desejo de que falar Dele a seus familiares, amigos e colegas.*

** Lembre-se: assim como Jesus ajudou aqueles discípulos a apresentar Sua mensagem de amor e salvação, Ele vai ajudar você também a fazer o mesmo.*

Compreenda a palavra de Deus

HORA DA AÇÃO!

Não é difícil encontrar maneiras de falar a seus amigos sobre Jesus. Veja algumas ideias para você fazer isso:

* *Você pode convidá-los para participar de alguma programação especial que a igreja promova para crianças ou jovens.*
* *Se eles são seus vizinhos, você pode combinar com seus pais de convidá-los para um lanche. Enquanto estiverem conversando, tenha certeza de que o Senhor Jesus vai ajudar você a falar sobre sua fé Nele.*
* *Peça a Deus para lhe mostrar quais são as necessidades de seus amigos. Você pode se comprometer a ajudá-los de algum modo. Com isso, eles verão que você é uma pessoa diferente, que se preocupa com as outras, e isso lhe dará oportunidade de falar do amor de Deus.*
* *A melhor forma é esta: fale de sua fé por meio de seu modo de viver! Quando as pessoas veem o modo correto como um seguidor de Jesus vive, sempre querem saber porque ele é diferente. Essa é a oportunidade de falar Dele!*

CRESCER EM FAMÍLIA

VAMOS RESPONDER JUNTOS:

* *Todos nós já pensamos em como é importante que toda a família creia no Senhor Jesus?*
* *Vamos fazer juntos uma lista com o nome das pessoas de quem gostamos e a quem queremos compartilhar do amor salvador de Jesus. Depois, vamos orar por elas, pedindo a Deus que nos dê oportunidade de lhes falar.*
* *Ouvir as pessoas é muito importante, principalmente quando falam de seus problemas. Nesse momento, podemos lhes dizer que Jesus poderá ajudá-las se crerem Nele como seu Salvador.*

VAMOS ORAR JUNTOS

Amado Deus, nós Te pedimos perdão pelas muitas vezes em que fomos egoístas por Te conhecer, mas não falar de Ti para os outros. Ajuda-nos a ter desejo de que todos saibam que Teu Filho, Jesus, morreu na cruz para a salvação deles. Queremos contar essa boa notícia do Teu amor para as pessoas que nos rodeiam. No nome de Teu amado Filho, Jesus. Amém.

FALE DE JESUS ÀS PESSOAS

DIVIRTA-SE E APRENDA

VOCÊ PODE ABENÇOAR AS PESSOAS FALANDO A ELAS DE JESUS

Há muitas maneiras de contar ao mundo as boas notícias do amor de Jesus.

* Peça a seus pais para lhe ajudarem a enviar mensagens de celular ou pela internet, falando a seus amigos e parentes sobre o grande amor de Jesus.

* Fale com seus amigos da igreja, para verem quem levará mais colegas ou amigos à próxima reunião, seja ela especial ou a que acontece toda semana.

* Converse com outros irmãos da igreja, para pensarem juntos na melhor maneira de falar de Jesus às pessoas. Podem escolher a melhor ideia e colocarem-na em prática juntos, envolvendo todas as famílias.

"Como crerão naquele de quem não ouviram? E como ouvirão, se não há quem pregue?"
Romanos 10.14

Viva A PALAVRA DE DEUS

Sabia que muitos jovens e crianças estão sendo usados por Deus para levar a outras pessoas o conhecimento de Jesus?

Palabritas e Alegria fizeram uma lista das pessoas a quem falarão de Jesus, para orarem por elas e convidarem para alguma reunião da igreja. Use a tabela abaixo e faça sua lista também.

FAMILIARES	COLEGAS	AMIGOS

Pense nisto: não seria maravilhoso que todas as pessoas de quem você gosta conhecessem o Senhor Jesus como Salvador e, assim, fossem para o céu com você?

PRATIQUE COM PALABRITAS

IMAGINE QUE VOCÊ TENHA UMA DOENÇA NO CORAÇÃO E ALGUÉM LHE DEU UM REMÉDIO QUE O CUROU. MAS, DEPOIS, VOCÊ VÊ OUTRAS PESSOAS COM A MESMA DOENÇA E NÃO FALA A ELAS DO REMÉDIO. ISSO É CORRETO? AS PESSOAS PRECISAM DE JESUS. FALE DELE A TODAS QUE VOCÊ CONHECE!

FALE DE JESUS! CONTE SOBRE A SALVAÇÃO!

DEUS, ESPÍRITO SANTO

"O meu Espírito derramarei sobre toda a carne,
e os vossos filhos e as vossas filhas profetizarão."

ATOS 2.17

JESUS SUBIU AO CÉU E ENVIOU O ESPÍRITO SANTO

ADAPTADO DE
Atos 2.1-21

E, cumprindo-se o dia de Pentecostes, estavam todos concordemente no mesmo lugar; e de repente veio do céu um som, como de um vento veemente e impetuoso, e encheu toda a casa em que estavam assentados. E foram vistas por eles línguas repartidas, como que de fogo, as quais pousaram sobre cada um deles. E todos foram cheios do Espírito Santo e começaram a falar noutras línguas, conforme o Espírito lhes concedia que falassem.

E em Jerusalém estavam habitando judeus, homens religiosos, de todas as nações que estão debaixo do céu. E, quando aquele som ocorreu, ajuntou-se uma multidão, e estava confusa, porque cada um os ouvia falar na sua própria língua. E todos pasmavam e se maravilhavam, dizendo uns aos outros: Pois quê! Não são galileus todos esses homens que estão falando? Como, pois, os ouvimos, cada um, na nossa própria língua em que somos nascidos?

E todos se maravilhavam e estavam perplexos, dizendo uns para os outros: Que quer isto dizer? E outros, zombando, diziam: Estão cheios de mosto.

Pedro, porém, pondo-se em pé com os onze, levantou a sua voz e disse-lhes: Homens judeus, e todos os que habitais em Jerusalém, seja-vos isto notório e escutai as minhas palavras. Estes homens não estão embriagados, como vós pensais, sendo a terceira hora do dia. Mas isto é o que foi dito pelo profeta Joel: "E nos últimos dias acontecerá, diz Deus, que do meu Espírito derramarei sobre toda a carne, e os vossos filhos e as vossas filhas profetizarão, os vossos jovens terão visões e os vossos velhos sonharão sonhos. E também do meu Espírito derramarei sobre os meus servos e sobre as minhas servas naqueles dias, e profetizarão; e farei aparecer prodígios em cima, no céu, e sinais em baixo, na terra: sangue, fogo e vapor de fumo. O sol se converterá em trevas e a lua, em sangue, antes de chegar o grande e glorioso dia do Senhor. E acontecerá que todo aquele que invocar o nome do Senhor será salvo."

UNIDADE 59 DEUS, ESPÍRITO SANTO

O ESPÍRITO SANTO é a terceira Pessoa da Trindade, junto com o Pai e o Filho. Ele foi enviado por Jesus depois que Ele subiu ao céu, para que a presença de Deus esteja sempre no coração de todas as pessoas que creram Nele.

IMPRESSIONANTE!

Antes de subir ao céu, depois da ressurreição, Jesus disse aos discípulos que não iria deixá-los sós. Mas como isso seria possível? Como Jesus poderia continuar com eles se já não estaria aqui na terra? Eles descobriram no dia chamado de Pentecostes. Estavam todos reunidos, quando, de repente, um barulho forte encheu o lugar onde estavam e umas línguas como que de fogo apareceram sobre a cabeça de todos. Era o Espírito Santo de Deus, que Jesus havia prometido enviar. Depois daquele dia, os apóstolos e os demais discípulos não foram mais os mesmos. Eles haviam recebido poder para falar de Jesus e fazer os mesmos milagres que Ele havia feito. Isso não é impressionante e maravilhoso?

O QUE VOCÊ ACHA?

Tente imaginar, por um momento, o que os discípulos de Jesus sentiram e viveram. Eles haviam vivido perto Dele por três anos e haviam se acostumado a caminhar com Ele, sentindo-se protegidos e guiados pelo Mestre. Mas, um dia, Ele foi para o céu. Os discípulos ficaram tristes e preocupados e se perguntavam: "E agora, o que será de nós? Quem nos ajudará? Quem vai nos ensinar e guiar para falar de Jesus e do Pai celestial a todas as pessoas?" Pois bem, Jesus havia pensado nisso e para essa tarefa enviou o Espírito Santo.

* Toda pessoa que crê em Jesus como Salvador recebe o Espírito Santo. Você já pensou na maravilha que é ter sempre a presença de Deus por meio do Espírito Santo em você?

PESQUISE E DESCUBRA

Em Sua Palavra, Deus apresenta todas as coisas maravilhosas que Seu Espírito Santo trouxe a nós e faz em nós, os que cremos em Seu Filho, Jesus. No capítulo 8 da carta que escreveu aos cristãos da cidade de Roma, Paulo menciona várias coisas que o Espírito Santo é para nós:

* *É nosso guia: "Todos os que são guiados pelo Espírito de Deus, esses são filhos de Deus" (v. 14).*
* *É nosso ajudador: "O Espírito ajuda as nossas fraquezas" (v. 26a).*
* *É nosso intercessor: "Não sabemos o que havemos de pedir como convém, mas o mesmo Espírito intercede por nós" (v. 26b).*
* *É nosso advogado: "[É o] Espírito [...] que segundo Deus intercede pelos santos" (v. 27).*

Leia todo este capítulo da Bíblia e descubra outras importantes características do Espírito Santo.

CRESCER EM FAMÍLIA

VAMOS RESPONDER JUNTOS:

* *Muitas vezes, podemos nos sentir sozinhos ao enfrentar problemas e dificuldades, assim como os discípulos se sentiram após Jesus ter subido ao céu. É nessa hora que devemos lembrar que Ele nos enviou o Espírito Santo! Vamos falar sobre isso?*
* *Vocês sabiam que há pessoas que dizem que o Espírito Santo é apenas uma força ou uma energia? Elas estão erradas! A Bíblia diz que o Espírito Santo é Deus!*
* *Por essa razão, Ele é uma Pessoa sensível e amável. Em Sua Palavra, Deus diz que o Espírito Santo se entristece quando cometemos algum pecado, pois isso O ofende. Como podemos evitar entristecê-Lo?*

VAMOS ORAR JUNTOS

Amado Deus, nós Te damos graças pelo amor que Tu demonstraste por não nos deixares sós para enfrentar essa vida tão difícil. Obrigado por Teu Espírito Santo que vive em nós. Ajuda-nos a não entristecê-Lo como nosso comportamento e a seguir Suas orientações, a fim de agradarmos sempre a Ti. No nome de Teu Filho, nosso amado Senhor Jesus. Amém.

UNIDADE 59

DEUS, ESPÍRITO SANTO

O FRUTO E DOS DONS DO ESPÍRITO SANTO

"Fruto e dons? O que é isso?" Fruto é o que o Espírito Santo produz em nós; dons são presentes que Ele nos dá para servirmos a Deus. O fruto é muito rico, pois tem vários componentes. Os dons são diversos, para servirmos a Deus de diferentes maneiras. O Espírito é maravilhoso, não?

DIVIRTA-SE E APRENDA

Quer conhecer alguns dos dons e o fruto do Espírito Santo? Complete o nome dos dons e dos componentes do fruto com as letras que faltam, escritas em cada cesto.

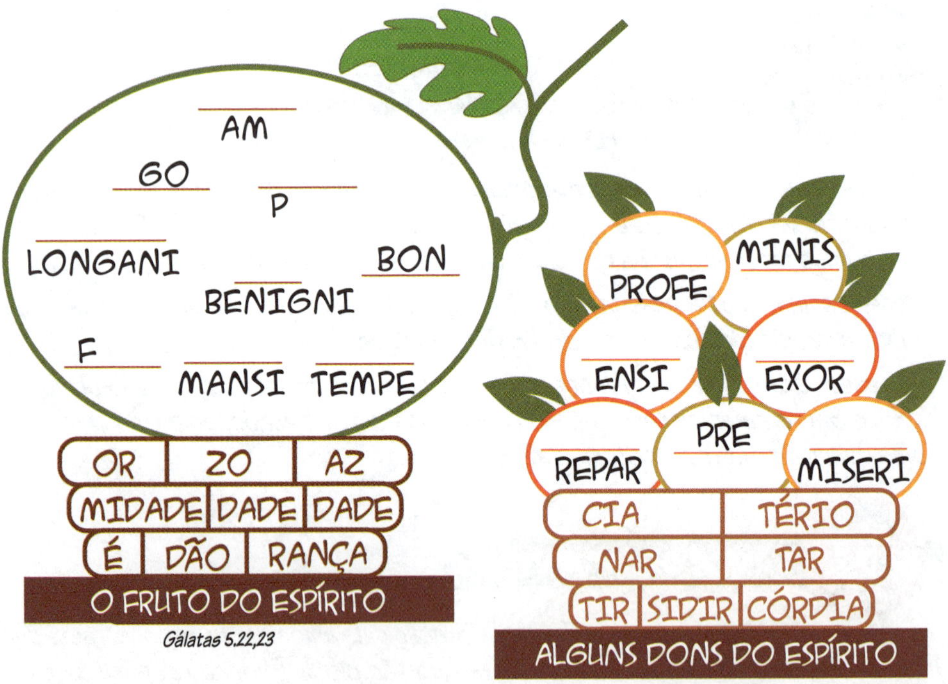

Gálatas 5.22,23

Romanos 12.6-8

"Todos os que são guiados pelo Espírito de Deus, esses são filhos de Deus."
Romanos 8.14

Viva a Palavra de Deus

Há um mistério fascinante em Deus: Ele é, ao mesmo tempo, um só e três Pesssoas: o Pai, o Filho e o Espírito Santo. Isso é chamado de Trindade.
Justin quer ajudar você a entender um pouquinho isso. Você deve ligar cada Pessoa de Deus com Suas características próprias. Mas atenção: nenhuma linha pode passar por cima de outra. Você consegue?

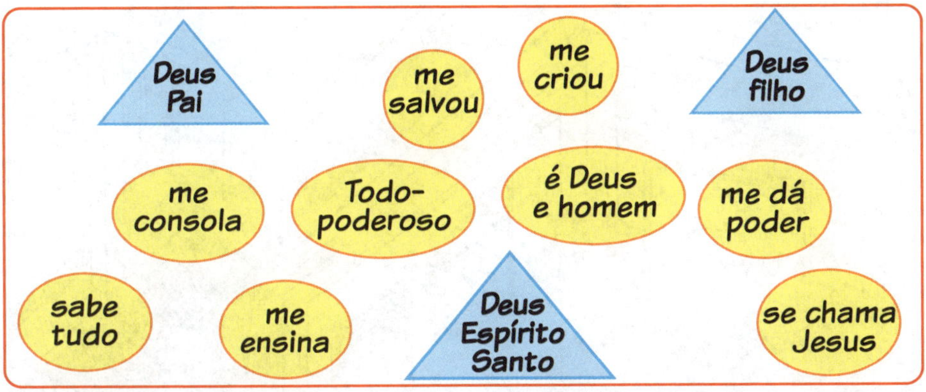

PRATIQUE COM PALABRITAS

IMAGINE QUE VOCÊ SEJA CONVIDADO PARA MORAR EM UMA CASA E LHE DÃO UM QUARTO CHEIO DE SUJEIRA. A PRIMEIRA COISA QUE VOCÊ FARIA SERIA LIMPÁ-LO E, DEPOIS, IRIA MANTÊ-LO SEMPRE ARRUMADO, NÃO É? DO MESMO MODO, QUANDO O ESPÍRITO SANTO VEM MORAR EM ALGUÉM, ELE COMEÇA FAZENDO UMA FAXINA NO CORAÇÃO, JOGANDO FORA PECADOS E COISAS FEIAS. COLABORE COM ELE!

OBEDEÇA AO ESPÍRITO SANTO E RESPEITE-O. É DEUS MORANDO EM VOCÊ!

UNIDADE 60

O CORPO É TEMPLO DE DEUS

"Fugi da fornicação. Todo pecado que o homem comete é fora do corpo; mas o que fornica peca contra o seu próprio corpo. Ou não sabeis que o vosso corpo é o templo do Espírito Santo, que habita em vós, proveniente de Deus, e que não sois de vós mesmos?"

1CORÍNTIOS 6.18,19

HONRE A DEUS COM SEU CORPO

ADAPTADO DE
1Coríntios 6.13-20

FUGIR DOS PECADOS SEXUAIS

O corpo não é para a fornicação, senão para o Senhor, e o Senhor para o corpo. Ora, Deus, que também ressuscitou o Senhor, nos ressuscitará a nós pelo seu poder. Não sabeis vós que os vossos corpos são membros de Cristo? Tomarei, pois, os membros de Cristo e os farei membros de uma meretriz? Não, por certo. Ou não sabeis que o que se ajunta com a meretriz, faz-se um corpo com ela? Porque diz: "Serão dois uma só carne". Mas o que se ajunta com o Senhor é um mesmo espírito.

Fugi da fornicação. Todo pecado que o homem comete é fora do corpo; mas o que fornica peca contra o seu próprio corpo. Ou não sabeis que o vosso corpo é o templo do Espírito Santo, que habita em vós, proveniente de Deus, e que não sois de vós mesmos? Porque fostes comprados por bom preço; glorificai, pois, a Deus no vosso corpo e no vosso espírito, os quais pertencem a Deus.

O ESPÍRITO CONTRA A CARNE

Adaptado de Gálatas 5.16-25

Digo, porém: andai em Espírito, e não cumprireis a concupiscência da carne. Porque a carne cobiça contra o Espírito, e o Espírito, contra a carne; e estes opõem-se um ao outro, para que não façais as coisas que quereis. Mas, se sois guiados pelo Espírito, não estais debaixo da lei.

Porque as obras da carne são manifestas, as quais são: adultério, fornicação, impureza, lascívia, idolatria, feitiçaria, inimizades, contendas, ciúmes, iras, pelejas, dissensões, heresias, invejas, homicídios, bebedices, glutonarias e coisas semelhantes a estas, acerca das quais de antemão vos declaro, como também já antes vos disse, que os que cometem tais coisas não herdarão o reino de Deus.

Mas o fruto do Espírito é: amor, gozo, paz, longanimidade, benignidade, bondade, fé, mansidão, temperança. Contra estas coisas não há lei. E os que são de Cristo crucificaram a carne com as suas paixões e concupiscências. Se vivemos em Espírito, andemos também em Espírito.

UNIDADE 60 O CORPO É TEMPLO DE DEUS

SANTIDADE é a virtude ou qualidade de quem não se contaminou ou manchou com nada. Quando dizemos que Deus é santo, isso significa que Ele não tem nenhuma manchinha em Seu comportamento ou em Seu ser, ou seja, Ele nunca cometeu o menor erro ou pecado. Por isso, a Bíblia diz que Ele é perfeito e três vezes santo.

O QUE VOCÊ ACHA?

Deus diz na Bíblia, Sua Palavra, que criou o primeiro homem e a primeira mulher totalmente puros, mas, ao entrar o pecado no mundo, o casal e todos os seus descendentes se separaram Dele, vivendo de modo contrário à santidade e à vontade de Deus.

* Ser santo significa ser separado para Deus, ou seja, para viver de modo que O agrade com o comportamento, com os pensamentos e com as palavras.

* Viver em santidade é entender que se deve lutar para manter o corpo livre de pecado e de contaminação, porque Deus diz que ele é o templo no qual o Espírito Santo habita.

* Quando cremos no Senhor Jesus como Salvador é como se Ele tivesse nos vestido com uma roupa muito branca chamada Santidade, a qual Ele comprou com a própria vida ao morrer por nós na cruz. Cada vez que fazemos alguma coisa que desagrada a Deus com nosso corpo, manchamos essa roupa e entristecemos o Espírito Santo.

* Crianças e jovens estão recebendo uma influência ruim e contaminadora por parte do mundo. A mente de adultos e de crianças está sendo bombardeada com imagens, músicas e palavras imundas e grosseiras, que promovem a imoralidade sexual e danificam a pureza e a santidade que Deus quer para nós.

* Como escapar dessa sujeira imoral que está afetando a pureza do coração de crianças, jovens e adultos por meio da internet, da televisão, dos filmes, das revistas, das músicas? Você já pensou como Deus se entristece quando vê crianças se sujando com esse pecado que ofende o Espírito Santo?

Compreenda A PALAVRA DE DEUS

SEJA VALENTE!

Quando criou o homem e a mulher, Deus lhes deu um corpo dotado de dignidade e capacitado a ter uma sexualidade pura, para ser desfrutada no casamento, a fim de lhes proporcionar prazer e descendentes.

* Ser um verdadeiro homem de Deus significa também ser valente e responsável para dominar o corpo e os desejos e pensamentos impuros.

* Ser uma mulher digna e pura tem relação com tratar o próprio corpo com honra e santidade, pois é um presente de Deus e deve trazer glória para Ele.

* Seja valente e nunca aceite que um adulto desrespeite seu corpo, tocando-o de uma forma que seus pais não aprovariam. Se alguém tentar fazer isso, não importa quem seja, denuncie a seus pais e a seus professores.

* "Abstende-vos de toda a aparência do mal. E o mesmo Deus de paz vos santifique em tudo; e todo o vosso espírito, e alma e corpo sejam plenamente conservados irrepreensíveis para a vinda de nosso Senhor, Jesus Cristo" (1Tessalonicenses 5.22,23).

CRESCER EM FAMÍLIA

VAMOS RESPONDER JUNTOS:

* A Bíblia diz que Deus é três vezes santo. Também diz que Ele deseja que nós, Seus filhos, nos mantenhamos puros, pois pertencemos a Ele. Todos nós entendemos o que essa exigência de Deus significa?

* Deus é puro e sem mancha e o Espírito Santo, que é Deus também, veio morar em nós. Como nós imaginamos que seja a casa em que Ele gosta de morar? Há alguma coisa em nosso coração que Ele precise limpar?

* Talvez Deus esteja indicando a cada um de nós alguma coisa que ainda está sujando a casa Dele. Vamos orar em silêncio por um instante, dizendo que queremos ser limpos dessa sujeira, para não entristecer o Espírito Santo em nós.

VAMOS ORAR JUNTOS

Amado Deus, nós Te damos graças por termos aprendido que Tu és um Deus santo, puro e exigente com Teus filhos. Entendemos que Tu queres que tenhamos corpo e mente limpos de qualquer contaminação ou pecado. Ajuda-nos, com o poder e a direção de Teu Espírito Santo, a termos uma vida santa e afastada da sujeira do mundo, para Te agradarmos. No nome de Teu Filho, nosso amado Senhor Jesus. Amém.

UNIDADE 60

O CORPO É TEMPLO DE DEUS

GUARDE SEU CORAÇÃO E SEU CORPO SANTOS PARA DEUS!

Se você abrigar e alimentar algum pensamento impuro no coração, seu corpo será levado a praticar aquele ato impuro. Por isso, para manter o corpo santo para Deus, é preciso manter pensamentos puros no coração.

Teste de pureza do coração

Responda às seguintes perguntas:

1. Você gosta de piadas com palavrões?
2. Você usa palavrões para se referir a partes do corpo?
3. Às vezes você sente que o Espírito Santo não gosta do que você está assistindo na televisão?
4. Há coisas que você conversa com seus amigos só quando seus pais não estão por perto. Você acha que eles se agradariam de ouvi-las?
5. Você tem cuidado com aquilo que procura na internet?

Pontuação: Marque 20 pontos para a resposta Não nas perguntas 1 e 2 e Sim nas demais. Mais de 80 pontos: mostra que você se preocupa em manter o coração puro. Menos de 60: há algumas coisas em que você precisa mudar. Peça ajuda a Deus e a seus pais.

Não esqueça: Mantenha seus pensamentos, seu coração e seu corpo limpos para Deus. O Espírito Santo vive em você!

"O corpo não é para impureza, mas para o SENHOR"

1 Coríntios 6.13

Viva A PALAVRA DE DEUS

Quando você creu no Senhor Jesus, o Espírito Santo veio morar em você!

Sabia que Ele se alegra quando você obedece a Deus e se entristece quando você faz algo que O desagrada?

Desenhe uma carinha feliz nas atitudes que alegram o Espírito Santo e uma triste naquelas que O entristecem.

- Procurar ver apenas coisas que alegrem a Deus e a meus pais.
- Procurar e ver imagens feias e indecentes na internet.

- Participar de conversas e piadas obscenas com colegas e amigos.
- Ser valente e não deixar ninguém tocar meu corpo de modo desrespeitoso e indecente.
- Confiar em meus pais para lhes contar que alguém está me pressionando para eu fazer alguma coisa errada.
- Aceitar convites para danificar meu corpo por ingerir drogas ou bebidas ou fumar.

PRATIQUE COM PALABRITAS

DEUS NOS DEU UM CORPO, E DEVEMOS CUIDAR DELE E TER DOMÍNIO SOBRE ELE. SE ATENDERMOS A TUDO O QUE NOSSOS SENTIDOS QUISEREM, ENTÃO SERÁ O CORPO QUE NOS DOMINARÁ E MANDARÁ EM NÓS. ENTÃO, ENCHA SUA MENTE DE BONS PENSAMENTOS, PARA QUE O CORPO OBEDEÇA. SEU CORPO É O LUGAR DE MORADA DO ESPÍRITO SANTO!

UM CORPO PURO E SANTO ALEGRA A DEUS!

UNIDADE 61

CUIDE DO QUE FALA!

"Não saia da vossa boca nenhuma palavra torpe, mas só a que for boa para promover a edificação, para que dê graça aos que a ouvem."

EFÉSIOS 4.29

FALE SÓ O QUE LOUVA A DEUS E ABENÇOA AS PESSOAS

ADAPTADO DE
Efésios 4.17–5.4

E digo isto, e testifico no Senhor, para que não andeis mais como andam também os outros gentios, na vaidade da sua mente, entenebrecidos no entendimento, separados da vida de Deus pela ignorância que há neles, pela dureza do seu coração; os quais, havendo perdido todo o sentimento, se entregaram à dissolução, para com avidez cometerem toda a impureza.

Mas vós não aprendestes assim a Cristo, se é que o tendes ouvido e nele fostes ensinados, como está a verdade em Jesus; que, quanto ao trato passado, vos despojeis do velho homem, que se corrompe pelas concupiscências do engano; e vos renoveis no espírito da vossa mente; e vos revistais do novo homem, que segundo Deus é criado em verdadeira justiça e santidade.

Por isso deixai a mentira, e falai a verdade cada um com o seu próximo; porque somos membros uns dos outros. Irai-vos, e não pequeis; não se ponha o sol sobre a vossa ira. Não deis lugar ao diabo. Não saia da vossa boca nenhuma palavra torpe, mas só a que for boa para promover a edificação, para que dê graça aos que a ouvem.

E não entristeçais o Espírito Santo de

Deus, no qual estais selados para o dia da redenção. Toda a amargura, e ira, e cólera, e gritaria, e blasfêmia e toda a malícia sejam tiradas dentre vós; antes sede uns para com os outros benignos, misericordiosos, perdoando-vos uns aos outros, como também Deus vos perdoou em Cristo. Sede, pois, imitadores de Deus, como filhos amados; e andai em amor, como também Cristo nos amou e se entregou a si mesmo por nós, em oferta e sacrifício a Deus, em cheiro suave.

Mas a fornicação, e toda a impureza ou avareza nem ainda se nomeie entre vós, como convém a santos; nem torpezas, nem tolices nem zombarias, que não convêm; mas antes, ações de graças.

UNIDADE 61 CUIDE DO QUE FALA!

Deus diz em Sua Palavra que nossa boca é uma FONTE que revela às pessoas o que temos no coração. Isso significa que, com nossas palavras, manifestamos aos outros como somos de verdade e se vivemos de fato como filhos de Deus.

IMPRESSIONANTE!

Muito se fala sobre o poder das almas e o que as guerras fazem no mundo. Mas Deus fala de uma luta que enfrentamos todos os dias: a batalha contra as palavras. Aquilo que dizemos pode abençoar as pessoas e honrar a Deus, ou feri-las e entristecê-Lo. Com nossas palavras podemos animar ou destruir, perdoar ou condenar, abençoar ou amaldiçoar, proclamar nossa fé ou negar o Senhor. *Não é impressionante que, com as palavras, possamos fazer o bem ou o mal? Por isso, é importante cuidar do que falamos.*

O QUE VOCÊ ACHA?

Paulo disse que as palavras sujas e inconvenientes e as grosserias são próprias de pessoas que não conhecem a Deus. Quem usa palavras feias e xinga constantemente está manifestando o ódio, a rebeldia e a tristeza que carrega no coração.

Muitos filmes e músicas têm palavrões porque seus criadores não amam a Deus e querem apenas vender seus produtos, e, com eles, danificam o coração e a mente de jovens e crianças. Quem escuta essas coisas acaba pensando e falando da mesma maneira.

Como Deus se sente quando ouve você falar? Ele se alegra ou se entristece?

Compreenda A PALAVRA DE DEUS

PESQUISE E DESCUBRA

Se queremos agradar a Deus em tudo, é importante sabermos o que Ele pensa do que falamos. Antes de falar, devemos pensar se aquilo agrada a Deus e é bom para as pessoas. Vamos ver o que a Bíblia diz sobre nossas palavras.

* Nossas palavras devem sempre abençoar. "Com [a língua] bendizemos a Deus e Pai e com ela amaldiçoamos os homens, feitos à semelhança de Deus. De uma mesma boca procede bênção e maldição. Meus irmãos, não convém que isto se faça assim. Porventura deita alguma fonte de um mesmo manancial água doce e água amargosa?" (Tiago 3.9-11).

* Deus nos julgará por aquilo que dissemos. "Do que há em abundância no coração, disso fala a boca. O homem bom tira boas coisas do bom tesouro do seu coração [...]. Mas eu vos digo que de toda a palavra ociosa que os homens disserem hão de dar conta no dia do juízo. Porque por tuas palavras serás justificado, e por tuas palavras serás condenado" (Mateus 12.34-37).

CRESCER EM FAMÍLIA

VAMOS RESPONDER JUNTOS:

* Em Sua Palavra, Deus nos ordena sermos sempre agradáveis ao falar (Colossenses 4.6). Que tipo de linguagem usamos aqui em casa quando falamos uns com os outros? Será que Deus a aprova?

* Piadas ou conversas com palavrão ou com malícia entristece o Espírito Santo dentro de nós. Vamos responder, para nós mesmos, de modo bem sincero: nós gostamos dessas coisas? Se gostamos, precisamos nos arrepender e pedir ajuda a Deus para evitá-las.

* Será que o Espírito Santo está nos mostrando que ofendemos a alguém com alguma coisa que dissemos? Devemos pedir perdão ao Senhor e pedir que Ele nos ajude a mudar nosso modo de falar.

VAMOS ORAR JUNTOS

Amado Deus, obrigado por nos revelares como nossas palavras são importantes para Ti. Nós Te pedimos perdão pelas vezes em que ofendemos os outros com o que dissemos. Pedimos que Tu nos ajudes a, a partir de hoje, termos sempre palavras agradáveis no coração e na boca ao falar com as pessoas, demonstrando assim que somos Teus filhos e vivemos de um modo que Te agrada. No nome de Teu Filho, Jesus. Amém.

CUIDE DO QUE FALA!

PALAVRAS SÃO COMO SEMENTES!

Isso é verdade! O que dizemos pode produzir frutos bons ou ruins. Se você está sempre ofendendo um colega, por exemplo, isso poderá fazer com que ele sinta raiva ou acredite naquelas coisas ruins que você fala dele. Mas se você diz palavras agradáveis, ele verá que você é uma pessoas de confiança e poderá se tornar seu amigo.

"A língua dos sábios é saúde" (Provérbios 12.18).
"A língua benigna é árvore de vida, mas a perversidade nela deprime o espírito" (Provérbios 15.4).
"Abençoai aos que vos perseguem, abençoai, e não amaldiçoeis" (Romanos 12.14).

DIVIRTA-SE E APRENDA

Numa caderneta, escreva as palavras que você mais usa todos os dias. Anote também as frases que você mais escuta seu pai, sua mãe e seus amigos dizerem. Escreva ao lado como você se sente ao ouvi-las ou ao dizê-las. Lembre-se que as palavras são sementes e elas manifestam o que está no coração. Por isso, sempre tenha cuidado com o que você fala.

Depois de anotar tudo, pense um pouco: quanto de suas palavras são agradáveis a Deus?

"A morte e a vida estão no poder da língua."
Provérbios 18.21

Viva A PALAVRA DE DEUS

Numa conversa com Palabritas, Alegria percebeu que, apesar de amar o Senhor Jesus, às vezes ainda diz coisas desagradáveis das quais nem mesmo se dá conta. Por isso, ela tomou uma decisão. Complete com as palavras azuis o que Palabritas disse e com as vermelhas o que Alegria decidiu.

OUVIR • DEUS • GROSSERIAS • AGRADÁVEIS • FALAR • ALEGRAM • BOAS

Quando você diz palavras ☐☐☐☐☐☐☐☐☐☐, as pessoas se ☐☐☐☐☐☐☐ e ☐☐☐☐ também.

Não quero mais ☐☐☐☐☐ palavras ☐☐☐☐☐☐☐☐☐☐ mas só as que são ☐☐☐☐ ☐☐☐☐☐.

PRATIQUE COM PALABRITAS

VOCÊ JÁ OBSERVOU QUE, DEPOIS DE DIZER ALGUMA COISA A ALGUÉM, NO SEU CORAÇÃO FICA UMA SENSAÇÃO DE ALEGRIA OU DE TRISTEZA? ISSO ACONTECE PORQUE SABEMOS SE AQUILO QUE DISSEMOS FOI BOM OU DESAGRADÁVEL. AS PALAVRAS SÃO COMO SEMENTES. O QUE VOCÊ TEM SEMEADO? ALEGRIA OU TRISTEZA? PAZ OU INQUIETAÇÃO?

GUARDE SUA BOCA PARA QUE ELA SEJA SEMPRE UMA FONTE DE VIDA!

UNIDADE 62 A ARMADURA DE DEUS

"Revesti-vos de toda a armadura de Deus, para que possais estar firmes contra as astutas ciladas do diabo."

EFÉSIOS 6.11

A ARMADURA QUE DEUS DEU A SEUS FILHOS

ADAPTADO DE Efésios 6.10-20

Irmãos meus, fortalecei-vos no Senhor e na força do seu poder.

Revesti-vos de toda a armadura de Deus, para que possais estar firmes contra as astutas ciladas do diabo. Porque não temos que lutar contra a carne e o sangue, mas, sim, contra os principados, contra as potestades, contra os príncipes das trevas deste século, contra as hostes espirituais da maldade, nos lugares celestiais. Portanto, tomai toda a armadura de Deus, para que possais resistir no dia mau e, havendo feito tudo, ficar firmes.

Estai, pois, firmes, tendo cingidos os vossos lombos com a verdade, e vestida a couraça da justiça e calçados os pés na preparação do evangelho da paz, tomando sobretudo o escudo da fé, com o qual podereis apagar todos os dardos inflamados do maligno. Tomai também o capacete da salvação e a espada do Espírito, que é a palavra de Deus, orando em todo o tempo com toda a oração e súplica no Espírito, e vigiando nisto com toda a perseverança e súplica por todos os santos.

VITORIOSOS EM CRISTO
Adaptado de Romanos 8.31-39

Se Deus é por nós, quem será contra nós? Aquele que nem mesmo a seu próprio Filho poupou, antes o entregou por todos nós, como não nos dará também com ele todas as coisas?

Quem intentará acusação contra os escolhidos de Deus? É Deus quem os justifica. Quem é que condena? Pois é Cristo quem morreu, ou antes quem ressuscitou dentre os mortos, o qual está à direita de Deus, e o que também intercede por nós. Quem nos separará do amor de Cristo? A tribulação, ou a angústia, ou a perseguição, ou a fome, ou a nudez, ou o perigo, ou a espada?

Como está escrito: "Por amor de ti somos entregues à morte todo o dia; somos reputados como ovelhas para o matadouro".

Mas em todas estas coisas somos mais do que vencedores, por aquele que nos amou. Porque estou certo de que, nem a morte, nem a vida, nem os anjos, nem os principados, nem as potestades, nem o presente, nem o porvir, nem a altura, nem a profundidade nem alguma outra criatura nos poderá separar do amor de Deus, que está em Cristo Jesus, nosso Senhor.

UNIDADE 62

A ARMADURA DE DEUS

Além das coisas visíveis, existem muitas invisíveis. Entre elas, há espíritos malignos que lutam conta os filhos de Deus. Para enfrentá-los, é preciso usar armas espirituais. Por isso, devemos usar sempre a ARMADURA DE DEUS!

IMPRESSIONANTE!

Parece inacreditável, mas é verdade: existe uma batalha real, mas invisível, na qual estamos envolvidos. Nós podemos conhecê-la por meio da Bíblia, com a ajuda do Espírito Santo. Os espíritos malignos lutam para nos afastar de Deus e para nos induzir a pecar. Por isso, Deus nos deu uma armadura espiritual, a fim de podermos vencê-los. Precisamos conhecê-la e usá-la todos os dias para sermos vencedores nessa grande luta.

O QUE VOCÊ ACHA?

Há muitos filmes e séries de TV que mostram super-heróis defendendo nosso planeta da invasão de seres malvados de outros planetas. Isso é invenção do homem. Mas existe uma batalha muito real e mais séria do que as dos filmes: o Espírito Santo de Deus, que quer purificar sua alma, contra os espíritos malignos, que querem sujá-la. Qual tipo de batalha você acha que é mais importante?

* Deus nos deu uma armadura muito especial porque essa batalha é muito séria. Pense nisso.

* Você acha que é possível vencer as forças espirituais do mal sem a armadura de Deus?

SEJA CORAJOSO!

Leia de novo a passagem bíblica que fala da armadura espiritual que Deus lhe deu. A seguir, leia como usá-la.

* O cinto da verdade: somente a Palavra de Deus é a verdade. Conhecendo-a, você estará protegido contras as mentiras.

* A couraça da justiça: por meio de Jesus, Deus justificou você de seus pecados.

Compreenda A PALAVRA DE DEUS

Saber isso vai guardar seu coração de duvidar da salvação.

* O calçado para pregar o evangelho: conhecer o evangelho vai proteger você de não querer usar seu corpo para servir a Deus.
* O escudo da fé: a fé protege o coração de todas as dúvidas que o diabo lança contra seu coração como flechas incendiárias.
* O capacete da salvação: ter certeza de sua salvação, por meio da Bíblia, vai guardar sua mente de pensamentos maus e de dúvidas quanto ao que Jesus fez por você na cruz.
* A espada do Espírito: é a Bíblia! Ela ensina, corrige, encoraja, guarda o coração e a mente, mostra as mentiras do diabo e nos guia para viver de modo agradável a Deus.

Sempre que você ora, lê a Bíblia com fé e confia no Senhor, você está vestido com essa armadura!

CRESCER EM FAMÍLIA

VAMOS RESPONDER JUNTOS:

* Será que estamos bem preparados, individualmente e como família, para enfrentar a batalha espiritual contra a mentira e o pecado? O que vocês acham?
* Por que será que precisamos de cada uma das seis partes da armadura? Seria possível vencer a luta se faltasse alguma delas?
* A Bíblia ensina que a oração é muito importante para a vida cristã. Por meio dela, nossa fé é fortalecida e somos preparados para as batalhas de todo dia. Vocês acham que precisamos orar mais, tanto juntos como individualmente?

VAMOS ORAR JUNTOS

Amado Deus, muito obrigado por nos lembrares que estamos envolvidos numa batalha. E obrigado também por teres nos dado uma armadura espiritual tão completa e maravilhosa. Pedimos que Tu nos ajudes a sempre usá-la e a sermos sempre vigilantes, a fim de sermos vitoriosos todos os dias. No nome de Teu Filho, Jesus. Amém.

UNIDADE 62

A ARMADURA DE DEUS

É INVISÍVEL, MAS É REAL!

Satanás é um anjo que se rebelou contra Deus. Por isso, foi expulso do céu. Ele tenta sempre destruir e prejudicar o homem, especialmente os filhos de Deus, por saber que Deus ama os seres humanos a tal ponto que deu Seu Filho para morrer por eles. Somente os cristãos, por terem o Espírito Santo e a armadura de Deus, podem enfrentar Satanás e seus exércitos e derrotá-los! Então, lembre-se sempre de orar, de ler a Bíblia e de usar a fé. Assim, você será sempre vencedor!

DIVIRTA-SE E APRENDA

Imagine que um cristão saia de casa, certo dia, sem a armadura. O que lhe poderá acontecer? Ligue cada consequência com a peça da armadura.

1	O cinto da verdade		Esqueceu das promessas da Palavra de Deus.
2	A couraça da justiça		Dúvidas entraram em seu coração.
3	O calçado para pregar o evangelho		Disse uma mentira.
4	O escudo da fé		Não tinha certeza de que Jesus o havia salvo.
5	O capacete da salvação		Teve medo de falar de Jesus aos amigos.
6	A espada do Espírito		Perguntou-se o dia todo se Jesus havia mesmo pago por seus pecados.

"Vista-se com toda a armadura de Deus"
Efésios 6.13

Viva A PALAVRA DE DEUS

Palabritas aprendeu que a batalha espiritual, que acontece todos os dias, é a mais verdadeira, e não aquelas dos filmes cheios de efeitos especiais. Por isso, ele não esquece mais de usar sempre a armadura que Deus lhe deu.

Escreva o nome de cada parte da armadura espiritual, mencionada em Efésios 6. E não deixe de usá-la sempre, para ser um vencedor com Deus.

__________ da **SALVAÇÃO**

__________ da **FÉ**

__________ da **JUSTIÇA**

__________ da **VERDADE**

__________ do **ESPÍRITO**

__________ de pregar **O EVANGELHO DA PAZ**

PRATIQUE COM PALABRITAS

DEUS CONHECE E ENTENDE A DURA BATALHA QUE SEUS FILHOS ENFRENTAM PARA MANTEREM-SE DE PÉ E CONTINUAREM FIÉIS A ELE. POR ISSO, LHES DEU ESSA ARMADURA. USÁ-LA SEMPRE É UMA ATITUDE SÁBIA!

PONHA A ARMADURA DE DEUS E SEJA UM VENCEDOR!

VIDA ETERNA COM JESUS!

"Deus o exaltou soberanamente e lhe deu um nome que é sobre todo o nome, para que ao nome de Jesus se dobre todo o joelho dos que estão nos céus, e na terra e debaixo da terra."

FILIPENSES 2.9,10

OS QUE CREEM EM JESUS VIVERÃO COM ELE PARA SEMPRE!

ADAPTADO DE
Filipenses 2.5-11

Que haja em vós o mesmo sentimento que houve também em Cristo Jesus, que, sendo em forma de Deus, não teve por usurpação ser igual a Deus, mas fez a si mesmo de nenhuma reputação, tomando a forma de servo, fazendo-se semelhante aos homens; e, achado na forma de homem, humilhou-se a si mesmo, sendo obediente até à morte, e morte de cruz.

Por isso, também Deus o exaltou soberanamente, e lhe deu um nome que é sobre todo o nome, para que ao nome de Jesus se dobre todo o joelho dos que estão nos céus, e na terra e debaixo da terra e toda a língua confesse que Jesus Cristo é o Senhor, para glória de Deus Pai.

AO OLHAR PARA CRISTO, VEMOS DEUS
Adaptado de Colossenses 1.15-17

[Cristo] é imagem do Deus invisível, o primogênito de toda a criação; porque nele foram criadas todas as coisas que há nos céus e na terra, visíveis e invisíveis, sejam tronos, sejam dominações, sejam principados, sejam potestades. Tudo foi criado por ele e para ele.

E ele é antes de todas as coisas, e todas as coisas subsistem por ele.

JESUS É O CAMINHO PARA DEUS
Baseado em João 14.1-7

Não se turbe o vosso coração; credes em Deus, crede também em mim. Na casa de meu Pai há muitas moradas; se não fosse assim, eu vo-lo teria dito. Vou preparar-vos lugar. E quando eu for, e vos preparar lugar, virei outra vez e vos levarei para mim mesmo, para que onde eu estiver estejais vós também. Mesmo vós sabeis para onde vou e conheceis o caminho.

Disse-lhe Tomé: Senhor, nós não sabemos para onde vais; e como podemos saber o caminho?

Disse-lhe Jesus: Eu sou o caminho, e a verdade e a vida; ninguém vem ao Pai, senão por mim. Se vós me conhecêsseis a mim, também conheceríeis a meu Pai; e já desde agora o conheceis e o tendes visto.

UNIDADE 63 VIDA ETERNA COM JESUS!

Alguns nomes são importantes e respeitados. Mas o nome mais importante e poderoso do Universo é o de JESUS! E Deus estabeleceu que somente por meio da fé em Jesus é que se pode ter a vida eterna, isto é, uma vida que nunca terminará, no céu, com Ele.

IMPRESSIONANTE!

A Bíblia diz que Jesus, sendo igual a Deus, não considerou isso como algo que O impedisse de vir à terra viver como homem para nos salvar e conceder a vida eterna. Isso significa que Ele foi obediente ao Pai celestial. Por causa dessa obediência, Deus tornou o nome de Jesus o mais importante de todo o Universo. Não é impressionante o que Ele fez por nós? Sem dúvida, Ele merece o maior reconhecimento de todo o Universo!

O QUE VOCÊ ACHA?

É comum as pessoas pensarem em alguém que possa solucionar todos os problemas do mundo. Mas Deus sabia que a maior necessidade das pessoas era a de um libertador que as livrasse dos pecados e que as trouxesse de volta para Ele. Por isso, enviou Seu Filho.

* *Somente Jesus pode nos dar a vida eterna, quando cremos Nele como Senhor e Salvador.*
* *Jesus está no céu, esperando para nos receber! Não é maravilhoso?*
* *Não é a melhor notícia do mundo saber que todos os que creem em Jesus um dia estarão com Ele no céu, vivendo ali para sempre?*

Compreenda A PALAVRA DE DEUS

PESQUISE E DESCUBRA

Sabe as pessoas mais poderosas e importantes do mundo? As do passado e as de hoje? Pois bem: um dia, mesmo elas, terão de se ajoelhar diante de Jesus e reconhecer que Ele é o Senhor! Ele é maravilhoso! E a Bíblia O descreve de muitas formas. Leia a seguir alguns dos títulos que Ele recebe só no evangelho de João!

* Luz do mundo: "Eu sou a luz do mundo; quem me segue não andará em trevas" (8.12).
* Caminho, verdade e vida: " Eu sou o caminho, e a verdade e a vida; ninguém vem ao Pai, senão por mim" (14.6).
* Bom Pastor: "Eu sou o bom Pastor; o bom Pastor dá a sua vida pelas ovelhas" (10.11).
* Porta: "Eu sou a porta; se alguém entrar por mim, salvar-se-á" (10.9).
* Videira verdadeira: "Eu sou a videira verdadeira, e meu Pai é o lavrador" (15.1).
* Pão da vida: " Eu sou o pão da vida; aquele que vem a mim não terá fome" (6.35).

CRESCER EM FAMÍLIA

VAMOS RESPONDER JUNTOS:

* Deus diz, sobre Jesus, Seu Filho, que não há outro nome no mundo pelo qual nós possamos ter a salvação. Vamos pensar um pouco: por que para Deus o nome de Jesus é tão importante?
* A Bíblia diz que a vida eterna em Jesus é obtida apenas pela fé Nele, não por obras ou pelo esforço. Há alguém em nossa família que ainda não creu em Jesus? Vamos orar por essa pessoa?
* Jesus ensinou que devemos orar ao Pai no nome Dele. Por que será que Jesus ordenou isso?

VAMOS ORAR JUNTOS

Amado Deus, como Te agradecemos por Jesus ser a Luz que nos guia, o bom Pastor que dá a vida por nós e o Caminho que nos leva a Ti! Obrigado, Pai amado, por nos teres dado a vida eterna por meio da fé em Jesus, aquele que tem o nome mais belo do universo! E obrigado porque vamos viver eternamente com Ele! No nome Dele nós oramos. Amém.

UNIDADE 63 VIDA ETERNA COM JESUS!

DIVIRTA-SE E APRENDA

Os muitos títulos que Jesus tem na Bíblia revelam como Ele é maravilhoso, cheio de poder, de vida e de amor!

Aqui estão, misturados, oito deles. Para encontrá-los, junte as partes certas.

PÃO	DO MUNDO	BOM	CO-NOSCO	VIDEIRA	DOS REIS
VERDA-DEIRA	SENHOR	DE DEUS	PRÍN-CIPE	DA VIDA	DEUS
COR-DEIRO	DA PAZ	REI	DOS SENHORES	LUZ	PASTOR

"Deus o exaltou soberanamente, e lhe deu um nome que é sobre todo o nome, para que ao nome de Jesus se dobre todo o joelho."
Filipenses 2.9

Viva A PALAVRA DE DEUS

Cada pessoa que crê em Jesus tem uma certeza no coração.

Qual é? Descubra colocando as peças coloridas no lugar certo do diagrama.

PRATIQUE COM PALABRITAS

A BÍBLIA DIZ QUE HÁ UM HOMEM QUE É MAIS PODEROSO DO QUE QUALQUER OUTRO QUE EXISTE OU JÁ EXISTIU, REAL OU DA IMAGINAÇÃO: JESUS! E COM ELE VIVERÃO ETERNAMENTE TODOS OS QUE CREEM NELE!

QUEM CRÊ EM JESUS TEM A VIDA ETERNA!

A BÍBLIA É MAIS QUE UM LIVRO!

"Desde a tua meninice sabes as sagradas Escrituras, que podem fazer-te sábio para a salvação, pela fé que há em Cristo Jesus."

2 TIMÓTEO 3.15

Leia A PALAVRA DE DEUS

CONSELHOS DA BÍBLIA PARA OS JOVENS

ADAPTADO DE 2Timóteo 3.14-17

[Timóteo,] permanece naquilo que aprendeste e de que foste inteirado, sabendo de quem o tens aprendido, e que desde a tua meninice sabes as sagradas Escrituras, que podem fazer-te sábio para a salvação, pela fé que há em Cristo Jesus.

Toda a Escritura é divinamente inspirada e proveitosa para ensinar, para repreender, para corrigir, para instruir em justiça; para que o homem de Deus seja perfeito e perfeitamente instruído para toda a boa obra.

ADAPTADO DE Salmos 119.9-16

Com que purificará o jovem o seu caminho? Observando-o conforme a tua palavra.

Com todo o meu coração te busquei; não me deixes desviar dos teus mandamentos. Escondi a tua palavra no meu coração, para eu não pecar contra ti.

Bendito és tu, ó SENHOR; ensina-me os teus estatutos. Com os meus lábios declarei todos os juízos da tua boca. Folguei tanto no caminho dos teus testemunhos, como em todas as riquezas. Meditarei nos teus preceitos, e terei respeito aos teus caminhos. Recrear-me-

ei nos teus estatutos; não me esquecerei da tua palavra.

ADAPTADO DE Salmos 119.137-144

Justo és, ó SENHOR, e retos são os teus juízos. Os teus testemunhos que ordenaste são retos e muito fiéis.

O meu zelo me consumiu, porque os meus inimigos se esqueceram da tua palavra. A tua palavra é muito pura; portanto, o teu servo a ama. Pequeno sou e desprezado, porém não me esqueço dos teus mandamentos.

A tua justiça é uma justiça eterna, e a tua lei é a verdade. Aflição e angústia se apoderam de mim; contudo os teus mandamentos são o meu prazer.

A justiça dos teus testemunhos é eterna; dá-me inteligência, e viverei.

UNIDADE 64

A BÍBLIA É MAIS QUE UM LIVRO!

A palavra BÍBLIA vem de um termo grego, biblos, que significa "livros". É assim que são chamadas as Escrituras Sagradas pelos cristãos. A Bíblia foi inspirada pelo Espírito Santo e traz a revelação da vontade de Deus para a humanidade e Seu plano de salvação.

IMPRESSIONANTE!

Você sabia que Deus usou mais de quarenta pessoas, num período de mais ou menos 1.500 anos, para escrever a Bíblia? Muito antes do primeiro livro dela ser escrito, Deus já havia decidido dar ao homem Sua Palavra. Como Deus fez com que tantos homens, ao longo de tanto tempo, escrevessem exatamente o que Ele queria? Seu Espírito Santo inspirou esses homens para que eles registrassem a verdade de Deus. E Deus preservou Sua Palavra até nossos dias! Isso não é mesmo impressionante!

O QUE VOCÊ ACHA?

É muito comum que pessoas que se amem, quando estão separadas, escrevam uma para a outra, falando de seu amor.

Na Bíblia, Deus fala de Seu amor por nós, além de revelar como Ele é e como quer que vivamos, dando-nos instruções e conselhos. Além disso, ela fala do único caminho para o céu: Jesus.

* Ao ler a Bíblia, você se tornará mais e mais sábio e saberá como viver de modo agradável a Deus.
* Lembre sempre que a Bíblia revela o amor de Deus por você!

VOCÊ SABIA?

Em 1445, Johannes Gutenberg teve uma ideia genial, que tornou possível você ter uma Bíblia hoje.

Ele era um ourives alemão. Naquela época, os livros eram copiados à mão. Então, ele inventou a imprensa de tipos móveis: ele esculpiu várias letras em pedacinhos de madeira, montou palavras e frases, passou tinta neles e colocou um papel em cima. Pronto! Estava inventada a imprensa! E o primeiro livro que ele imprimiu foi a Bíblia, o mais importante do mundo!

CRESCER EM FAMÍLIA

VAMOS RESPONDER JUNTOS:

* Hoje terminamos de ler essa Bíblia de Princípios e Valores. Será que cada um de nós pode falar como foi importante aprender o que Deus registra em Sua Palavra sobre como devemos viver de modo agradável a Ele?
* Houve alguma mudança em nossa casa como resultado de termos estudado essas lições baseadas na Palavra de Deus?
* Aprendemos na Palavra de Deus muitas coisas que Ele quer que façamos. Vamos nos comprometer a praticá-las individualmente e a ajudar-nos uns aos outros?

VAMOS ORAR JUNTOS

Amado Deus, nós Te agradecemos por tudo o que nos ensinaste em Tua Palavra sobre como fazer Tua vontade, que é boa, perfeita e agradável. Obrigado por teres escrito na Bíblia todas as Tuas instruções sobre como nós, Teus filhos, devemos viver. E obrigado por nos mostrares que temos a vida eterna por meio de Teu Filho. Ajuda-nos a viver de acordo com Tua Palavra todos os dias. Nós Te pedimos no nome de Jesus, Teu Filho. Amém.

UNIDADE 64

A BÍBLIA É MAIS QUE UM LIVRO!

QUANTAS COISAS MARAVILHOSAS A BÍBLIA É!

DIVIRTA-SE E APRENDA

Agora você já sabe que a Bíblia é um presente maravilhoso de Deus para você, que ensina sobre como Ele é e sobre como você deve viver. Encontre na Bíblia abaixo algumas das coisas que a Palavra de Deus é. E experimente-as!

* VERDADE * LÂMPADA * PALAVRA DE DEUS * SABEDORIA * ÁGUA VIVA * ALIMENTO * VIDA * PROMESSA FIEL * TESTEMUNHO * SEMENTE * LEI DE DEUS * ENSINAMENTOS * MANDAMENTOS * ESTATUTOS * EFICAZ * ESPADA * LUZ * INSTRUÇÃO * MAPA

A	V	I	T	K	E	F	I	C	A	Z	A	C	I	U	S
I	P	R	L	E	I	F	A	S	S	E	M	O	R	P	V
N	A	L	I	M	E	N	T	O	N	U	R	E	K	N	E
S	A	E	O	H	N	U	M	E	T	S	E	T	S	A	R
T	D	S	O	T	U	T	A	T	S	E	V	K	U	L	D
R	A	O	T	N	E	M	A	D	N	U	F	L	E	U	A
U	P	A	I	R	O	D	E	B	A	S	D	Â	D	Z	D
Ç	S	S	O	T	N	E	M	A	D	N	A	M	E	A	E
Ã	E	N	S	I	N	A	M	E	N	T	O	P	D	D	A
O	Z	S	E	M	E	N	T	E	G	K	U	A	I	I	O
A	P	A	M	Á	G	U	A	V	I	V	A	D	E	V	K
N	A	E	S	U	E	D	E	D	A	R	V	A	L	A	P

"O mandamento e lâmpada, e a instrução, luz; e a repreensão da disciplina são o caminho da vida". *Provérbios 6.23*

Viva A PALAVRA DE DEUS

Hoje você está terminando de ler esse livro com Palabritas e seus amigos: Alegria, Motas, Justin e Gusi.

Cada um deles disse o que pensa da Bíblia. Complete os balões com as palavras abaixo.

TESOURO • INTERESSANTE • LUZ • CORREÇÃO • ALIMENTO

Para mim, é ____________

Au! ____________

Para mim, é ____

Hummm! É um livro bem ________________

Ela é um ____________

PRATIQUE COM PALABRITAS

A BÍBLIA É UM TESOURO DE VALOR INCALCULÁVEL! ELA É A PALAVRA DE DEUS. ELA CONTÉM TUDO O QUE DEUS QUER QUE VOCÊ SAIBA SOBRE ELE, SOBRE SEU GRANDE AMOR POR VOCÊ E SOBRE O FUTURO QUE VOCÊ TERÁ COM ELE. A BÍBLIA É UM PRESENTE MARAVILHOSO QUE DEUS LHE DEU!

AME E LEIA A BÍBLIA. É A PALAVRA DE DEUS!

CARÁTER • RESPEITO • HONESTIDADE • OBEDIÊNCIA •

Diploma

Compromisso de vida com princípios e valores

Terminamos de ler e de estudar juntos o livro
Bíblia de Princípios e Valores com Palabritas. Então, juntos:

* Decidimos, diante de Deus, viver com os valores morais que se fundamentam nos princípios firmes e eternos da Palavra de Deus.

* Decidimos, como família, consagrar nossa vida e nosso lar a Deus, que é a única fonte de sabedoria e de poder para formarmos os hábitos e o comportamento que O agradem e fortaleçam nossa família.

* Decidimos assumir o compromisso de continuar buscando a Deus por meio de Sua Palavra para receber as bênçãos que Ele promete a quem caminha em Sua verdade e faz Sua vontade.

Nós

____________________	____________________
____________________	____________________
(assinatura dos pais ou dos professores)	(assinatura dos filhos ou alunos)

____

(cidade e data)

"Com a sabedoria se edifica a casa,
e com o entendimento ela se estabelece."
Provérbios 24.3

DECISÃO • AUTOESTIMA • AMIZADE • RESPONSABILIDADE

GRATIDÃO • PERSEVERANÇA • VITÓRIA • SABEDORIA • PERDÃO • DISCIPLINA • PACIÊNCIA • PUREZA • FÉ

GENEROSIDADE • INTEGRIDADE • TRABALHO • LIDERANÇA • HUMILDADE • COLABORAÇÃO • JUSTIÇA

QUEM SOU?
ESTIVE MUITO PRÓXIMO DE DEUS E CONVERSEI COM ELE FACE A FACE. QUEM SOU?
PÁG. 46
DEUS ME USOU PARA DERRUBAR UMA GRAND MURALHA COM O SOM DE TROMBETAS. QUEM S
PÁG. 88
EU CONSEGUI SALVAR MEU POVO MEDIANTE A ORAÇÃO E O JEJUM. QUEM SOU?
EU ERA UM MENINO QUANDO OUVI A VOZ DE DEUS. QUEM SOU?
PÁG. 118
PÁG. 166